O grito dos quilombos

Marina Lourenço
Tayguara Ribeiro

O grito dos quilombos

Histórias de resistência
de um Brasil silenciado

todavia

Aos quilombos de ontem, hoje e amanhã

Introdução:
Os quilombos do Brasil: o passado e o presente 9

1. Um teto que desaba 19
2. Placa sem direção 29
3. De frente para o Cristo 37
4. O porto, o samba e o santo 50
5. Couro em chamas 60
6. Céu de foguetes, terra de quilombos 71
7. O algoz do paraíso 91
8. Olhos d'água e mãos femininas 107
9. Aqui onde estão os homens 118
10. Pequena África 134
11. Lição de casa 153
12. O povo, o santo e a fé 166
13. Ingrediente secreto 176
14. Casa navio, morada porão 186
15. Filhos do vento 195
16. Palmares da Amazônia 207
17. Entre o mar e a terra 222

Agradecimentos 237
Notas 239
Fontes e referências bibliográficas 253
Créditos das imagens 261

Introdução

Os quilombos do Brasil:
o passado e o presente

Em 17 de agosto de 2023, Bernadete Pacífico, a Mãe Bernadete, de 72 anos, foi morta a tiros. Negra, ialorixá e líder quilombola, vivia no Quilombo Pitanga dos Palmares, na cidade de Simões Filho, região metropolitana de Salvador, Bahia.

Mãe Bernadete foi assassinada perto de seu terreiro de candomblé. As primeiras investigações da polícia apontaram para um crime com participação de pessoas ligadas ao tráfico de drogas, mas também havia a suspeita de que o assassinato estivesse relacionado à batalha de Bernadete pela titulação do território. Direito quilombola previsto na Constituição Federal de 1988, o título garante às comunidades a propriedade definitiva, imprescritível e pro indiviso das terras onde vivem, proibindo, assim, a venda e penhora da área.

Meses antes de morrer, Bernadete denunciou ameaças e violências cometidas contra ela e outros moradores do Pitanga dos Palmares.[1] O assassinato da ialorixá aconteceu seis anos depois do de seu filho Flávio Gabriel Pacífico dos Santos, que também lutava pela titulação do território.

Somente entre 2013 e o primeiro semestre de 2023, o país registrou 1690 casos de conflitos agrários envolvendo quilombolas. Os tipos de violência praticados durante as disputas por terra incluíram assassinatos, agressões físicas e ameaças de morte.[2]

Também foi em 2023 que, pela primeira vez, o Brasil foi julgado na Corte Interamericana de Direitos Humanos num caso envolvendo direitos de quilombolas. O tribunal analisou como a construção de uma base aeroespacial na cidade de Alcântara, no Maranhão, prejudicou a vida de centenas de quilombolas como Inaldo Faustino, que foi até a corte, no Chile, depor contra o Estado brasileiro.

O ano de 2023 marcou ainda o último ciclo de vida de Antônio Bispo, o Nego Bispo. Filósofo, professor, poeta, escritor, ativista político e militante, foi uma das principais vozes do pensamento quilombola — ou simplesmente o "semeador da palavra". Ele morreu vítima de parada cardíaca aos 63 anos. Deixou saberes que vão da valorização da oralidade à comparação entre colonização e adestramento de bois — ações que, aos olhos dele, consistem na remoção da identidade, mudança de território e condenação do modo de vida alheio.

Mãe Bernadete, Inaldo Faustino e Nego Bispo são três pessoas importantes para pensarmos os quilombos contemporâneos. Ao lado desses nomes, que representam histórias concretas sobre as lutas atuais dessas comunidades, também povoam o imaginário quilombola personagens literários, como aqueles retratados em *Torto arado* (2019), *Doramar ou a Odisseia: Histórias* (2021) e *Salvar o fogo* (2023), livros de enorme sucesso do escritor baiano Itamar Vieira Junior, que se relacionam com trajetórias e dilemas vividos pela população quilombola brasileira — de diferentes épocas. O autor, inclusive, já foi funcionário do Incra, o Instituto Nacional de Colonização e Reforma Agrária, um dos órgãos responsáveis pelo processo que dá o título de propriedade para os territórios quilombolas.

Outras obras reconhecidas também mencionam temáticas quilombolas. Muitas vezes, porém, isso vem junto de estereótipos e reducionismos históricos. Dirigido por Cacá Diegues e indicado ao principal troféu do Festival de Cannes em 1984, o longa-metragem ficcional *Quilombo* pouco dimensiona o que foi, de fato, o povoado de Palmares. Apesar disso, o filme pode ser considerado um importante avanço, já que até então era dado pouco espaço ao assunto nas produções cinematográficas. E foi justamente em Palmares que tivemos a experiência quilombola mais longeva das Américas: durou quase cem anos e foi a maior resistência — social, militar, econômica e cultural — ao sistema escravista que aqui existiu.

Por tudo isso, o Quilombo dos Palmares se tornou mítico e ficou eternizado como um dos mais importantes símbolos da luta negra do continente, inspirando desde canções até lendas famosas. Entre as músicas, há "Zumbi", de Jorge Ben Jor — em duas versões: uma mais macia, com arranjos de samba e música clássica, no místico *A Tábua de Esmeralda* (1974), e outra em tom de revolta, com vocal gritado e rasgos de guitarra elétrica embalando o samba-rock quase alucinógeno do artista, em *África Brasil* (1976). Quanto aos mitos inspirados por Palmares, podemos citar o que está relacionado à formação de Muquém, comunidade que fomos conhecer de perto para a elaboração deste livro. Localizado aos pés da serra da Barriga (onde existiu o Quilombo dos Palmares), em Alagoas, o território é rodeado de histórias. Dizem que teria sido fundado por sobreviventes palmarinos.

Mito ou verdade, o fato é que Palmares continua ressoando para além de Muquém. Ao contrário do que muita gente pensa, os quilombos não foram extintos: continuam existindo do norte ao sul do Brasil, nos meios urbano e rural.

Este livro surge a partir de uma série de viagens por oito estados brasileiros, realizadas entre 2023 e 2024, para mapear, compreender e dar voz aos quilombos de hoje. Conversamos com dezenas de pessoas. Ouvimos dores, alegrias, trajetórias e anseios que, agora, dão vida a estas páginas.

Nas viagens, ao conversar com cada uma dessas pessoas, conhecemos de perto diversos contextos. A pedagogia escolar quilombola, que une conhecimentos gerais à realidade dos alunos; a cansativa luta pela titulação e seu demorado andamento na Justiça; a animação de aquecer um instrumento nas rodas de tambor de crioula; receitas culinárias passadas de geração para geração; o sincretismo brasileiro capaz de mesclar crenças indígenas e evangélicas; o menosprezo social, as incertezas sobre o próprio passado, o medo de ser expulso de casa; o lazer de ir ao manguezal; o desconhecimento do termo "quilombola" — são tantas nuances que é difícil mensurar a experiência como um todo.

Apesar da inegável relevância histórica e cultural das comunidades quilombolas, o Estado brasileiro só pôde analisá-las com dados concretos e oficiais em 2023, quando foi divulgado o primeiro Censo que contabilizou essa população. O levantamento apontou a existência de ao menos 1,3 milhão de pessoas pertencentes à etnia. Outra pesquisa, do Instituto Socioambiental (ISA) em parceria com a Coordenação Nacional de Articulação das Comunidades Negras Rurais Quilombolas (Conaq), divulgada no mesmo ano,[3] mostrou que mais de 98% dos territórios quilombolas estavam sendo ameaçados por obras de infraestrutura, imóveis rurais privados e requerimentos minerários.

Ao visitarmos o Quilombo Sacopã, que fica em uma das áreas mais famosas da cidade do Rio de Janeiro — com direito a vista para o Cristo Redentor —, entendemos que, mesmo ocupando o terreno desde os primeiros anos do século XX, mais de cem anos depois a comunidade ainda sentia a necessidade de lutar para permanecer no local. Essa contradição comum escancara diferenças entre a realidade desses povos e a Constituição de 1988, que garantiu a titulação de terras como direito quilombola.

Dos mais de 1,3 milhão de quilombolas do país, somente 167,8 mil (12,6%) vivem dentro de territórios oficialmente reconhecidos pelo Estado. Das mais de 7666 mil comunidades identificadas em 2022, apenas 5% tinham o território titulado. A ausência do documento de propriedade gera incertezas, insegurança, estimula a violação de direitos e tentativas de despejo, ameaça, violência. Sendo assim, territórios secularmente ocupados pela resistência negra ficam sujeitos a especulação imobiliária, invasão e grilagem.

Não é exagero dizer que esses problemas se estendem à população como um todo, já que as terras quilombolas estão entre as mais conservadas do Brasil.[4] Ao mesmo tempo, comunidades localizadas em outras regiões costumam sofrer com o chamado racismo ambiental[5] — termo que enfatiza como a degradação do ecossistema prejudica mais intensamente os povos racializados. É o caso da comunidade do Cumbe, em Aracati, no Ceará, exposta a dezenas de impactos ambientais decorrentes da instalação de uma usina eólica.

Outro grande problema enfrentado pelos quilombolas do país é a invisibilidade. O apagamento das histórias africana e afro-brasileira prejudica a noção do que é um quilombo, símbolo da resistência dos povos negros contra os horrores da escravidão.

No Brasil, os quilombos surgiram durante o período colonial, a partir de escravizados em fuga e ex-escravizados. Os primeiros registros remontam à década de 1570.[6] Há quem se refira a essas comunidades como "terras de preto", "terras de santo" e, durante muitas décadas no Brasil colônia, "mocambo" foi o termo usado.

Em geral, as comunidades se formavam quando pessoas escravizadas fugiam das senzalas, dos engenhos ou mesmo dos mercados de cativos. Em busca de refúgio contra violência, trabalho forçado e falta de liberdade, se abrigavam em matas, florestas, serras, vales e locais afastados dos cativeiros, para não serem capturadas e reescravizadas. Elas se uniam e formavam comunidades para se proteger e sobreviver.

A escravização foi um sistema generalizado. Esteve em todas as áreas da formação socioeconômica do país, com cerca de 5 milhões de pessoas trazidas à força da África para o Brasil entre os séculos XVI e XIX.[7] Aqui, foram escravizadas sob um regime que durou por mais de trezentos anos. Nesse período, aproximadamente 12,5 milhões de africanos foram traficados para as Américas, vindos de diferentes lugares. Para muitos, inclusive, não existia o conceito de África como unidade territorial ou de identidade: antes de chegarem ao novo continente, alguns desses povos guerreavam entre si. Em certos casos, os perdedores eram vendidos como escravizados, sobretudo para europeus. Mas aqui, separados da família e dos amigos, precisaram aprender a conviver. Em comum, tinham a escravidão. Na senzala e, depois, nos quilombos, criaram, recriaram e adaptaram outras formas de viver e formar comunidade. Ressignificaram suas culturas.

A fuga, porém, não foi o único processo que resultou na formação dos quilombos. Em alguns casos, partes de fazendas e alforrias foram deixadas em testamento para escravizados que, então, criaram comunidades. Parte dos terrenos abandonados ou perdidos pela Igreja católica também foi, aos poucos, sendo ocupada por cativos da instituição. Até mesmo a migração de quilombolas contribuiu para a formação de novas sociedades desse tipo.

Em 13 de maio de 1888, o Brasil oficializou o fim da escravidão no país com a assinatura da Lei Áurea. A data, entretanto, não costuma ser muito celebrada pelos movimentos negros, uma vez que a situação dos ex-escravizados pouco mudou nos anos seguintes. O Estado brasileiro não realizou projetos eficientes de inserção social nem indenizou quem havia sido vítima do trabalho forçado. Não existiram reforma agrária nem políticas de acesso a emprego e educação. Paralelamente, pessoas negras continuaram a ser preteridas para atividades econômicas remuneradas e foram cada vez mais empurradas para as franjas das cidades. Por isso, atualmente, o processo também é chamado por alguns movimentos sociais de "abolição inconclusa". Os quilombos contemporâneos, assim como toda a população negra do país, colhem os resultados dessa negligência até hoje.

Embora as pessoas negras fossem a imensa maioria da população dos quilombos, não eram as únicas. Indígenas e, em alguns casos, pessoas brancas socialmente malvistas, também fizeram parte deles. Para o professor, escritor e historiador Flávio Gomes, o quilombo é "uma experiência camponesa negra da diáspora".[8] Logo, é importante não se restringir a uma dimensão folclórica desses locais nem ter uma visão estereotipada das comunidades.

A dificuldade de acessar informações fidedignas sobre os quilombos existe desde sempre. No período da escravidão, por exemplo, os materiais sobre tais sociedades foram elaborados por quem queria destruí-las. Assim, sabemos pouco sobre os quilombolas pela perspectiva dos próprios quilombolas; também não sabemos como eles se enxergavam. Além de Palmares, existiram grandes comunidades em Minas Gerais, como Ambrósio, e em Mato Grosso, como Quariterê, que chegaram a ter milhares de habitantes. Mas, via de regra, a maioria era menor, composta de dezenas de famílias, como são muitas comunidades rurais dos dias de hoje.

Embora estivessem em regiões de difícil acesso no período colonial, os quilombos não eram isolados. Seus membros mantinham contato com comunidades vizinhas. Ofereciam apoio em caso de rebeliões, incêndios em plantações e resgate de cativos. Eram avisados sobre a presença de quem estivesse em busca de foragidos. Estabeleciam comércio com fazendeiros. Plantavam. Pescavam. Usavam ervas como remédio. Muitos aplicavam o que haviam aprendido nos tempos vividos na África — e boa parte das culturas formadas nesse período continua sendo reproduzida no país.

O tambor de crioula, um dos movimentos culturais mais importantes do Brasil, foi herdado justamente das comunidades quilombolas. Manifestação da cultura popular e devocional do Maranhão, envolve uma dança circular em que mulheres rodopiam e encostam no umbigo umas das outras, ao som de cantos e tambores, cujo couro é afinado ao fogo. "Idade de quinze anos/ fiz minha primeira toada/ olha, eu queria ir/ minha mãe que não deixava./ Olha, eu queria ir/ minha mãe que não deixava" são alguns dos versos que ouvimos no Quilombo Santa Rita, em Bequimão.

O termo "quilombo" nasceu no idioma quimbundo, língua africana da família banto, falada principalmente pelos povos da região em que ficam os atuais Angola e Congo — não por coincidência, uma das áreas de onde mais foram enviadas pessoas escravizadas para o Brasil. A palavra, que significava zona de descanso ou acampamento, já que boa parte dos povos locais eram nômades, podia também representar o conceito de uma "sociedade formada por jovens guerreiros que pertenciam a grupos étnicos desenraizados de suas comunidades"[9] ou ainda "abrigo da noite". Depois de atravessar o Atlântico, o termo ganhou novos contornos. No fim do século XX, a palavra "aquilombar" também passou a ser usada para simbolizar o enaltecimento de pessoas e culturas negras. A expressão ficou famosa em casas de cultura que celebram expressões artísticas negras, mesmo aquelas não diretamente ligadas aos quilombolas. No Brasil de hoje, o termo é usado para se referir às comunidades de descendentes de quilombolas que mantêm tradições culturais similares às de seus antepassados. É daí que vem o conceito político-jurídico de "remanescente quilombola".

Para além da ideia de quilombo como um local, há também perspectivas mais amplas de seu significado. Pioneira nos estudos sobre o tema, a historiadora Beatriz Nascimento, por exemplo, enxerga o conceito a partir da memória negra enquanto território figurado ancorado no próprio corpo negro:

"É importante ver que, hoje, o quilombo traz para a gente não mais o território geográfico, mas o território a nível da simbologia. Nós somos homens. Nós temos direitos ao território, à terra. Várias e várias e várias partes da minha história contam que eu tenho o direito ao espaço que ocupo na nação. E é isso que Palmares vem revelando nesse momento. Eu tenho direito ao espaço que ocupo dentro desse sistema, dentro dessa nação, dentro desse nicho geográfico, dessa serra de Pernambuco. A Terra é o meu quilombo. Meu espaço é meu quilombo. Onde eu estou, eu estou. Quando eu estou, eu sou".[10]

Numa linha parecida, o dramaturgo, ator, intelectual e político Abdias Nascimento afirma: "Quilombo não significa escravo fugido. Quilombo quer dizer reunião fraterna e livre, solidariedade, convivência, comunhão existencial. Repetimos que a sociedade quilombola representa uma etapa no progresso humano e sociopolítico em termos de igualitarismo econômico. Os precedentes históricos conhecidos confirmam esta colocação".[11]

Nessas viagens pudemos ver com nossos próprios olhos: mais do que territórios, visitamos um movimento.

I.
Um teto que desaba

Mas por mais que me naveguem,
me levando pelos mares
Mas por mais que me maltratem,
carne aberta pela faca,
A memória vem e salva,
a memória vem e guarda

"Era rei e sou escravo"
(Milton Nascimento, 2002)

Ruídos de chicote estalando com o açoite e de correntes sendo arrastadas. São esses os sons que Helena Vidal Martins diz ouvir com frequência pelos arredores da lagoa da Conceição, em Florianópolis, no Sul brasileiro. Ali estão o que alguns moradores da região chamam de "pontos de escravos", remanescentes de locais relacionados a um regime que perdurou por mais de trezentos anos no país. Um deles é conhecido como Terra dos Órfãos — antigamente usado como cemitério de filhos de escravizados, o espaço abriga hoje, em seu solo, as cinzas de crianças e bebês. Na chamada Ponta do Mocotó, cativos se reuniam para comer sobras de alimentos desprezados por seus senhores, como patas de vaca e boi. Já no Mato do Capão, caçavam bichos e coletavam frutos. Às margens do rio Vermelho, diz a lenda, um escravizado foi moído numa máquina de cana-de-açúcar.

"Nunca tinha me tocado de que essas histórias eram tão próximas à minha", confessou Helena, aos 41 anos, com sua voz serena, em referência à própria árvore genealógica. A descoberta de sua identidade a incomodou de início. O primeiro pensamento dela ao entender que era uma remanescente quilombola[1] foi: *quilombola? Que coisa feia, meu Deus! Não vou querer ser isso, não!* O termo, explicou, não caía bem. Aos seus ouvidos, além de feio, soava esquisito. Demorou para ela se familiarizar com a palavra e mais ainda para vesti-la. Mas aconteceu e, então, veio até um sentimento de orgulho ao pronunciar o termo "quilombo".

Ao contrário de muitos quilombolas, Helena só foi saber que pertence à etnia já adulta, com mais de trinta anos. Tudo começou em 2012, quando ela decidiu procurar um terreno de que seu avô, Isidro Boaventura, morto em 1989, falara tantas e tantas vezes. Ele contava que havia perdido, injustamente, as terras onde crescera. Dizia também que o mesmo acontecera com o irmão dele, Militão. Entre um relato e outro, Isidro ainda afirmava: "Não vou ver minhas terras de novo, mas juro que um dia vocês verão". Era um desses avôs que gostam de relembrar. Reunia os netos, pegava um violão e desatava a cantar e falar. Às vezes, mencionava o passado escravocrata da região — mas nunca se aprofundava no assunto.

Foi revisitando lembranças como essas que Helena decidiu ir atrás da promessa do avô e se juntou à irmã, Shirlen, para questionar parentes, ouvir o que sabiam, juntar os pontos, caçar evidências. O que começou como a busca por um terreno acabou virando algo maior. Quanto mais respostas ela recebia, mais perguntas ficavam no ar. "Não acredito que mortos voltem, mas tinha algo forte, uma energia, uma coisa diferente que nos levava a pesquisar. Eu me arrepiava", lembrou.

As irmãs vasculharam documentos, fuçaram uma papelada — da família e do município —, navegaram em sites e consultaram cartórios, bibliotecas, universidades, departamentos de história e até o Ministério Público Federal. Interrogaram os próprios familiares, sobretudo os mais velhos, além de antigos moradores da região. À medida que iam colhendo informações novas, trocavam entre si. Quando, enfim, encontraram o lugar, essa já não era a principal investigação que compartilhavam: queriam saber as histórias de seus antepassados, do bairro onde cresceram, da cidade e da escravidão brasileira. Afinal, tudo isso estava diretamente atrelado ao que vinham procurando.

Registros sobre a presença africana e afro-brasileira na região[2] mostram que os antepassados de Helena e Shirlen haviam formado um povoado quilombola nos entornos do rio Vermelho — onde moravam as duas irmãs e a maioria de seus parentes. Isidro, o avô, era neto de Vidal Martins, nascido em 1845 e escravizado por donos da freguesia de São João Batista do Rio Vermelho, de origem açoriana. Apesar da condição que lhe impuseram durante anos, Vidal também viveu em liberdade. Não se sabe como exatamente ele a obteve, se foi logo após a morte de seu proprietário, Manuel Martins Galego, em 1855, ou muito tempo depois disso. Se comprou a própria alforria ou não. Mas o fato é que, desde 1869, há registros dele como homem livre.

Já na condição de liberto, Vidal passou, com os familiares, a fazer uso comunitário de terras na região onde tinham sido escravizados. Parte da área era, na verdade, herança dos descendentes de Galego, mas, ao que tudo indica, caíra em abandono. Como não era de interesse da exploração agrícola,[3] foi ocupada sem grandes dificuldades por escravizados e ex-escravizados: virou um quilombo.

A comunidade criou moradias, ranchos de pesca, roçados, espaços de lazer e de religiosidade. Também foi se expandindo à medida que chegavam bebês e novos moradores. Continuou assim até o fim da primeira metade do século XX, quando aquelas terras se tornaram atraentes aos olhos do governo estadual catarinense, levando os quilombolas a um longo e árduo processo de desterritorialização.

Primeiro, sob o argumento de ampliar o rebanho bovino, o Estado se apropriou de parte da área para a construção de um posto zootécnico. Com isso, a comunidade começou a ter dificuldades para acessar lugares onde, antes, caminhava, plantava e pescava. Ainda nessa época, o governo concedeu trechos do território a pessoas de fora do povoado.[4] Em 1962, veio o principal baque: a Estação Florestal do Rio Vermelho. Construída exatamente no lugar onde grande parte dos quilombolas morava havia décadas, ela nasceu como plano de reflorestamento. Tanto a vegetação quanto a hidrografia regional foram alteradas, impactando o ecossistema e a vida dos moradores, que dependiam do antigo ambiente para a própria sobrevivência.

Alguns quilombolas foram recrutados para trabalhar na estação. Isidro, por exemplo, executou ali, durante anos, tarefas como abertura de canais de drenagem e plantio de mudas — labuta que, segundo ele, sempre aconteceu em condições insalubres e abusivas. Os operários mais antigos desenvolveram várias doenças — derrame pleural, pneumonia e outras — e continuavam trabalhando sem nenhum tipo de assistência médica dentro da estação de reflorestamento do Estado. Muitos começaram a trabalhar ali em 1962 e por bastante tempo "não tiveram direito a férias, INPS, direito a nada",[5] conforme noticiado em uma reportagem da época.

Havia também presidiários entre os funcionários da estação, algo que incomodava alguns moradores da comunidade que, fosse por ter criado uma relação negativa com os condenados ou por mero preconceito, temiam pela segurança do quilombo. Foi supostamente por causa desse clima de apreensão que Isidro se mudou. Continuou por perto, nas imediações, mas sem o vaivém dos detentos. Sentiu-se injustiçado. Coagido. Aquilo parecia parte de um plano para afastar ainda mais os quilombolas da área.

Com o tempo, a estação foi ganhando projeção e reconhecimento por parte dos governantes. Em 1974, tornou-se o Parque Florestal do Rio Vermelho e teve seus objetivos ampliados, incluindo, por exemplo, a responsabilidade pela proteção da fauna e da flora locais. Com mais destaque, o local aumentou de tamanho — e abocanhou outra área da comunidade. Assim, mais quilombolas tiveram que deixar suas casas. Afastados de vez de onde pescavam e plantavam, caíram na extrema pobreza. Alguns até foram indenizados pelo Estado, outros jamais receberam nada.

Antes de saber disso tudo e conhecer o território, Helena já havia visto o lugar de que o avô falava. Sonhou, mais de uma vez, com uma senhora que, sentada numa cadeirinha de madeira, lhe apontava uma rua. "Era essa daqui", mostrou ela, indicando um chão de asfalto próximo à nossa conversa. Ao longo de suas pesquisas, Helena e a irmã também começaram a perguntar aos mais velhos sobre os antepassados delas. Quando compreenderam que eram quilombolas, as duas tiveram conversas longas e profundas com seus familiares, que também iam descobrindo histórias do passado ao escutarem uns aos outros e, assim, conseguiam entender melhor a origem da comunidade. "Para eles, era tudo muito interessante. Era conhecer a própria história. Ficavam maravilhados." Afinal, até então, termos como "quilombo" e "quilombola" não eram comuns nas conversas da família. Muito menos a consciência sobre os direitos que o assunto envolve.

Como um quebra-cabeça montado entre 2012 e 2013, cada história colhida e documento revirado levaram à certeza de que, gostando ou não daquelas palavras, as irmãs e toda a família eram remanescentes quilombolas. Foi o primeiro passo para Helena e vários de seus parentes mobilizarem uma luta pela comunidade, que, em homenagem à memória apagada durante décadas, passou a se chamar Vidal Martins.

No fim de 2013, eles começaram a reivindicar as terras que, no passado, lhes tinham sido tiradas e, naquela altura, pertenciam ao Instituto do Meio Ambiente de Santa Catarina. No ano seguinte, foram atrás da titulação da área onde a maioria da comunidade já morava durante todos aqueles anos, especialmente após a construção do parque. Queriam a garantia de propriedade definitiva dos espaços. A garantia de que o passado não se repetiria. "Eu me apaixonei pela história porque foi a gente que pesquisou. Não foi nenhum antropólogo. Ninguém veio aqui. A gente não conhecia o movimento negro. Morávamos num bairro onde fomos massacrados, éramos chamados de 'favelinhas' e 'miseráveis'", contou Helena. "Não consigo mais escutar música de escravo. Me dá uma depressão muito forte. 'Xica da Silva', todas essas. É como se eu voltasse lá atrás no tempo."

Os trechos do território onde, no passado, segundo ela, ficavam as senzalas — nos arredores da Ponta do Mocotó e do Porto do Ventura[6] — têm um silêncio profundo, capaz de entristecer qualquer um, garantiu. "Não há nada oculto que um dia Deus não venha revelar. Ele me revelou uma história bonita, embora sofrida, e digna de ser contada com tristeza. Já chorei muito ao contar essa história. O choro representa sofrimento, sentimento, não vergonha. Mas hoje em dia eu estou mais alegre." Helena herdou a fé dos avós evangélicos, termo que, no entanto, ela evita usar para falar de si. "Eu acredito em Cristo. A minha religião é esta: cristã."

Formada por dezenas de famílias e espalhada entre as redondezas do rio Vermelho e da Costa da Lagoa, a comunidade Vidal Martins é majoritariamente devota das religiões evangélicas e católica. Essa informação, aliás, não leva muito tempo para ser percebida por aqueles que estão de passagem pela comunidade: basta atentar à decoração do espaço onde acontecem as principais reuniões dos quilombolas. Jesus está presente nas paredes e nos enfeites.

"Crê no Senhor Jesus Cristo e serão salvos tu e tua casa. Atos 16:31", prega uma placa, fincada sobre tijolos pintados de branco. Ao seu lado, estão cartazes escritos à mão, ilustrados pelas figuras de Dandara dos Palmares e Tereza de Benguela, dois dos nomes mais simbólicos da luta quilombola brasileira. Noutro canto, próximo à "quilomboteca", uma divisória entre os banheiros feminino e masculino traz as palavras "Jesus, o caminho da verdade". Em destaque, as letras do nome da divindade são as únicas coloridas, formando um pôr do sol.

"Muito tempo atrás, falavam que o negro era coisa do diabo. Mas um dia teve um pastor que disse: 'Todos nós somos criaturas de Deus'. Ele ajudava a nossa comunidade com comida. Então, quase todo mundo daqui se converteu", contou a remanescente. A partir de então, os quilombolas da comunidade deixaram de ser tratados pela Igreja como "bichos feios" ou "monstros do diabo" — ou, pelo menos, afirmam ter notado certa diminuição desse olhar.

Dias antes da conversa com Helena, recebemos uma mensagem dela pedindo indicações de empresas, organizações ou movimentos que pudessem fornecer algum tipo de apoio financeiro ao quilombo. Eles estavam com dificuldades para "pagar contas de luz e comprar mantimentos".

As condições, de fato, são árduas. O quarto de Helena era, havia anos, uma barraca de camping montada dentro de uma sala de aula onde os remanescentes estudam — na modalidade Educação de Jovens e Adultos (EJA). Com paredes de madeira e cimento, a escola tinha um teto que, literalmente, caía aos pedaços. "Quando chove, molha tudo. Quando venta, dá medo." A situação, porém, já havia sido pior: "Muitos de nós viviam em casas precárias. Precisavam fazer as necessidades em baldes. Nem banheiro tinham".

Sintoma da desigualdade racial contemporânea e da antiga criminalização do movimento quilombola, a escassez de recursos básicos é historicamente comum nos quilombos nacionais. Contudo, as tentativas de análise da situação enfrentam limitações diante da falta de dados. A primeira pesquisa estatal relacionada a essa parcela da população só foi acontecer em

2006, quando o governo mapeou comunidades contempladas com políticas públicas relativamente recentes à época.

E se a pesquisa analisou somente as comunidades tituladas, como estavam, então, os quilombos que nem sequer tinham título? Afinal, a principal reivindicação do movimento quilombola contemporâneo, a propriedade definitiva da terra, é um freio a especulações imobiliárias, invasões, ameaças e violências. Como é possível cruzar e monitorar dados sobre os quilombolas brasileiros diante de estudos tão limitados? Quais são as principais urgências dessas comunidades? Onde ficam? Quantas são? Quem as compõe? Cultuam o quê? Como se sustentam? O que reivindicam? Censos demográficos acontecem no Brasil desde 1872. O primeiro levantamento desse tipo dedicado exclusivamente aos quilombolas, no entanto, ocorreu apenas 150 anos depois, em 2022. À época, o resultado estimou 1,3 milhão de pessoas pertencentes ao grupo.[7]

Refletindo sobre o desconhecimento do brasileiro sobre seus povos, Helena ironizou alguns estereótipos: "As pessoas vêm ao quilombo pensando que vão achar casa de oca ou gente amarrada no tronco da árvore. Muitos querem manipular isso a seu favor, porque quilombo é um lugar com fragilidades. Ensinaram as pessoas a serem submissas. Você encontra gente com vergonha de falar e medo de contar a própria história. No quilombo, mora toda a raiz de um povo que foi escravo. É diferente de outros lugares em que as pessoas se espalharam, foram saindo. O quilombo resistiu à fome, à sede, ao frio, e, por isso, a gente tem tanto orgulho do Vidal Martins e de todos seus descendentes. Tenho muita admiração. Não deixo ninguém apagar isso".

O Vidal Martins é o único quilombo de Florianópolis. Além dele, existem, no mínimo, mais vinte comunidades remanescentes em Santa Catarina. Mesmo assim, é comum ver sobrancelhas erguidas em tom de surpresa e ouvir questionamentos sobre a existência de quilombos no Sul brasileiro, a região mais branca do país.

Ao contrário do que muita gente pensa, o Sul tem dezenas de milhares de quilombolas[8] espalhados em seus três estados: Santa Catarina, Rio Grande do Sul e Paraná. A região é o berço do 20 de Novembro, Dia Nacional de Zumbi e da Consciência Negra.[9] Graças ao Grupo Palmares, de Porto Alegre, o país tem hoje uma data para celebrar Zumbi dos Palmares, o quilombola mais famoso da história brasileira.

Também é do Sul o primeiro quilombo urbano titulado no Brasil, o Família Silva, localizado no bairro Três Figueiras, na capital gaúcha. Além disso, no século XIX, a região foi o lugar que mais teve clubes negros, espaços que reuniam escravizados e ex-escravizados numa atmosfera badalada, cultural e livre. "O problema de ignorar a presença de quilombolas no Sul é a invisibilidade. E, com isso, as comunidades não conseguem nem acelerar o processo de titulação nem acessar políticas públicas", criticou Helena.

Também neto de Isidro, Joani Justino Félix afirmou, conforme registrado num documento sobre o Quilombo Vidal Martins,[10] que, graças a Helena e Shirlen, ele pôde, enfim, não apenas conhecer o passado de sua família, mas também enxergar seu entorno com outros olhos: "A história não é só importante para nossa comunidade. É importante para Santa Catarina. O Sul é tido como a parte europeia do Brasil. Isso me incomoda, pois sempre tinha escravo. Na escola, a gente nunca estudou isso".

Quando analisa a maneira como o assunto chega às salas de aula, a historiadora Fernanda Oliveira explica que, por mais de um século, a historiografia brasileira deturpou a realidade. Costumava-se contar que a escravidão sulista teria sido branda e irrelevante ao fluxo econômico do país. Somados a isso, alguns mitos se popularizaram com força. Um deles, por exemplo, afirmava que a população negra do Sul tinha sido extinta após a Guerra dos Farrapos, no século XIX.

Fernanda lembra ainda que pouco se fala da mão de obra escravizada das charqueadas,[11] que, aliás, foram importantes ao mercado interno no século XIX. Ela conta que a história da escravidão no Sul, do nascimento de quilombos regionais e da resistência negra local só foi ganhar estudos aprofundados a partir do fim dos anos 1980.

Mesmo assim, a desconfiança continua existindo e costuma vir acompanhada de perguntas como: "quilombo no Sul?", "quantos são?", "caramba, tudo isso?" — ou então de afirmações do tipo "eu nem sabia que tinha negro lá", "eles devem sofrer muito, né?" e "o Sul é muito racista". Comentários como esses talvez nos revelem mais sobre o Brasil do que sobre quem os proclama: uma nação que vê o próprio reflexo como estrangeiro.

2.
Placa sem direção

Eles querem que alguém
Que vem de onde nós vem
Seja mais humilde, baixe a cabeça
Nunca revide, finja que
esqueceu a coisa toda
Eu quero é que eles se...

"Mandume" (Emicida, Amiri, Drik
Barbosa, Muzzike, Rafael Tudesco,
Raphão Alaafin e Rico Dalasam, 2015)

A cerca de uma hora do Quilombo Vidal Martins fica Santo Amaro
da Imperatriz (SC), cidadezinha com farto manancial, conhecida
por seus banhos termais. O nome da cidade homenageia a mo-
narca Teresa Cristina, que, junto de d. Pedro II, se hospedou ali
em 1845, mais precisamente no hoje chamado Hotel Caldas da
Imperatriz, erguido com mão de obra escravizada.

Desde então, o hotel ficou marcado por uma lenda que atrai
turistas: há quem diga que Cristina, à época alvo de boatos sobre infertilidade, só conseguiu conceber a princesa Isabel após
banhar-se nas águas termais. Coincidência ou não, a signatá-
ria da abolição da escravatura nasceu cerca de nove meses depois da visita do casal à cidade.[1]

Mas essa não é a única história que cerca aquela arquitetura antiga: os percursos do hotel de Santo Amaro e o do
Quilombo Caldas do Cubatão se cruzam. Diferentes gerações
da comunidade trabalharam ali como mão de obra escravizada e mais tarde assalariada, sempre em funções de serviços gerais e limpeza. Um ciclo, ao mesmo tempo, de mudanças e repetições.

A distância entre a fachada do hotel e a placa da comunidade é de poucos metros, sendo possível ir de um ponto ao outro numa caminhada de minutos. Logo na entrada, há um letreiro sinalizando o nome da hospedagem. Quem bate o olho já sabe onde está, ao contrário do que acontece quando se avista a placa com os dizeres "comunidade quilombola Caldas do Cubatão".

As letras que compõem o nome do povoado ficam em frente a uma pequena ponte que conecta a rua Princesa Leopoldina (a mesma do hotel) a um grande terreno muito arborizado. Nele, há uma pequena cachoeira e, ao fundo, casarões. No dia de nossa visita, de uma dessas construções surgiu uma mulher de pele branca carregando sacolas. Questionada se conhecia Zeca, o presidente da comunidade, ela pareceu não fazer ideia do que estava sendo dito. Depois, ao ouvir o termo "quilombo", respondeu: "A placa é só por causa do território. Eles moram do outro lado da rua. De vez em quando, aparecem, mas não ficam aqui". Pensar que uma área sinalizada como quilombo não tem nenhum morador quilombola é, no mínimo, curioso. Mas, por ora, aquela informação bastava.

Não demorou muito para José Rosalves, o Zeca, chegar para a conversa que havíamos marcado. De fato, a casa correta ficava a vários metros de distância da placa e era bem menor se comparada aos casarões que rodeavam a cachoeira, na qual se refrescavam algumas mulheres que pareciam turistas. O presidente, aos sessenta anos, estava acompanhado de dona Terezinha, 87, sua avó, e Silvia, 64, sua prima. Ao contrário das banhistas e da mulher das sacolas, todos tinham pele retinta. Assim que entramos na casa, um dos primeiros assuntos foi o erro de rota induzido pela placa.

"O Incra pôs a placa por ordem judicial. A gente cerca a área, tenta fazer alguma coisa e, mesmo assim, destroem a cerca. Na placa em si, nunca botaram a mão, porque viram o Incra colocando. A lixeira, que fica do lado de dentro, não poderia estar ali. É nosso território e não autorizamos, mas, se a gente tira, eles colocam de novo. Tem vários processos disso no Ministério Público Federal", contou Zeca, explicando que o espaço estava diretamente vinculado aos quilombolas, apesar de nenhum deles morar lá.

Embora sugerisse indicar a entrada da comunidade, a placa tinha outra função: demarcar aquela área, que, durante a nossa visita, estava sob análise do Incra. Trazia não só o nome do quilombo, como também o símbolo da República Federativa do Brasil e os nomes Incra, Ministério da Agricultura, Pecuária e Abastecimento, Superintendência Regional do Incra de Santa Catarina e Fundação Cultural Palmares.

Há anos reconhecida oficialmente pelos órgãos federais, a comunidade Caldas do Cubatão tentava a titulação de seu território, ou seja, um documento de propriedade definitiva das terras. Quando isso acontece, o espaço pode ser submetido a uma desapropriação, o que significa que qualquer morador que não pertença à comunidade é indenizado pelo Estado para deixar o local.

Nem Zeca, nem Silvia, nem Terezinha acreditaram no papo da moça das sacolas. Para eles, a mulher havia mentido. Ela não apenas sabia, sim, o real significado da placa, como conhecia o Zeca. Isso porque não era a primeira vez que alguém fingia desconhecê-los, garantiu Silvia. A vizinhança tem um histórico de brigas com a família e nunca se conformou com a possibilidade do despejo. Não são todos os moradores que os importunam. Alguns até se dão muito bem com a comunidade, ressaltou ela, que, mesmo assim, não gosta de andar por aqueles lados.

"Teve uma vez que fui ver a placa e veio uma pessoa com facão para cima de nós, ameaçando", contou dona Terezinha, que também guarda lembranças amargas de lá. "Tenho na minha perna uma marca de ferro. Tinham botado um poste na área, e eu fui tirar, mas uma parte dele estava envenenada. Levei o ferro à delegacia e me disseram que, se tivesse fincado minha pele, eu teria morrido. Já sofri muito aqui."

O território reivindicado pela comunidade vai além daquele atravessado pela cachoeira. "A área tradicional, onde nossos antepassados transitavam, abrange Santo Amaro inteira e Águas Mornas [município vizinho]. Temos parentes lá. A gente queria, claro, a titulação de tudo. Mas sabemos da dificuldade da desapropriação e de como funcionam os órgãos públicos. Então, decidimos quais áreas serão melhor para as nossas necessidades", contou Silvia.

Segundo ela, antes de ser ocupado por aqueles casarões, o local sinalizado pela placa pertencia a seu tio, João Amaro da Silva, morto aos 92 anos em 2018. Vulnerável em razão da doença de Alzheimer, ele teria vendido as terras sem ter, de fato, consciência da decisão. Desde então, os novos moradores do terreno nunca mais associaram a área aos quilombolas, reclamou Silvia. "Eles não aceitam. É aquela velha história de que o negro não tem direito a nada. Eles pensam: 'É nosso, porque compramos'. É o Brasil. A gente sabe como funcionam as coisas no Brasil."

Parte do terreno também quase foi vendida de forma ilegal, contou Terezinha: "Fizeram um documento falso e venderam nossa área para outra pessoa. O cara que comprou veio implorar. Armado, fez questão de mostrar que tinha um revólver na cintura. Foi uma ameaça velada".

Dona Terezinha é a fundadora da associação do Caldas do Cubatão.[2] Decidiu se engajar na causa graças às histórias que ouvia o pai, João Inácio da Silva, contar do avô, Ignácio Antônio da Silva — escravizado que foi parar em Santo Amaro com a ida de d. Pedro II e Teresa Cristina à cidade. "A gente não sabe bem de onde ele veio. Só que veio com a família imperial para esse hotel. Quando o casal foi embora, ele ficou aqui com uma moça que era da linhagem deles."

Ao se casar com essa mulher, Ignácio teria ganhado uma porção de terras da família imperial — é provável que de forma indireta, numa doação feita apenas à moça. Talvez ela fosse uma parente distante da nobreza, ou alguém que lhe servia. Com a área em mãos, ele distribuiu parte do terreno para outros negros da região, possivelmente escravizados e compradores de alforria. "Mas ele não tinha como viver aqui. Não tinha trabalho. Não tinha condição. Não tinha nada. Ele ficou até o dia que teve que se dispersar. Não sei se a mando de alguém ou sofrendo repressão, mas botaram ele lá na [área que hoje corresponde a] Águas Mornas. Num sítio. Bem lá para trás. Foi ele mais a esposa. Lá, eles tiveram os filhos."

Ignácio não foi o único a se mudar. Muitas daquelas pessoas presenteadas por ele (ou talvez todas) abandonaram o local. Mesmo com terra para morar, elas não conseguiam sobreviver dignamente. Trabalhavam na lavoura para a própria subsistência, mas era insustentável. "Alguns até trocaram terra por alimento", contou Terezinha. "Eles se casaram aqui. Muitos primos se casaram uns com os outros, mas todos foram se dispersando e tendo família fora."

Ao que indicam as histórias, contadas de boca em boca, foi assim que o Quilombo Caldas do Cubatão nasceu: despretensiosamente e de forma itinerante. Acompanhado da esposa e dos filhos, Ignácio voltou para a região anos depois, para ficar na casa de um parente. Dessa vez, a mudança teria sido provocada por um surto de malária em Águas Mornas.

Durante a escravidão, muitos escravizados não tinham registro civil. Isso porque, ao desembarcarem no Brasil, vários africanos tinham seus nomes trocados para outros, em geral, portugueses. Além disso, a papelada daqueles que tinham algum tipo de identificação oficial ficava com seus senhores, ou em cartórios. Inúmeros documentos desapareceram — vários foram queimados por ordem do ministro da Fazenda Ruy Barbosa.[3]

Devido a esses e outros fatores, é difícil saber quando, por que e como exatamente cada um dos acontecimentos narrados se deu. "Meu pai assistiu a todo o drama. Depois, repassou a história para nós. Ele precisou comprar um pedacinho de terra que já era nosso e tinham tomado conta", disse Terezinha.

Sua irmã foi uma das quilombolas que trabalhou no famoso hotel da cidade. Com cerca de 22 anos, Ludia da Silva era responsável por lavar as roupas de cama e os demais tecidos da hospedagem. Recebia uns trocados, mas nada de mais. Além dela, trabalharam ali outros familiares de Terezinha, como seus irmãos Amaro e Maria, seus cunhados Anita e Gelci, e seus primos Osni, Gedi e Amancio. No hotel, todos tiveram funções "de cozinha, limpeza e serviços gerais", como cortar lenha.

Ao contrário de Ignácio, nenhuma dessas pessoas trabalhou ali à força. Assim como o pai de Terezinha, já tinham nascido no Brasil da abolição. Ainda assim, isso não significa que tiveram uma vida completamente oposta à de seus ancestrais. Pelo menos, não aos olhos de dona Terezinha: "A gente não tinha nada. Veio a libertação e todo mundo continuou escravo. Os negros continuaram trabalhando para os brancos. Não tinha o que fazer. Hoje, percebo que, desde criança, estive em trabalho escravo. Ganhava muito pouco pelo que fazia. Às vezes, trabalhava em troca de comida e roupas usadas".

Por décadas à frente da luta pela titulação, Terezinha já acompanhou muitas mudanças na comunidade. A principal, que se intensifica a cada dia, é a dispersão do quilombo. O território, que por si só já nasceu disperso, foi se tornando mais e mais fragmentado, com casas espalhadas entre comércios, igrejas e lares de pessoas de fora. É o típico formato de um quilombo urbano que não tem titulação.

"Desde aqui até lá era só parente nosso. Filhos, netos, tudo. Quando chegava o fim de semana, a gente se reunia, fazia festinha. Feijoada. Baile. Tocavam cavaquinho, pandeiro, acordeão.

Passavam a noite bebendo a tal da concertada, que é uma cachaça com café, cravo e gengibre. Era uma época alegre, mas, depois, foram dispersando tudo, vendendo os terrenos e morando longe uns dos outros. Mas foi a maneira que acharam para poder sobreviver", lamentou Terezinha. Porém, ela entende: é complexo convencer todos os seus familiares, que sobrevivem aos trancos e barrancos, de que a especulação imobiliária prejudica a manutenção e a memória de um povo. Mais difícil ainda defender que isso está acima do dinheiro oferecido pela venda de uma casa.

A burocracia para retirar as pessoas alheias à comunidade do território pode levar décadas. No Brasil, a regularização de terras quilombolas caminha lentamente e, em muitos casos, não sai do lugar.

Desde a Constituição de 1988, a lei garante aos povos quilombolas o direito à titulação de terras, o que, na prática, proíbe que suas áreas sejam divididas, fracionadas ou vendidas. Conseguir esse título, no entanto, não é tarefa fácil. Dividido em várias etapas, o processo começa com a autoidentificação de uma comunidade. Depois, vêm as fases de certificação (reconhecimento), delimitação, demarcação e, em alguns casos, desapropriação do terreno. Quem emite a certificação, que por si só garante uma proteção preliminar da área, é a Fundação Cultural Palmares. Os outros documentos ficam sob responsabilidade do Incra ou de institutos de terras estaduais e municipais.

Os três primeiros quilombos titulados no Brasil foram os de Boa Vista, Água Fria e Pacoval do Alenquer (todos no Pará), em 1995. De lá para cá, a situação fundiária quilombola evoluiu, mas pouco. Sabendo de toda essa morosidade, assim como em Caldas do Cubatão, muitos quilombolas vão levando a vida como podem, sem saber até quando continuarão a ver a redução do próprio território.

Mesmo assim, pela primeira vez à frente da associação do Quilombo Caldas do Cubatão, Zeca parecia estar empolgado com o futuro. Ele explicou que, enquanto não fosse possível erguer uma sede para a associação, o grupo continuaria se reunindo na escola do quilombo, que fica naquela mesma rua, nos fundos de um terreno.

Ali na escola cabem, apertadas, umas quinze pessoas. O espaço é um xodó da comunidade; dá para sentir no jeito como falam dela. Os alunos são adultos e idosos. Lá, aprendem de operações matemáticas a literatura quilombola, como indicavam as lições coladas nas paredes de madeira. Depois de mostrar o espaço, dona Terezinha resolveu inverter a conversa e nos fez uma bateria de perguntas. Quis saber há quanto tempo trabalhávamos com jornalismo, se gostávamos, como era o dia a dia da profissão e por aí vai. "Quando me falaram que tinha repórter querendo me entrevistar, eu aceitei, mas fiquei com um pouco de medo... Hoje, quando vi a sua cor, fiquei aliviada."

3.
De frente para o Cristo

Seu batuque vem de Angola,
vem da Guiné
Tem um quê de quilombola, de candomblé
Quem escuta deita e rola,
homem ou mulher
Sendo assim lá vai marola, pois Pedro é
O mestre a nos ensinar,
que a gente tem que respeitar
Fazer por onde merecer axé
E só mestre Pedro nos dá,
quando ele começa a tocar
Parece que estamos em Daomé

"Lá vai marola" (Serginho Meriti
e Claudinho Guimarães, 2003)

"Hoje em dia não dá mais para eles invadirem, mas já invadiram o suficiente para construir um prédio enorme, com 71 apartamentos, e jogar, por incrível que pareça, o esgoto sanitário deles no quilombo. Era um fedor insuportável. Você não conseguia ficar aqui de maneira nenhuma por conta do cheiro." A frase de José Luiz Pinto Júnior, o Luiz Sacopã, ecoou com uma magnitude difícil de explicar, o tipo de coisa para a qual livros e pesquisas não nos preparam. O edifício vizinho despejava o próprio esgoto dentro do quilombo onde ele morava. Mesmo sabendo das dificuldades vividas por diversas comunidades quilombolas no Brasil, como Vidal Martins ou Caldas do Cubatão, mesmo ciente das desigualdades do país, quem estava ali pareceu ter sido atingido de forma diferente. Pareceu atônito, na verdade, diante do tipo de agressão.

Ele próprio ficou em silêncio por alguns segundos depois do relato. Talvez tenha percebido o peso do que havia dito. Ou, quem sabe, estivesse revivendo os sentimentos de indignação que teve na época em que viveu essa situação.

Nós nos entreolhamos. O fotógrafo pausou os cliques por um instante e virou o olhar, talvez querendo confirmar se havia escutado corretamente. Perto de nós, um músico arrumava os instrumentos para uma roda de samba que ocorreria ali, naquela tarde de sábado, e acompanhava a conversa meio por tabela, sem prestar tanta atenção no que era falado. Mas, ao ouvir o relato, parou de mexer nos equipamentos. Duas mulheres que também estavam por perto observavam o desenrolar da conversa. Elas não disseram nada. Ninguém disse, na verdade. Nada havia a dizer.

Luiz Sacopã apontou para o lado e mostrou o edifício de luxo, construído na década de 1980, época em que os quilombolas já ocupavam aquele território havia anos. Aliás, não é o único prédio do tipo nos arredores do quilombo, que está localizado em uma área nobre da cidade do Rio de Janeiro. O local fica em frente à lagoa Rodrigo de Freitas, com vista para o Cristo Redentor.

Assim como outros tantos, o Quilombo Sacopã também enfrentava disputas pelo território e acumulava anos de luta pela propriedade definitiva da área. Então, não era novidade a existência de problemas. A surpresa estava na forma, no tipo de violência que o quilombo havia sofrido. Quase dava para ouvir os pensamentos das pessoas ao redor: esgoto de um prédio inteiro. Fezes e urina de centenas de moradores despejados diariamente dentro do terreno no qual estavam as famílias quilombolas. Mulheres, homens, crianças, idosos. Convivendo por meses com o cheiro. Riscos à saúde. Impotência. Humilhação. "Eu tive de ir para a Justiça. Técnicos inspecionaram e disseram que o lençol freático estava afetado."

Quando a conversa com Luiz aconteceu, a questão com o esgoto do prédio vizinho já estava resolvida, após uma longa disputa judicial. Ainda assim, não deixa de ser ilustrativa dos desafios vividos pelas comunidades quilombolas com a falta de regularização fundiária. Mesmo empreendimentos que chegam depois, por estarem regularizados, acabam considerando essas pessoas invasoras daquele espaço.

O pior momento ocorreu em 2018. Era um período de muita chuva no Rio de Janeiro. Um cano do esgoto do condomínio estourou, uma parte da encosta cedeu, e a lama invadiu a parte residencial do quilombo. Além de úmida pela água da chuva, a terra ficou lamacenta por conta do esgoto vazando. A contragosto, o condomínio fez uma reforma e passou a direcionar os detritos para o sistema de saneamento de forma adequada. O líder quilombola, durante esse processo, ainda ouviu alguns desaforos antes da conclusão da obra: o síndico atribuiu o gasto de cerca de 1 milhão de reais às reclamações da comunidade.

"A gente não tem nada contra vizinho, não. São eles que têm contra a gente estar aqui. Chamam a polícia. Mandam vir para cá. Às vezes são seis horas da tarde, sete horas, e a polícia já aparece. A experiência que eu tenho é que, quando você discute com eles, os mais ricos, acham que você não tem o direito de discutir, você tem que se rebaixar. E eu nunca fui desse princípio, sempre encarei."

Luiz, um homem negro e alto com barba e cabelos grisalhos, é músico. Compõe sambas. Usa tranças no estilo nagô. À época da nossa conversa, aos 81 anos, demonstrava muita vitalidade e energia, mas caminhava devagar, incomodado por uma dor no joelho. Anos antes, ele havia presidido concomitantemente a Associação das Comunidades Quilombolas do Estado do Rio de Janeiro e sua comunidade. Nessa trajetória de busca pelos próprios direitos e pelos direitos de outros quilombos fluminenses, presenciou muitas histórias de desavenças com vizinhos, casos de violência, falta de informação, brigas internas e dificuldade de autoaceitação, frutos de um longo processo que envolve preconceito e manipulação de interesses. "No meu tempo, quando eu fui presidente da associação, descobri que os caras não queriam ser reconhecidos como quilombolas. Achavam que quilombola é ser escravo, diminuído."

Certa vez, Luiz foi até outra comunidade, no distrito de Itaipava, no Rio de Janeiro, município de Petrópolis. Ao chegar lá, se deparou com as pessoas do local dormindo numa cocheira. Em suas palavras, a família estava entulhada, morando um em cima do outro, em condições terríveis. Seu papel como liderança regional foi explicar que eles tinham direitos e que, por serem remanescentes, poderiam ser donos do território no qual estavam e construir melhores condições de vida. No passado, aquele local onde moravam de forma improvisada havia sido um quilombo. Sendo assim, eles tinham direito a pleitear uma certificação e, a partir daí, comprovar que eram remanescentes. Com isso, poderiam tentar a titulação da terra.

Para a surpresa de Luiz, as pessoas da comunidade não aceitaram de imediato sua ajuda. A sorte foi que uma adolescente demonstrou interesse pelo que ele dizia. A jovem gostou de saber que, se conseguissem a tal comprovação de que eram quilombolas, teriam a possibilidade de amparo jurídico. Por isso, ela se comprometeu a conversar com o avô, líder da família.

Mas, às vezes, os quilombolas que Luiz encontrava não eram tão receptivos. "Tem outro caso. Um quilombola negro que se juntou a uma mulher branca e foi morar no quilombo. Só que ele gostava de um goró e faleceu. Aí as outras pessoas do quilombo queriam botar a mulher para fora. Eles me chamaram para ajudar, já que eu era presidente da associação. Aí eu fui e disse: 'Gente, o cara estava morando com essa mulher há anos. Juridicamente, ela tem o direito de ficar quanto tempo quiser. Vocês não podem botar ela para fora'. Ficaram bravos comigo. 'Você está do lado dela. Você é um quilombola zona sul.'"

Quem passa pela rua do quilombo quase não percebe sua existência. A entrada para a comunidade é feita por um portão pequeno e discreto. A única sinalização é uma placa com o artigo constitucional que trata da regulamentação do direito quilombola no Brasil. Para chegar à área central, é preciso subir uma longa escadaria, com árvores dos dois lados.

Além de ser pertinho da lagoa Rodrigo de Freitas, famoso cartão-postal carioca, a comunidade tem fácil acesso às praias da zona sul da cidade e está ao lado da Área de Proteção Ambiental do Bairro Peixoto. Nas ruas próximas, existem academias de ginástica, padarias, restaurantes e um centro cultural, descrição que poderia constar facilmente em um anúncio de venda de imóvel de valor elevado na capital fluminense. E é por isso mesmo que o terreno é visado. "Uma vez, um empresário ofereceu 4 milhões de reais para a gente sair daqui. As pessoas acham que a gente é burro e não sabe o valor do que temos. A desgraça está na subestimação. É preto, é pobre, é burro. Além disso, aqui moram várias famílias. Como eu iria alocar todas as pessoas que vivem aqui com esse valor?", contou Luiz. Não foi a única proposta recebida por eles. O assédio é constante.

Quem mora na cidade do Rio de Janeiro ou já visitou a capital fluminense possivelmente percebeu que a região da lagoa é uma das mais valorizadas, justamente devido à localização privilegiada. O metro quadrado beira os 20 mil reais. O Quilombo Sacopã tem 18 mil metros quadrados. Isso significa que o terreno no qual estão os quilombolas valeria, naquele ano,[1] algo entre 200 milhões e 300 milhões. "'Mas como vocês conseguem um quilombo numa área urbana de frente para o Cristo?' Só que, antigamente, isto não era uma área urbana. Lembro que, ainda no meu tempo, quando chovia, a gente ia botar um plástico no pé para sair daqui, para, quando chegar lá fora, botar o sapato, porque só tinha barro. Eram só casas, não tinha prédios."

Na época em que visitamos a comunidade, moravam ali cerca de trinta pessoas, todas da família de Luiz. As casas são de alvenaria, algumas com tijolos expostos, outras no reboco. Estão espaçadas umas das outras, ao redor do quintal principal do terreno, que é de uso coletivo. É justamente nesse quintal que a comunidade organiza suas rodas de samba e feijoadas nas tardes de sábado. Tradicional, o evento é realizado faz mais de trinta anos. Recebeu a visita de sambistas famosos e, há tempos, ajuda a pagar as contas dos quilombolas. A roda de samba já ocorria antes de os prédios existirem, mas, mesmo assim, os moradores dos condomínios ficam irritados com as festas e costumam chamar a polícia. É também nesse quintal que está a melhor vista do terreno: o Cristo Redentor.

O restante da área é constituído por uma região de mata, acessada por uma pequena trilha, pela qual caminhamos tensos e aflitos após Luiz contar, com certa naturalidade, ser bastante comum a aparição de cobras. Lá existem muitas árvores, uma grande pedra, pássaros e pequenas áreas de cultivo agrícola para subsistência. "Nossa relação com a fauna e flora já foi bem melhor. Mas acontece que com a invasão, a especulação imobiliária... Por exemplo, aqui nós tínhamos várias árvores frutíferas. Só goiabeira tinha umas trinta. E elas foram desaparecendo por conta da invasão do território. Nós tínhamos aqui esquilo, preá. Preguiça ainda tem. O resto dos animais foi embora."

Quem chegou à região primeiro foram os avós de Luiz, no começo do século XX. No entanto, nessa época, o local, de mata fechada, não era valorizado. O terreno foi cedido pelos patrões de um dos avós do líder quilombola, já que não havia grande interesse por parte do antigo dono. A doação ocorreu sem documentos, algo bem comum naquele período. Antes de se fixarem por ali, seus avós paternos passaram por outras cidades do estado do Rio de Janeiro, como Nova Friburgo e

Macaé. Quando chegaram às terras cariocas, foram recebidos por indígenas. Luiz não os conheceu, sabe somente os nomes.

Seus pais, segundo o líder quilombola, pouco falaram sobre o processo de chegada da família à capital fluminense, tampouco sobre o período anterior. Quase tudo o que Luiz sabia sobre a formação do quilombo estava relacionado ao período posterior ao seu nascimento, exceto pelo caso de violência sofrido pela matriarca da família, uma das poucas histórias que os pais do líder do Sacopã lhe contaram. "Meus pais não falavam muito sobre meus avós. A única coisa que eu ouvia a minha mãe falar sobre eles é que a mãe dela, minha avó, se suicidou depois de ser estuprada pelo filho de um senhorzinho de engenho.[2] Sobre a escravidão, você não encontra um negro que goste de comentar, de falar. Naquela época, o negro não tinha identidade."

Depois de uma longa luta contra a especulação imobiliária (iniciada na década de 1960), o território recebeu, em 2004, a certificação de comunidade quilombola. Esse é o reconhecimento de que os moradores são remanescentes. O documento não garante a propriedade do local — essa só vem após a titulação feita pelo Incra.

Embora possa ter sido um quilombo rural no passado, essa já não é a realidade do Sacopã há décadas. No início do século XX, a comunidade vivia em meio à mata. As poucas vias nas proximidades eram de terra. Tratava-se uma parte alta da região, ou seja, de difícil acesso para carros, charretes ou mesmo cavalos. O isolamento facilitava a criação de animais, plantação de alimentos e coleta de frutas em árvores que já estavam naquelas paragens antes de eles chegarem.

O panorama mudou ao longo das décadas. Cercado por prédios, casas e comércio, o local agora é considerado um quilombo urbano. Existem diferenças entre os rurais e os urbanos, mas o modo de operar, segundo Luiz, é o mesmo. Uma dessas diferenças, diz ele, é que o urbano se caracteriza por não ter grandes produções agrícolas internas nem criação de animais.

Os quilombos surgiram no período colonial, principalmente com escravizados que fugiam dos cativeiros, mas não só. Especialista em história social da escravidão, abolição e pós-emancipação, a professora Maria Helena Pereira Toledo Machado explica que, algumas vezes, trechos de fazendas e alforrias eram deixados em testamento para alguns escravizados, que criavam comunidades no local. Existiram também terrenos abandonados que, aos poucos, foram ocupados pelos quilombolas. Muitos quilombos eram volantes, ou seja, deslocavam-se pelo território brasileiro, tanto para escapar de uma eventual captura quanto para procurar melhores condições, como fontes de água e terrenos propícios à agricultura.

A palavra-chave para entender esse campesinato negro e o quilombo é migração — de pessoas que fogem da escravidão e buscam uma forma de autonomia. A abolição também levou a esse processo. "Toda favela foi um quilombo. Os quilombos eram a residência dos negros. Hoje é diferente. A maioria dos quilombos virou favela e foi tomado por uma migração do pessoal da região Norte e Nordeste do Brasil", afirmou Luiz, refletindo sobre o processo histórico e a dinâmica de formação desses espaços.

Depois de algumas décadas de aceleração urbana, os descendentes de quilombolas se viram cercados por prédios e ruas asfaltadas. As regiões, muitas vezes, se tornaram mais valorizadas, o que tornou os quilombos alvos do setor imobiliário, já que a maioria das comunidades ainda não dispõe do título de propriedade da terra.

O Sacopã não é o único quilombo carioca. Na zona oeste, onde hoje fica o bairro de Jacarepaguá, está o Quilombo do Camorim, no lugar onde antes existia um dos primeiros engenhos de açúcar do Brasil. Algumas edições do festival Rock in Rio foram realizadas nessa região, onde, até 2012, também ficava um dos principais autódromos brasileiros, que tinha o mesmo nome do bairro e recebeu importantes disputas automobilísticas. Além disso, o bairro ficou conhecido pela violência e pela presença do crime organizado e de milícias. A zona oeste abriga, ainda, aquela que é considerada uma das maiores florestas urbanas do país e integra o Parque Estadual da Pedra Branca. Composto pela Mata Atlântica e com 12 500 hectares, o lugar tem trilhas, açudes, cachoeiras, além de englobar vários bairros cariocas como Realengo, Bangu, Guaratiba, Jacarepaguá e Barra da Tijuca.

Foi nessa área que os portugueses instalaram o Engenho do Camorim, o segundo construído pela família Correia de Sá, na baixada de Jacarepaguá. Ainda hoje é possível ver partes da obra, erguida em 1622. Há uma casa e uma capela, usadas pelos quilombolas. A construção está tombada pelo Instituto Estadual do Patrimônio Cultural (Inepac). Após a instalação do engenho, não tardaram a surgir os primeiros fugitivos, que passaram a se esconder em algumas cavernas a 4 ou 5 quilômetros de distância da sede do local.

Aos poucos, estabeleceram um espaço comunitário de resistência. A floresta fornecia a eles condições para sobrevivência, como frutos, animais, água e esconderijos contra a perseguição. O entorno do engenho era habitado por indígenas. E, como em outros locais, os africanos e afro-brasileiros que buscavam escapar da escravidão foram ajudados por esse grupo.

Ao longo das décadas em que estabeleceram um quilombo no Camorim, os escravizados foram desenvolvendo técnicas de carvoaria, o que ajudou na subsistência e na longevidade da comunidade. Os quilombolas vendiam carvão na região central da cidade. Como a floresta tem ligação com vários bairros, eles conseguiam ir até os pontos de venda sem serem detectados por captores.

Quando visitamos a região, existiam cerca de 25 mil moradores nas proximidades do Camorim. A maior parte chegou ao local após o avanço da urbanização da cidade que, durante um longo período, foi também capital do Brasil. Os quilombolas representavam 120 famílias. O número pode variar ao longo do tempo, já que, no país, esse reconhecimento é feito por meio da autoidentificação. Racismo, preconceito, desconhecimento e medo levam muitas pessoas a não se declarar como remanescentes quilombolas.

A comunidade foi certificada em 2014, com, ao todo, 35 mil metros quadrados de território. "É uma área registrada como sítio arqueológico. Existe o quilombo. Existe uma documentação. Existem achados arqueológicos do século XVII e do século XVIII. Nós encontramos aqui cachimbos africanos primitivos, cerâmicas indígenas, peças portuguesas, dentre outros materiais", descreve o líder quilombola Adilson Almeida. Quando fala sobre isso, ele fica bastante orgulhoso. É um dos grandes divulgadores do legado do Quilombo do Camorim. Não é incomum vê-lo dando entrevistas ou participando de eventos, sempre exaltando o território.

Os estudos arqueológicos citados por ele, além das peças, também encontraram uma quantidade significativa de material que indica a existência de um espaço de metalurgia, onde se realizavam com regularidade atividades intensas de fundição de metal, possivelmente na produção e no reparo de ferramentas do engenho. "Dentro desse espaço de sítio arqueológico, temos a história que remete aos nossos antepassados. Essas cerâmicas eram usadas para pôr açúcar. Eram feitas por eles. Os nossos povos primitivos faziam o próprio barco, a confecção de outros materiais como pregos, tijolos, telhas. Esses materiais foram encontrados aqui." Um dos achados mais interessantes nos estudos sobre o passado do Quilombo do Camorim foi um pequeno fragmento cerâmico, com incisão fina e rasa, em formato cruciforme na face interna, o que remete a uma representação conhecida como cosmograma bacongo do povo banto, que vivia na costa africana, onde hoje ficam Gabão, Congo e Angola. O cosmograma é uma representação em forma de mandala que mostra um círculo dividido em quatro partes, simbolizando de forma cíclica a conexão entre o mundo dos vivos e o dos mortos. Essa filosofia busca explicar os processos sociais da existência. Nascer, amadurecer, aprender, crescer, criar, morrer.

Assim como o patriarca do Quilombo do Sacopã, Adilson também usa tranças — as dele, no estilo twist — e também lida com invasões. Negro, magro, alto, sorridente e sempre com uma camisa da comunidade, o líder do Camorim muda de feição e tom de voz ao falar da disputa de território. Desde 2013, algumas das relíquias arqueológicas foram destruídas. Uma construtora invadiu e desmatou oito hectares do terreno no qual está o Quilombo do Camorim. A empresa fez terraplanagem, destruindo árvores nativas do bioma Mata Atlântica. No espaço, foi erguido um conjunto de apartamentos que abrigaram alguns órgãos da imprensa internacional durante a realização das Olimpíadas de 2016. Depois do evento, a construtora vendeu as unidades para compradores particulares.

O empreendimento teve anuência da prefeitura do Rio.[3] Ele foi erguido entre a capela do engenho e o rio Camorim, na zona de amortecimento do Parque Estadual da Pedra Branca. Antes do início das obras, não foi realizado nenhum estudo arqueológico. Um antigo galpão do engenho foi derrubado nesse processo, assim como uma casa de mais de trezentos anos. A área onde ficava a senzala também foi soterrada. Os moradores tentaram conversar com a construtora e mostraram a documentação comprovando o reconhecimento daquele espaço como uma terra quilombola. Enquanto isso, a empresa alegava ter comprado o terreno e ser a proprietária — só não informava quem teria sido o vendedor.

O caso foi parar na Justiça, mas a situação é de difícil resolução. Os apartamentos já estão ocupados por famílias, que pagaram para a construtora, muitas vezes, com valores financiados por bancos. Um processo de reversão implicaria devolver o dinheiro a todos os compradores e, eventualmente, indenizá-los. Alguns imóveis já foram, inclusive, revendidos. Derrubar o conjunto de apartamentos e recuperar a área florestal também teria um custo financeiro considerável.

Ao lado do conjunto de prédios, há uma mata murada, cuja entrada é guardada por um portão de ferro fechado com corrente. Adilson possui a chave. Lá dentro, um pequeno cômodo serve de depósito e escritório para as atividades da comunidade. Dali, é possível ter acesso a trilhas e pequenas cachoeiras, além dos resquícios do engenho e do quilombo, em meio à floresta. Os moradores vivem em casas do lado de fora desse portão. A capela também fica na parte externa, onde se formou um bairro com centenas de casas construídas por pessoas que não são quilombolas. Mesmo assim, a área não tem escola, e as crianças precisam caminhar ao menos dois quilômetros para estudar.

Por ironia, os novos moradores do empreendimento não conheciam a história do espaço. Não sabiam que o terreno do prédio fazia parte da comunidade do Camorim. E passaram a considerar os quilombolas invasores. "Quando estávamos aqui fazendo manutenção, muitos moradores ligavam para a polícia falando que a gente estava invadindo o espaço de um território que era do condomínio. Então, vira e mexe a polícia batia aqui na porta. Os invasores não somos nós, mas a construtora. Esses moradores têm que entender o local onde estão."

A decisão da comunidade do Camorim foi tentar uma nova abordagem, via conscientização. Ao longo de meses, buscaram uma aproximação com os vizinhos. Pediram permissão para fazer palestras dentro do condomínio e contar a história do local aos moradores. Os vizinhos dos prédios também foram convidados para conhecer o quilombo e andar pelo espaço. A animosidade diminuiu, e a convivência se tornou amigável. Crianças que vivem no empreendimento passaram a participar do acampamento de verão promovido no Camorim, junto às crianças quilombolas. Além das brincadeiras, os pequenos aprendem a cultivar a terra e a se relacionar com plantas e animais.

São vários os quilombos urbanos brasileiros. Há comunidades em cidades como Manaus, São Luís, Belo Horizonte e Salvador. Na capital baiana, antigos quilombos se tornaram bairros, como está ocorrendo com o Camorim. "Quando o progresso vem, traz coisas ruins junto. Antes, quando tinha os temporais com chuva, precisávamos de sacola plástica para ir a qualquer canto. Mesmo assim, éramos muito felizes. Conseguíamos entender melhor nosso território, conhecer todo mundo. Hoje não. É muito difícil para mim estar dentro de um quilombo urbano. É só problemática", desabafou Adilson.

4.
O porto, o samba e o santo

Na escola te contam só meias verdades
Imagine a bagunça se exaltam
Zumbi dos Palmares
Meu herói é Arlindo Cruz,
o rei de Madureira
E Pastinha de Salvador,
mestre de capoeira
É Nzinga, Tereza, Dandara
A voz de Dona Ivone Lara
O samba, meu santo e o meu violão

"Meus heróis" (Thiago de Xangô, 2022)

Foi por volta de 2010 que Damião Braga começou a se preocupar de forma mais intensa com a sua segurança e, claro, a de sua família — ao menos, é esse o período ao qual suas lembranças associam as primeiras ameaças mais contundentes de violência física e morte. Tornar-se andarilho não estava em seus planos. No entanto, o estivador precisou deixar sua comunidade. O motivo? A militância. Damião buscava comprovar o direito que ele e os demais quilombolas tinham em relação ao território, bem no centro carioca. A luta pela área, que se tornou bastante valorizada nos últimos anos, desagradava interesses difusos.

Já foram muitas moradias. Para sua proteção, a cada momento, Damião está em um lugar. É um homem negro retinto, de cabelo crespo grisalho, barba grande, pintas pretas no rosto. O olhar levemente distante dá a impressão de cansaço, mas Damião não foge de entrevistas para a imprensa ou documentários. Essa, aliás, é mais uma forma de se proteger, de acordo com os conselhos recebidos de seus advogados. Sobre os autores das ameaças, ainda constantes anos depois, a escolha é não dizer quem são. É parte daquela que é considerada a melhor estratégia diante da situação.

O local reivindicado é a famosa Pedra do Sal, na cidade do Rio de Janeiro, um dos pontos turísticos mais conhecidos da capital fluminense, que costuma receber a visita de quem vai à cidade em busca de samba. A área fica em uma parte da cidade também conhecida como Pequena África, apelido dado pelo sambista Heitor dos Prazeres no começo do século XX. O nome remete à grande quantidade de pessoas negras na região. Vindas especialmente da Bahia após a abolição, elas se estabeleceram nos entornos da Pedra do Sal, que já contava com muitos ex-escravizados. Os atrativos para migrar para o Rio de Janeiro após a assinatura do fim da escravidão eram a moradia relativamente barata, a presença da comunidade negra e a proximidade com o porto. Isso porque trabalhar como estivador era um dos poucos empregos possíveis para uma pessoa negra naqueles primeiros anos de pós-abolição.

Foi justamente essa conexão migratória entre terras baianas e fluminenses que contribuiu para o nascimento do samba como conhecemos hoje. A versão mais famosa do gênero surgiu bem ali, naquela região do Rio de Janeiro. É de 1916 o primeiro registro oficial de uma canção desse estilo, "Pelo telefone". O nome de Donga aparece como autor, mas é provável que a música tenha sido, na verdade, uma construção coletiva, composta na casa de Tia Ciata, onde muitos se reuniam para participar das festas que ocorriam em seu quintal. Por lá, passaram precursores do samba como Pixinguinha e João da Baiana.

Tia Ciata é um exemplo dessa ligação entre os dois estados. Com a migração cada vez maior de pessoas negras da Bahia para o Rio, tradições culturais surgidas em terras baianas também se espalharam. Na época, variantes do samba já rolavam no estado nordestino, principalmente no Recôncavo Baiano. Ali surgiu, por exemplo, no século XVII, o samba de roda, que é considerado pela Unesco como Patrimônio Cultural Imaterial da Humanidade, está na raiz do samba carioca e é uma mistura de música, dança, poesia e um toque de religiosidade, baseada em tradições africanas. Samba chula, umbigada e samba corrido são alguns subgêneros. Como o próprio nome diz, os participantes formam uma roda, em geral, com as mulheres dançando coreografias improvisadas e batendo palmas enquanto os homens tocam. Os migrantes baianos levaram o ritmo na mala e, com o tempo, essas manifestações culturais foram se modificando e recebendo influências do caldo de cultura que se formava no Rio: influências urbanas, do maxixe e de outros ritmos. Até ganhar as características do samba carioca de hoje.

Eram as casas das tias baianas, como Ciata, os principais palcos para as reuniões desses migrantes na Pedra do Sal. Quem chegava da Bahia muitas vezes não tinha onde dormir até encontrar um trabalho, e essas residências eram um ponto não só de encontro, mas de amparo e de integração social. Algumas também eram terreiros de candomblé, com festas que além de música incluíam culinária e religião. Não à toa, Tia Ciata é o nome da principal rua onde fica o território do Quilombo Pedra do Sal. Também não é sem motivo que o samba foi um dos principais instrumentos de luta pela sobrevivência da comunidade. "O quilombo surge em cima de um tripé: porto, samba e santo. O samba nasce na Pedra do Sal. A primeira casa de santo surgiu em nossa comunidade. E o porto. A lida da minha comunidade é o trabalho no porto", contou Damião.

Hoje em dia, o samba da Pedra do Sal acontece em um quadrilátero no final de uma rua sem saída. Ao seu redor, existem alguns bares, além de uma grande pedra na qual muitas pessoas se sentam para curtir o som e observar o movimento do alto enquanto tomam cerveja ou comem um "brisadeiro" — o tradicional doce de chocolate misturado com porções de maconha. Também há uma grande escadaria de pedra. A roda de samba (a mais popular acontece às segundas-feiras) começa por volta das sete da noite. Sem microfone, os músicos tocam grandes clássicos do samba sob o olhar de um Zumbi dos Palmares grafitado na parede. O coro é engrossado pelo público. O espaço tem sido cada vez mais frequentado por turistas.

Além da famosa roda de samba, o espaço conta atualmente com festas de funk e uma feirinha com barracas vendendo refrigerante, sanduíche e outros itens gastronômicos. A maioria dos empreendimentos não é gerida por membros da comunidade quilombola. Até o samba deixou de ser organizado pelo quilombo. "Em função de todos os problemas, como um conflito que temos com a Igreja, faz bastante tempo que a gente não produz atividades culturais dentro do território. Se você pegar, o que dá sustentação tanto à ação judicial quanto ao relatório técnico é justamente a questão cultural, as festas que a gente fazia, que a gente deu o nome de Sal do Samba." Ao falar disso, o tom de voz de Damião ganha contornos de indignação. No começo, a questão cultural era usada como um chamariz para atrair a atenção pública para a disputa pelo território. O foco era a regularização fundiária. Os quilombolas começaram a promover o samba na região no início da década de 1980, e a mobilização ganhou o apoio de sambistas famosos.

O movimento levou o nome de Sal do Samba em homenagem à tradição de sambistas precursores que por ali circulavam nos anos 1920. A Pedra do Sal foi tombada de forma provisória em 1984 e depois, oficialmente, em 1987 como Patrimônio Material do estado do Rio de Janeiro. Foi a primeira vez no Brasil que isso ocorreu em um local conhecido historicamente como espaço de oferendas aos Orixás.[1] Com o tempo, porém, a iniciativa caiu no esquecimento, e a comunidade quilombola só retomou a roda de samba no começo dos anos 2000. A festa principal ocorria em 2 de dezembro, no Dia Nacional do Samba, que, de acordo com Damião, era um dos poucos momentos em que eles recebiam atenção dos jornais e das TVs. "Por volta de 2010, entenderam que aquilo ali era um grande filão. Até então, ninguém falava da Pedra do Sal", explicou ele. Diante das dificuldades com a Igreja e ameaças sofridas, a comunidade deixou aos poucos de assumir a organização do samba. Quem passou a comandar a festa foram pessoas de fora do quilombo. Assim, os sambistas que atualmente coordenam os eventos ficam focados apenas na tradição musical, pouco se relacionando com as reivindicações dos quilombolas.

A Pedra do Sal fica na região portuária da capital fluminense, ao lado do morro da Conceição, pertinho do Museu do Amanhã, da avenida Presidente Vargas, da praça Mauá, do Museu de Arte do Rio (MAR) e da estação Central do Brasil, lugares bem movimentados e bastante conhecidos. Mesmo assim, é possível sugerir, sem medo de errar, que boa parte das pessoas que circulam por lá não sabe que está próxima de um quilombo. "A própria comunidade, hoje, não tem o direito de usar seu território. Nós éramos 25 famílias. Hoje, já não temos mais isso. Ao longo desse período, muitos faleceram, outros desanimaram em função da pressão existente."

Segundo membros da comunidade quilombola Pedra do Sal, a área desperta muitos desejos. Entre as disputas, está uma briga judicial de décadas com uma vertente da Igreja católica, a Venerável Ordem Terceira de São Francisco da Penitência, que alegou durante muitos anos ser a dona do terreno reivindicado. De acordo com a instituição, o espaço foi uma herança deixada por d. João VI no ano de 1821. O Incra, porém, não encontrou documentos que comprovem a versão da Igreja.

Apesar de várias vitórias na Justiça, incluindo uma determinação para que a instituição religiosa deixasse o local, os quilombolas seguem sem poder morar na região ou usufruir dela, seja para realizar eventos, alugar imóveis, abrir comércios ou qualquer outra atividade. O quilombo foi reconhecido pela Fundação Cultural Palmares em 2005 e, pouco depois, o Incra iniciou a análise antropológica para titular o território. Durante esse processo, o próprio Incra tomou parte numa ação civil pública e requisitou que a Igreja católica restituísse o terreno.

A Associação Lar São Francisco de Assis sucedeu a Venerável Ordem Terceira da Penitência. O nome mudou ao longo dos anos, mas a posição diante da situação nem tanto: a instituição seguiu afirmando que desde o começo do caso não se pôs contra o reconhecimento, a preservação e a criação do quilombo, mas discordava da perda da propriedade sem pagamento de indenização. "A gente tinha várias ações individuais contra a Venerável Ordem Terceira da Penitência. Nós conseguimos transformar essas ações individuais numa única ação coletiva civil pública que teve como autores a União, o Ministério Público Federal, a Fundação Cultural Palmares, o Incra e a própria comunidade", contou Damião. Mesmo com decisões judiciais e reconhecimento de órgãos federais, casas na Pedra do Sal, segundo moradores, foram durante muito tempo alugadas em nome da Igreja e com pagamentos destinados à instituição. Ou, ao menos, é o que diziam muitos dos senhorios.[2]

A situação é bastante complexa, e não só por conta da disputa com a igreja. Boa parte da região portuária, incluindo a área do quilombo, é visada por traficantes de drogas e pessoas envolvidas em outras atividades ilegais, adicionando outros interessados em dominar o território, além da Igreja. É mais um grupo insatisfeito com a presença dos quilombolas — só que, no caso dos traficantes, o caminho para disputar a hegemonia na região não costuma ser o Judiciário. Além deles, há também muito comércio legal no terreno em disputa: lojas, bares, restaurantes, barracas. E vale não perder de vista que as casas da região da Pedra do Sal têm, há anos, moradores não quilombolas. Enquanto não existia uma decisão judicial sobre quem é o dono do espaço, alguns alugaram e outros compraram os imóveis.

Uma reintegração de posse do território em benefício da comunidade quilombola afetaria vários lados que, por circunstâncias diferentes, obtêm algum tipo de ganho financeiro com a região ou são ligados a ela por outros motivos. Com tantos entrelaçamentos, não é de estranhar que Damião seja pouco popular entre muitos pretendentes ao terreno, nem que a militância dele pelo direito dos quilombolas tenha tornado sua presença bastante indesejada.

Entre ligações, mensagens e recados pouco amistosos, o líder do quilombo resolveu deixar a Pedra do Sal. Muitos outros também foram embora. Quase não há mais quilombolas no local e quem ficou não se identifica como tal de forma muito ostensiva por temer represálias.

Afinal, ameaças a quilombolas não são exatamente incomuns. Colocar a violência em prática também não. Entre 2005 e 2023, ocorreram 54 assassinatos de líderes dessas comunidades em todo o Brasil.[3] "Desde 2015 eu estou no Programa de Proteção aos Defensores de Direitos Humanos, Comunicadores e Ambientalistas.[4] Mas, na verdade, é um programa que está muito no papel, muito na falação. Pouca ação concreta. A gente acaba ficando por nossa própria conta e risco", afirmou Damião.

Outro complicador para a comunidade quilombola da Pedra do Sal surgiu em decorrência da gestão pública. A prefeitura do Rio de Janeiro promoveu um projeto de revitalização que encareceu os valores de aluguel e compra dos imóveis, além de impulsionar um processo de gentrificação. "Daí vem a questão do Porto Maravilha, que tinha um objetivo de requalificar urbanisticamente a zona portuária. Mas, ao mesmo tempo, essa requalificação significava a retirada da população existente. Você teve remoção no morro da Providência, teve remoções ali na parte de baixo. Um imóvel na Zona Portuária custaria na década de 1990 cerca de 20 mil a 25 mil reais. Hoje, passou a custar 1 milhão. Então, o que predominou mesmo foi a especulação imobiliária", explicou Damião.

As obras do Porto Maravilha abarcavam uma área de 5 milhões de metros quadrados e incluíam três bairros nos arredores da Pedra do Sal: Santo Cristo, Gamboa e Saúde. A estimativa é de um impacto na vida de 22 mil moradores. Foram realizadas construções como o Museu do Amanhã e novos acessos viários, além da revitalização da praça Mauá, da demolição de viadutos e alças de acesso e do enterramento de rede elétrica. Houve ainda outras intervenções públicas e incentivo a ações da iniciativa privada.

Mas foi também esse projeto que trouxe à tona vestígios do Cais do Valongo, o espaço construído para receber os africanos trazidos à força para o Brasil pelo Rio de Janeiro, antiga capital da colônia e do país. O local tinha um desenho específico para a atracagem de pequenos barcos que traziam os escravizados após passagem pela alfândega. Além de ser o principal porto de entrada de africanos escravizados nas Américas, era também ponto de parada de navios seguindo para outros destinos do continente sul-americano, conectando o Brasil com as rotas da diáspora, onde contatos, trocas materiais e culturais aconteciam no cone sul.[5]

Descobertos durante as obras do Porto Maravilha, em 2011, os vestígios arqueológicos foram considerados pelos quilombolas provas definitivas de seu direito ao território. Durante muitas décadas, antes da abolição em 1888, o espaço onde hoje fica o bairro da Saúde foi o maior mercado escravagista do Brasil. Ao menos 5 milhões de pessoas foram sequestradas e trazidas ao país, e estima-se que pelo menos 1 milhão delas tenham entrado pelo Cais do Valongo. "Foram descobertos dois sítios arqueológicos dentro do nosso território que comprovam, na verdade, a nossa existência lá atrás, a existência dos nossos ancestrais, e dão razão para a nossa permanência", disse Damião.

O cais foi construído em 1811 pela Intendência Geral de Polícia da Corte do Rio de Janeiro. Seu objetivo era retirar da rua Direita, atual rua Primeiro de Março, o desembarque e comércio de africanos escravizados que eram levados para as plantações de café, fumo e açúcar do interior da capitania e de outras regiões do Brasil. Os que ficavam na capital geralmente eram os escravizados domésticos ou aqueles usados como força de trabalho nas obras públicas.[6]

A escolha desse lugar para a criação de um mercado de escravizados ocorreu por se tratar, na época, de um local afastado da parte principal da cidade, isolado dos outros bairros por sua posição entre os morros. Grande parte das pessoas brancas, membros da sociedade livre carioca, já não queria mais presenciar as violências promovidas pelos mercadores de pessoas escravizadas. Mas, para muitos, não havia problema se tais violências continuassem ocorrendo longe de seus olhos.

Toda a logística escravagista ficou concentrada nesse espaço: o porto, por onde chegavam as pessoas trazidas da África; os espaços onde os africanos se recuperavam da viagem insalubre; o mercado de venda dos escravizados para outras regiões; e o cemitério para aqueles que não resistiam ao processo. Após a proibição do tráfico de pessoas escravizadas, aos poucos, a região foi se urbanizando. Aterramento e construções sepultaram o cais, e a trágica história de que ele fez parte ficou apenas nas lembranças e nas vozes de pessoas invisibilizadas. As obras do Porto Maravilha, sem querer, fizeram a materialidade da violência ocorrida ali emergir. "Essas escavações se estendem até o nosso território", afirmou Damião. "A gente está a 100 metros do Cais do Valongo. Veio à tona também o trapiche da Pedra do Sal. Não existe uma prova mais contundente da existência do quilombo do que os achados arqueológicos."

A história da presença negra no lugar remonta à época em que toda a região era conhecida como Prainha. Era lá que chegava o sal vindo de Portugal, único fornecedor autorizado do produto no Brasil durante grande parte do período colonial. Até meados do século XIX, aquela região ainda não tinha sido aterrada. Ficava próxima ao mar e era habitada por pescadores e salineiros. Além de alguns trapiches de sal, a paisagem era composta também de construções imponentes, como o Palácio do Bispo, a igreja de São Francisco, a Fortaleza da Conceição e a Cadeia de Aljube. Ali, também era possível ver algumas chácaras nos morros próximos, como o da Conceição e o da Providência.[7]

A Pedra do Sal não tem hoje as características geográficas que nos levem a olhar e entender isso. Mas o mar ia até o largo da Prainha, e sacas e mais sacas de sal embarcavam e desembarcavam na Pedra. "Hoje, a Pedra do Sal é uma região urbanizada que fica no centro da cidade, só que nos séculos XVII e XVIII, aquela área seria considerada rural. Toda a corte portuguesa se concentrava perto da praça XV", afirmou Damião.

Em 2017, o Cais do Valongo recebeu o título de Patrimônio Cultural da Humanidade pela Unesco por seu "valor universal excepcional" como único exemplar íntegro e autêntico que expressa a história da diáspora africana no Brasil. "Rapaz... As pessoas falam da Pedra do Sal, mas invisibilizam a comunidade quilombola, pô! Não é a Pedra do Sal. É a comunidade remanescente do Quilombo Pedra do Sal, o que é bem diferente. Hoje, tem dinheiro jorrando dentro do nosso território. Mas a gente não usufrui de um centavo."

5.
Couro em chamas

Estamos chegando da cruz dos engenhos,
estamos sangrando a cruz do batismo,
marcados a ferro nós fomos,
viemos gritar.

Estamos chegando do alto dos morros,
estamos chegando da lei da baixada,
das covas sem nome chegamos,
viemos clamar.

"A de ó (estamos chegando)"
(Milton Nascimento, Pedro
Casaldáliga e Pedro Tierra, 1982)

Em rodas agitadas, quilombolas dançam encostando umbigos, cantam improvisando rimas e tocam batuques que, assim como o samba, cruzam seu passado com a trajetória dos quilombos brasileiros. Os laços aqui, porém, ultrapassam a linha do mero encontro. São intrínsecos. Muito mais que apenas *relacionado* aos quilombos, o tambor de crioula nasceu neles — mais especificamente, nas comunidades maranhenses durante o regime escravocrata. "Antes, falavam 'festa de preto'. Hoje em dia, já é patrimônio. A gente se apresenta toda hora. Mas, antes, não tinha nada disso", comentou Maria de Lourdes Camboa, enquanto se preparava para mais um evento, dessa vez, em frente à Casa do Tambor de Crioula, em São Luís, capital do Maranhão.

Era tarde de quarta-feira e ainda restavam algumas horas até o início da apresentação. O número de pessoas no local ia crescendo aos poucos. Ao lado de dona Lourdes, chamas crepitavam para, como dita a tradição do festejo, aquecer os tambores. Trata-se de uma antiga técnica de afinação: o fogo dilata o couro dos instrumentos, tornando seu som menos abafado. A origem do material varia. Há quem use pele de boi, veado ou sintética. O importante é alcançar uma sonoridade ocada. Com ouvido atento, percussionistas ficam próximos à fogueira para ir testando o som. Alguns lambuzam as mãos de cachaça para amenizar a dor de tocar no tecido quente. Outros bebem uns goles para atiçar a animação, até escutar o batuque desejado. Aí, sim, estão prontos para a roda.

Naquele dia não foi diferente. Após horas de chamas, copos de pinga e fim da ameaça de chuva, formou-se um círculo, o primeiro de muitos do evento que reuniu várias companhias maranhenses. Quatro homens batucavam e mais uns sete cantavam em coro. Os tambores, como de costume, eram três. O maior, rufador, tinha dois músicos percutindo ao mesmo tempo — um em pé, amarrado ao instrumento por uma corda na cintura, e o outro agachado, atrás. O meião (ou socador) produzia seu som repicado. E o menor, crivador, fazia jus à fama de ser o mais agudo dos tambores. Juntos, formam a parelha. Muitos grupos também têm a matraca. Para tocá-la, o músico fica agachado na frente do rufador.

Do gogó dos cantores, saem as chamadas toadas novas e toadas mortas. As novas são letras improvisadas, e as mortas, cantigas tradicionais. Os versos são entoados por um solista e repetidos em coro. Nas batalhas de grupos, é comum que os cantores rimem piadas para zombar dos adversários e enaltecer os próprios times. É por isso que durante muito tempo a praça Deodoro, no centro de São Luís, era popularmente conhecida como a "praça de guerra".[1]

Os cânticos retratam uma infinidade de temas. São devoções, reclamações, agradecimentos, saudações quilombolas, memórias felizes e tristes. Ao som das músicas, mulheres dançam em passos largos, remexendo bastante os quadris e ombros. Rodopiam. Vão de um lado para o outro. Passam de mão em mão uma miniatura de são Benedito, o santo católico negro. E fazem a punga, também chamada de umbigada, movimento em que as dançantes levantam os braços e encostam o ventre umas nas outras, ouvindo como incentivo gritos estridentes e palmas empolgadas.

Ao lado dos músicos e das dançarinas que se apresentavam no Museu Casa do Tambor de Crioula, turistas estrangeiros e brasileiros assistiam à cena animados, registrando imagens com celular e mexendo o corpo conforme a música. Ambulantes vendiam pipoca, cerveja e conhaque.

"Aqui na rua as pessoas podem beber à vontade", disse Neto de Azile, 53 anos, pele retinta, cabelo raspado e cavanhaque. "Antes, as apresentações aconteciam lá dentro da casa, mas, por ser um órgão público, as pessoas não podiam ficar bebendo. Daí, passamos para aqui fora." Mesmo não sendo quilombola, Neto conhece a fundo a relação entre o movimento e a etnia. É gestor da Casa do Tambor de Crioula, museu dedicado à tradição. "Estamos falando de uma prática cultural de base negra percutida por tambores. A maioria desses grupos vem de comunidades pretas, quilombolas, remanescentes."

Não se sabe ao certo quando e onde surgiu o festejo,[2] apenas que nasceu no Maranhão, com africanos e afro-brasileiros durante o regime escravocrata. "Era uma maneira de amenizarem o sofrimento, resistirem à escravidão. Por isso, essa festa, esse louvor", explicou ele.

Mais do que uma grande celebração à vida, o tambor de crioula é também reverência ao divino. Presente na maioria das rodas (também chamadas de brincadeiras), são Benedito dialoga diretamente com a história da tradição. As versões mais famosas de sua mitologia o descrevem ou como filho de escravizados africanos, ou como cativo capturado na África. Cozinheiro, ele ajudava os mais pobres, oferecendo uma quantia farta de saborosas comidas.

É o santo protetor dos negros. Durante as apresentações do festejo, as dançarinas não só seguram uma miniatura de sua figura como também a colocam sobre cabeças da plateia, como uma bênção. Além dele, são louvadas outras tantas entidades, de voduns a santos. Num sincretismo entre catolicismo e crenças de base africana, há nomes como Preto Velho, Averequete, Acóssi, Nossa Senhora da Conceição e Divino Espírito Santo. Algumas rodas reverenciam mais de uma figura, outras, apenas uma. E há também as que não veneram nenhuma.

"São Benedito é um santo milagroso. A gente anda com ele na bolsa. É ele quem representa em primeiro lugar", disse Maria José Nunes, de 71 anos, quilombola do Ramal de Quindíua, comunidade de Bequimão, também no Maranhão. "Sou católica de muitos anos. Minha religião é assim: o tambor de crioula, o são Benedito, a cultura. É tudo." Sorridente e um pouco tímida, Maria contou que frequenta eventos como aquele desde os quinze anos e que mesmo antes já se imaginava curtindo as rodas. "Uma porção de tambor já dancei. Vou largar só quando morrer. É uma cultura muito maravilhosa. Por onde a gente passa, vai deixando rastro. Não sei se tem outra coisa ali que me toca, mas sempre fui louca por tambor de crioula. Danço para tudo que é lado. Sou desse jeito."

Lembrando a infância, ela contou que apanhou da mãe algumas vezes de tanto insistir para ir aos festejos que via na comunidade. É algo bem parecido com o que viveu seu amigo Alcelino Amorim, do Quilombo Santa Rita, também de Bequimão. "Idade de quinze anos/ fiz minha primeira toada/ olha, eu queria ir/ minha mãe que não deixava/ olha, eu queria ir/ minha mãe que não deixava", cantarolou ele, ao seu lado, explicando que os versos são de sua primeira composição. "Quando eu tinha uns dez, doze anos, meu pai brincava no tambor. De vez em quando me levava, mas não muito, porque mamãe não deixava. Ela dizia: 'Você é criança, vai dormir, dar trabalho, incomodar os donos da festa'. E eu sempre com aquela vontade de ir... Daí, com uns quinze, ela começou a deixar um pouquinho."

Agora, aos 65, ele já podia ir a quantos tambores quisesse e, de brinde, era visto com prestígio pelos brincantes de sua comunidade. "Já fui até a África do Sul apresentar tambor de crioula", disse ele, ao lembrar da excursão que fez em 2008. "O convite foi através de Paulinho, que é dono de um grupo. Não sei quem convidou ele, mas sei que a gente brincava e foi agraciado com a viagem. Nós viajamos em dez homens e dez mulheres. Foi muito bom, tinha muita gente."

"O ritmo de lá é diferente. A mulher dá pungada aqui do lado, não frente a frente. E o 'tamborista' bate com uma matracazinha de ponta enrolada."

Consagrado desde 2007 como Patrimônio Cultural Imaterial Brasileiro,[3] o tambor de crioula está repleto de influências africanas e, naturalmente, desperta o interesse de muitas pessoas do continente. O relato de Alcelino, além de evidenciar isso, mostra que, muitas vezes, tradições distintas bebem da mesma fonte.

Assim como no samba, elementos de síncope (deslocamento do tempo fraco ao forte e vice-versa), polirritmia (união de duas ou mais bases rítmicas), instrumento de percussão e dança em roda estão nas toadas do tambor de crioula. O jongo, de raiz afro-brasileira, também lembra a tradição maranhense por suas típicas umbigadas. No tambor, a punga é tradicionalmente feminina, e a música, masculina. Até existem rodas nas quais homens dançam e mulheres tocam, mas são menos comuns.[4] Nesse caso, a punga vira um duelo de rasteira. Em vez de umbigadas, os homens se dão joelhadas ou pernadas, com movimentos que remetem aos do maculelê, luta brasileira de matriz afro-indígena.

Mas nem só de homens e mulheres adultos vive a brincadeira. "Na minha comunidade, tem um grupo mirim. São 38 crianças. As meninas dançam, os meninos tocam", contou dona Lourdes, que faz parte do maior quilombo urbano da América Latina, o Território Liberdade Quilombola, localizado em São Luís. "Também tem adultos no grupo, para 'descansar as crianças', porque elas não aguentam ficar tocando e dançando por uma hora."

Com apenas três anos, João Miguel, neto de Alcelino, já batuca o meião. Enche de orgulho o avô, que, com jeito coruja, fez questão de mostrar vídeos do pequeno percussionista. "A gente sempre mantém os jovens no tambor. Vai ensinando um e o outro. Senão, nós vamos morrer, e aí acaba."

O grupo do qual Alcelino é dono, Brinquedo de São Benedito, surgiu como um pagamento de promessa, o que, aliás, é bem comum na cultura do tambor. "O pai da antiga dona pediu a são Benedito que a filha conseguisse casa em São Luís. Ela conseguiu, e ele cumpriu a promessa de fazer duas marchas para o santo. Depois, o pai faleceu, e ela quis continuar a tradição. Fundou o grupo e, quando não pôde mais estar à frente, passou a responsabilidade para mim e para o seu Alcelino", contou Adriano Andrade, também dono do conjunto. "Brinquedo é só o nome, porque nosso grupo é muito sério."

Aos 35 anos, Adriano vive em São Luís com a esposa, Josana de Fátima, remanescente do Quilombo Ramal de Quindíua. O casal é o criador do Encontro de Grupos de Tambor de Crioula das Comunidades Quilombolas do Maranhão, que é realizado anualmente desde 2020 e funciona como um festival. "Deus nos iluminou para idealizar esse projeto", contou ele. "Primeiro, eu tinha pensado em algo para agraciar os grupos de São Luís. Mas eles já são bem estruturados, fazem apresentações em toda festa de São João,[5] Carnaval... Daí, ela veio com a ideia de ajudar os grupos do interior, que não são vistos. Decidimos focar grupos quilombolas, porque o poder público não olha para eles com aquele carinho, né?"

"O projeto fortalece, divulga, fomenta os grupos. Neste ano, vamos fazer oficinas de aprendizado para crianças e adolescentes das comunidades. Oficinas de dança, percussão e canto ministradas por mestres." Grandes sábios do tambor de crioula, os mestres são pessoas bastante reverenciadas pelos praticantes, inclusive após a morte. Recebe o título quem tem, acima de tudo, bagagem. E, geralmente, isso significa saber cantar, compor, organizar rodas, aquecer os tambores, tocar muito bem cada um dos instrumentos e estar à frente de um grupo. Na grande maioria das vezes, os mestres são homens idosos. "Quando você ouvir por aí que tem um mestre novinho, saiba que é conversa", disse Adriano, rindo.

Embora existam exceções à tradição, três aspectos se mantêm rígidos e comuns entre os festejos: roda, parelha e dança. "A percussão é uma tecnologia ancestral de ludicidade e saberes tradicionais", explicou Neto, o gestor. "A roda representa a circularidade do infinito, o encontro do fim com o começo. Esse modelo de círculo é comum no continente africano. É o renascimento, a reconstrução. Demarca um espaço de práticas ancestrais que, na dança do tambor de crioula, acabam sendo reelaboradas e reconstruídas."

Há três dimensões no tambor. Na devocional, a religiosidade é o propósito da roda. Na de entretenimento, famosa em ocasiões especiais como data santificada, nascimentos e aniversários, predominam o lúdico e a festividade. E, na comercial, o tambor é tido como produto cultural. Desde a década de 1970, a atividade tem forte apelo turístico no Maranhão, principalmente em São Luís, graças a políticas de incentivo financeiro que trouxeram maior reconhecimento fora do estado e a encaixotaram numa espetacularização que nem sempre é vista com bons olhos. Há quem diga, por exemplo, que apresentações patrocinadas pelo governo são engessadas, com formato à mercê dos bolsos dos turistas, ou então que o contexto levou a uma competitividade egocêntrica entre as companhias de tambor. "De uns anos para cá, houve editais com regra dizendo que os grupos tinham que estar com roupas bem apresentáveis devido ao turismo. Daí, fugiu um pouco da proposta. Pouco, não. Fugiu muito", criticou Adriano.

"Em São Luís, a maioria dos grupos é formada através do lucro. É complicado. Existe uma grande diferença entre os grupos quilombolas e os da cidade. As comunidades têm festas lindas, com procissão, muita comida e bebida. Fazem tudo isso por amor, sem almejar lucro nenhum. Pelo contrário. Eles investem na tradição, coisa rara em São Luís. Nos quilombos, tem festejo que vira noite, dura dias. É muito lindo, mesmo!", contou ele. É também nos interiores, sobretudo em comunidades, que acontecem festejos longe de chãos de concreto. Por exemplo, no Quilombo Gapó, em Penalva, há tambor em lama seca. Em outros povoados, as pessoas comemoram em canoas.

Na capital, grande parte dos tambores é de PVC. Mais baratos que os de madeira — devido às leis de extrativismo ambiental —, os instrumentos também são afinados a fogo, mas, por serem diferentes da norma, fazem muita gente como Adriano torcer o nariz. "Tocam em PVC, mudam toada e vestimenta. É politicagem, regras que tínhamos que seguir para se apresentar em pontos turísticos. Mas muitos grupos, como o meu, prezam pela tradicionalidade."

De fato, circuitos patrocinados podem trazer consigo exigências. Foi justamente assim que, aos poucos, figurinos se estabeleceram no festejo e viraram símbolo do guarda-roupa dos frequentadores. Mulheres vestem blusa branca de renda, turbante, acessórios coloridos e saia rodada de chitão florido — estampa que dialoga com o mito de são Benedito. O santo transformou uma cesta de comida em flores ao ser pego em flagrante tentando alimentar os pobres. Já os homens usam chapéu de couro ou palha, calça e blusa estampada com flores e o nome do grupo. Trajes que, não à toa, estavam em todas as rodas a que assistimos, dentro e fora do Maranhão.

Semanas antes da Casa do Tambor de Crioula, tínhamos ido a um festejo do conjunto maranhense Juçaral dos Pretos, na capital paulista. O grupo se apresenta no Sudeste desde 2011, ano de sua formação. Os integrantes se encontram uma vez por mês, aos domingos, na praça Benedito Calixto, na zona oeste de São Paulo.

Ao contrário de São Luís, a cidade passa longe de ser associada ao tambor de crioula — na verdade, tem pouquíssimos eventos desse tipo. E os que existem nem sempre são bem-vistos pelos moradores. "Quando a gente chegou em São Paulo, sentiu o que é discriminação por tocar tambor", desabafou Celso França. Remanescente da comunidade Frechal, de Mirinzal, Maranhão, ele é o único quilombola do Juçaral dos Pretos. "Falavam que a gente mexia com macumba. Não estavam errados. Macumba é um tipo de instrumento, e a gente tocava. Mas a agressão e o preconceito eram muito grandes. Jogavam água em nós! Chamavam a polícia! Chamam até hoje pelo simples fato de não quererem conhecer. Tudo parte disto: a falta de informação. Mas a gente resiste..."

Até balde de xixi já foi arremessado contra o grupo. Numa dessas vezes, Celso parou de tocar e foi até a casa da pessoa que havia jogado a urina. Ele queria entender o porquê de tanto incômodo, tanta revolta, e explicar que a fogueira e os batuques eram apenas tambor de crioula. Mas de nada adiantou: a moça se recusava a conversar porque, na visão dela, tudo aquilo era "coisa do diabo".

Quando os músicos são enquadrados pela polícia, as autoridades dizem ter recebido reclamações de excesso de barulho ou denúncias de um grupo usando drogas, fazendo baderna e atividades ilegais. "Este é o Brasil do não preconceito, como chamam lá fora", ironizou Celso, ressaltando que esse é só um entre os vários casos de demonização das culturas negras que ele vê acontecer. "Falam muito em diabo. Até no morro do Querosene[6] tem gente que taca fogo no banheiro das festas. São Paulo recebe tanta gente que até parece um país. E que bom que é assim! Mas que receba de forma digna!" Já faz 24 anos que ele está na cidade. Vez ou outra, dá um jeitinho de ir ao Maranhão para matar a saudade das terras onde cresceu, ver a família e os amigos pungar, batucar e cantar. "Em Frechal, você vê cortejo de tambor até na carroça. Só em quilombo mesmo para ver isso."

No dia em que conhecemos o Juçaral dos Pretos, eles se apresentavam no Sesc Consolação, instituição que fica no centro de São Paulo. Chegamos lá uma hora antes do início da roda, enquanto ainda rolava o aquecer dos tambores, algumas ruas atrás do local. "Lembrei a melodia!", gritou um percussionista, se dirigindo ao outro, em frente à fogueira. "Um dia no caminho/ encontrei um mano meu/ Um dia no caminho/ encontrei um mano meu/ ele tirou uma toada/ caprichou e me bateu/ E cantou mais do que eu/ cantou mais do que eu."

"Essa é boa", respondeu um homem de longos rastafáris. Era Alfredo Madre de Deus, 52 anos, um dos fundadores do Juçaral dos Pretos. "Isso também faz parte. A diamba", disse ele, após virar um copo de cachaça. "É um senso de integralidade com o espiritual. Quando a gente bebe, fuma, está se conectando com o sagrado. A mídia põe o contrário, mas para a gente não é assim. Tambor que não tem cachaça eu saio falando mal." Além do tambor de crioula, os brincantes do Juçaral também gostam de se reunir para celebrar o bumba meu boi, festa recheada de referências ao folclore brasileiro. "A gente chega, faz nossa fogueira, toca nosso tambor e pronto. Vamos ser felizes!"

Existem ao menos dois quilombos chamados Juçaral dos Pretos. Maranhenses, um fica em Alcântara, e o outro, em Presidente Juscelino. "O nome do nosso grupo é uma homenagem", explicou Alfredo. "Ouvi uma música bem bacana do Paulinho Akomabu: 'Juçaral dos Pretos/ eram pretos protegidos e cansados de apanhar'. Começamos a brincar com ela na parelha, e aí ficou. Junto do bumba meu boi, o tambor é a pérola, o tesouro do Maranhão. Uma manifestação originalmente negra, quilombola, de pessoas simples. Está aí há uns trezentos e poucos anos, mas hoje está na moda em São Luís. Muito ego. Muita gente boa perdendo a brincadeira necessária, o respeito com os mais velhos, a valorização de quem veio antes da gente."

Sabendo que iríamos em breve para lá, Alfredo fez recomendações sobre o que e quem visitar quando o assunto fosse tambor de crioula. Além de São Luís, citou outros lugares do estado. Disse que encontraríamos toadas mais cadenciadas na Baixada Maranhense e mais aceleradas em áreas litorâneas como Alcântara. A cidade já estava em nossa rota, mas por outros motivos.

6.
Céu de foguetes, terra de quilombos

Eu sou irmão do meus truta de batalha
Eu era a carne, agora sou a própria navalha
Tim-tim, um brinde pra mim
Sou exemplo de vitórias, trajetos e glórias

"Negro Drama" (Mano Brown
e Edi Rock, 2002)

Alcântara (MA) é a cidade brasileira com maior proporção de habitantes quilombolas: eles representam cerca de 85% da população total do município.[1] Esse fato, embora chamativo, não chega a ser o mais emblemático da região que, desde os anos 1980, é centro de uma das disputas de terra mais marcantes da história do Brasil.

Inaldo Faustino se lembra bem da primeira vez que ouviu falar no caso que desencadeou o conflito. Era uma noite iluminada de 1977. Ele tinha dezessete anos e havia ido ao terreiro para o que chama de "uma sessão de cura com pajés, encantados e orixás". Antes do início do ritual e do batuque dos tambores, uma conversa prendeu sua atenção. "Pai Martinho, tu tá sabendo que vai vir para Alcântara uma desapropriação de 500 quilômetros quadrados?", alguém perguntou ao pai, que era chamado assim até mesmo por quem não era filho dele.

"Não tô sabendo, não", respondeu Martinho.

Inaldo sabia que o papo não era com ele, mas ficou curioso. Naquela época, ele, o pai, a mãe e os dez irmãos viviam à beira-mar, na comunidade quilombola São Raimundo, onde moravam dezessete famílias. O povoado era pequeno, mas muito unido. Trabalhavam na roça, caçavam e pescavam. O dinheiro era escasso, assim como o acesso a recursos de educação e saúde. Quando ficavam doentes, recorriam a rituais sagrados como os daquela noite em que ele ouviu o boato. Era uma vida humilde, mas confortável — bem diferente da que Inaldo tem hoje, aos 63 anos. "Aqui é um quilombo quebrado", disse ele, sentado de frente para nós, no sofá de sua casa. "A gente faz festas, se diverte ao nosso modo. Mas todas as culturas foram quebradas."

O comentário era sobre um lugar chamado Espera, agrovila onde ele mora desde 1988. A entrada do terreno fica na beira de uma estrada. Trinta e seis famílias moram lá, mas apenas nove têm lotes, ou seja, um cantinho para chamar de seu em termos oficiais. Pequena, a área tem 35 casas e uma Assembleia de Deus. A rua é toda coberta de barro e folhas. Nas proximidades, ficam mais seis agrovilas: Ponta Seca, Só Assim, Cajueiro, Pepital, Peru e Marudá. Apesar de diferentes, todas compartilham fortes semelhanças, da pobreza generalizada à maneira como foram erguidas.

"Sabe aquilo de 'salve-se quem puder'? É isso que estamos vivendo", descreveu Inaldo ao traçar a relação entre as agrovilas e o rumor ouvido no terreiro quando jovem, que estava parcialmente correto. Em vez de 500, foram 620 quilômetros quadrados remanejados em Alcântara entre os anos de 1986 e 2024, ou seja, 62 mil hectares, o que representa mais da metade do município. Esse remanejo obrigou 312 famílias quilombolas, de 32 comunidades, a deixarem suas terras. "Falavam que seria para fins de utilidade pública", contou ele, um dos afetados pela mudança. "Éramos comunidades muito simples. Não tinha como a gente dizer 'não' para um projeto de utilidade pública. A gente sabia que não teria muito o que discutir."

Dada como ordem federal em 1983, uma desapropriação de 52 mil hectares tinha como objetivo a instalação da primeira base aeroespacial brasileira. A ação prometia ampliar a tecnologia e, principalmente, o poder do país no setor espacial. Não era um projeto qualquer. Era "o" projeto, capaz de elevar a imagem do Brasil. Dali brotariam pesquisas científicas estudadas no mundo inteiro. E a escolha do local levava em consideração a posição de Alcântara no globo terrestre. Próxima à linha do Equador, a área é ótima para o lançamento de foguetes. Se comparado a outros pontos do planeta, o trecho exige bem menos combustível da máquina e possibilita o transporte espacial de cargas pesadas.

Não fosse a maneira como tudo se deu, daria até para dizer que a criação do Centro de Lançamento de Alcântara (CLA) foi ótima para o país. A Força Aérea, a prefeitura de Alcântara, os governos maranhense e federal: todos sabiam que comunidades centenárias vivem naquela área. Mesmo assim, nenhum órgão mapeou os possíveis impactos socioculturais do projeto, muito menos consultou previamente os moradores do local. "O Estado, quando nos procurou, nos esqueceu. Esqueceu esse Brasilzão todo", explicou Inaldo. Ao comunicar aos quilombolas sobre a construção da base, o então Ministério da Aeronáutica falou que eles seriam removidos de suas áreas e, em troca, receberiam terras de condições semelhantes àquelas nas quais viviam. Também garantiu que, em pouco tempo, receberiam o título definitivo das propriedades. A realidade, no entanto, foi outra. As casas da região para a qual eles migraram ficavam distantes das praias e dos igarapés. E o solo era impróprio para a maioria dos cultivos tradicionais. "Eles falavam que perderíamos o mar, mas teríamos recompensas. Íamos ganhar outra qualidade de vida. Saúde boa. Escola boa. Casas boas." Nada disso aconteceu: os quilombolas continuam com sérios problemas para ter acesso a serviços públicos e viram a sua qualidade de vida piorar bastante.

Embora as 32 comunidades tenham diferenças históricas e culturais entre si, o Estado nunca levou isso em consideração durante o remanejo. Os povoados foram tratados como se fossem um só grupo: suas especificidades religiosas, habituais e de festa ignoradas. O reassentamento dividiu os quilombolas em sete zonas que o Estado ergueu e chamou de agrovilas. São distritos rurais que, na prática, funcionam como um conjunto habitacional. A distância entre eles e as antigas áreas dos moradores chega a ser de até 20 quilômetros.

Com as comunidades esfaceladas, já não fazia mais sentido manter o nome dos povoados de origem dos quilombolas. As agrovilas eram como novas identidades. A mudança fez familiares e amigos que antes moravam lado a lado se tornarem ex--vizinhos, já que a distribuição dos lotes ocorreu por sorteio. Todas as operações de transferência foram feitas sob comando militar. "Depois das primeiras, as pessoas foram vendo o que iam passar, porque muitos transferidos diziam não ter se adaptado. Daí, os outros começaram a resistir. Teve uma velhinha que, no dia de ir embora, ficou sentada dizendo que não ia, enquanto via os militares pegando as coisas da casa dela", lembrou Inaldo. "Isso de resistência aconteceu mais com as famílias que ficaram por último. Entraram em pânico. Chegaram a construir barreiras, mas foi inviável. Minha mãe foi uma dessas resistentes. Era uma mulher de muita luta. As pessoas me associam a ela."

Foi em 4 de janeiro de 1988 que Inaldo deixou as terras nas quais cresceu. Já era homem. Tinha 28 anos, trabalhava e era pai de quatro filhos. Mesmo assim, estava inseguro. "Eu tinha noção de que o Brasil estava se redescobrindo, saindo dos coronéis", afirmou, em referência ao período de redemocratização da época. "Claro, imaginei que pudesse dar errado. Sempre tive um pé atrás com todas essas promessas."

Assim como ele, a maioria dos quilombolas não recebeu nenhuma indenização. E os poucos que conseguiram algo ainda sofreram com problemas financeiros porque, segundo Inaldo, não souberam avaliar o valor proposto pelo governo.[2] Só foram perceber que o dinheiro era insuficiente quando já estavam na nova vida, na qual não tinham nem pesca, nem plantio, nem o pasto desejados. Para ir ao banco buscar o dinheiro, os indenizados tinham que andar por horas. Fazer longas caminhadas virou, na verdade, uma nova rotina entre os moradores das agrovilas. Em busca de pescado e caça, muitos fazem trilhas de até quatro horas até o litoral mais próximo. Outros vão de bicicleta, cavalo, jumento ou moto.

De agro, as vilas têm só o nome. O módulo rural[3] de Alcântara passou de 35 para 15 hectares. "A agricultura foi um desastre. As terras são de péssima qualidade. Não deu nem seis meses das transferências, e começou a surgir a fome. Aqui não tem rio perene de água doce para pescar. E nada do que o governo trouxe para implementar como mitigação deu certo. Criação de porcos, projetos de horta... Nada!" Com isso, veio a insegurança alimentar, problema que até hoje assola as agrovilas. Inaldo cita a anemia falciforme, doença que atinge principalmente pessoas negras e há décadas vem perturbando os quilombolas alcantarenses.

Antes de serem realocadas, as comunidades tinham o hábito de criar gado tanto para transporte quanto para alimentação. Bois e jumentos ficavam soltos na praia durante o verão, e no inverno, presos próximos das casas para não serem atingidos por raios.[4] Esses costumes, porém, foram alterados com o remanejo, já que os moradores hoje quase não têm espaço para pasto. Como a pesca também foi afetada, o consumo de proteína animal diminuiu entre as famílias. A ingestão de água foi outra a ser prejudicada, pois as vilas tinham poucos poços artesianos e demorou para que a água fosse encanada.

Além de sofrer na subsistência, os quilombolas também enfrentam dificuldades em questões como saneamento básico, infraestrutura, saúde e manutenção de tradições culturais. Os moradores das agrovilas foram impedidos de acessar espaços onde, no passado, circulavam normalmente. Tornou-se inviável visitar os locais onde jazem seus ancestrais e amigos. E, embora prometido no projeto apresentado aos quilombolas, nenhum cemitério foi entregue junto das agrovilas. Então, eles mesmos construíram espaços para enterrar os mortos — um na comunidade de Marudá e o outro na de Peru, agrovilas com cerca de 1 quilômetro de distância entre si. Também desrespeitando o acordo com os remanejados, o governo não construiu igrejas na área para onde foram transferidos. Elas (de ordem católica e evangélica) foram erguidas pelas próprias comunidades, que se sentiram violadas, com suas fés censuradas.

Casas de forno (em geral usadas para torrar farinha), campinhos de futebol e escola, conforme previsto no projeto, foram entregues com os conjuntos habitacionais, mas acompanhados de outras falhas. A luz elétrica não chegou às agrovilas rápido. Foi preciso que os moradores implorassem pela sua instalação, o que só aconteceu na década de 1990, mesma época em que a prefeitura construiu ali pequenas salas de atendimento médico — novamente, após reivindicações. O acesso aos conjuntos habitacionais também foi feito de forma precária, com estradas de piçarra que, em período de chuva, formam poças de lama.

De alvenaria, as casas entregues às comunidades seguem um padrão de tamanho e divisão que não atende a muitas famílias. No entanto, o modelo inicial do projeto chegou a ser alterado em alguns pontos. Por exemplo, foram apresentadas plantas domésticas cujo banheiro fica dentro do lar. Após pedido dos remanejados, o cômodo passou para fora. Isso porque, na cultura dessas comunidades, banheiro deve ficar na área externa, devido ao mau cheiro e à atração de insetos.[5]

Como se não bastasse tudo o que vinha acontecendo desde os anos 1980, os alcantarenses tiveram outra surpresa em 1991. O então presidente Fernando Collor (PRN) aumentou a área da base de 52 mil para 62 mil hectares. Com isso, quase toda a faixa litorânea do município passou a pertencer ao CLA e, consequentemente, à União — fato que hoje gera confusão, porque, em 2008, a área também foi reconhecida oficialmente como território quilombola.

Ao lembrar a década de 1990, Inaldo descreveu o período como intensamente doloroso: "As agrovilas não tinham mais recurso de nada. As terras foram indo tudo". Entre o fim dos anos 1980 e início dos 1990, surgiram as primeiras mobilizações dos moradores. Até então, ainda que houvesse quilombolas contrários ao remanejo e episódios isolados de resistência, não existia nenhum movimento organizado para bater de frente com as autoridades, o que Inaldo atribui à vulnerabilidade dos povos. "O processo de cooptação era muito grande. Eles faziam as pessoas mudar de ideia. Nós éramos muito simples", explicou ele. "Eu não estudei, porque até isso o Estado me negou. Fui estudando pelos pedaços. Hoje, sou um alfabetizado que batalha para não ser mais enganado como já fui nessa vida."

Segundo ele, depois da transferência, tudo o que o Estado queria era os controlar, não ajudar. "Isso se deu por sucessivos anos. Mas aí a gente começou a ter uma certa resistência e a entender que poderíamos ter direitos." Assim, em 1993, quilombolas ocuparam a sede do Incra para pressionar os governantes. Entre os pedidos, estava a construção de outras moradias, já que o número de famílias havia crescido desde então. Mas a reivindicação não foi atendida, o que acabou levando várias pessoas a se deslocar para periferias de Alcântara (como Mangueiral e Anel do Contorno) e cidades vizinhas.

Das 35 casas que existem hoje na agrovila Espera, 24 foram erguidas pelos próprios moradores. Eles alegam que a Força Aérea Brasileira (FAB) os proíbe de mexer no projeto arquitetônico sem consulta e autorização. O órgão, no entanto, nega e diz que os quilombolas têm total liberdade para construir ou reformar os imóveis. Em nota enviada a nós, a FAB afirma ainda que "sempre teve uma excelente relação com as agrovilas" e que promove várias ações sociais para auxiliá-las.

Segundo os relatos de Inaldo, desde o início do caso, nenhum governo chegou a levar a sério sua luta. "A gente não tem dúvida do racismo. Política para preto? Terra para preto? Dinheiro para preto? Botar preto para ser sabido? Hum! Preto tem que ser sabido por ele mesmo! Nossa comunidade é pobre. Se aproveitam dessa nossa situação. Não levam em consideração que eu preciso melhorar de vida. Pensam que tudo com excelência, eficiência, não é para a gente. Embora hoje a gente tenha acesso a uma série de coisas de tecnologia, o básico ainda é muito precário." Inaldo nega a fama de inimigo do progresso, que alguns lhe incutem: "Sou contra essa política progressista que não inclui o povo".

Durante toda a nossa conversa com o morador, foi possível notar em seu rosto expressões de tristeza e, sobretudo, indignação. Para cada pergunta, Inaldo tinha uma resposta na ponta da língua. Já havia perdido a conta de quantas entrevistas como aquela tinha dado a jornalistas, pesquisadores, advogados e juristas. "Não dá para a gente acreditar no Estado. E eles confundem, acham que eu estou falando do Centro de Lançamento. Não! Quem manda desapropriar é o Estado! O Brasil não consegue desenvolver nem a política social. Nunca acreditei na política do governo, independente de gestão. É um jogo de interesse. Sempre foi. E quem acaba pagando o pato são essas comunidades. Os pretos, pobres, índios, ribeirinhos... Esse povo que está aí à margem."

Quase duas décadas depois do início da construção do Centro de Lançamento, a Fundação Cultural Palmares fez uma pesquisa nas agrovilas. Realizado em 1997, o estudo identificou que viviam ali 26 povoados remanescentes de quilombos. "Minha pergunta sempre foi: o que custa trabalhar essa política?

Qual é o benefício de dividir esse povo?", questionou Inaldo. "O Estado tem aqui um papel protagonista de dividir as famílias. Sempre foi assim."

Conhecido hoje como uma das maiores lideranças da luta quilombola alcantarense, Inaldo se tornou ativista no fim dos anos 1990, época em que crescia a articulação nas agrovilas. Em 2001, ele e outros militantes acionaram a Comissão Interamericana de Direitos Humanos,[6] que analisa casos que já passaram pelo Judiciário do país e, mesmo assim, não tiveram resolução (em 1999, um processo havia sido aberto por aqui, mas foi arquivado pouco depois). Na denúncia, os quilombolas falavam em "desestruturação sociocultural e violação ao direito de propriedade e ao direito à terra ocupada pelas comunidades tradicionais de Alcântara",[7] provocadas pela instalação do CLA.

A queixa só foi considerada apta para julgamento em 2006, demora que não foi nem metade do tempo levado pela comissão para, enfim, chegar a uma conclusão sobre o caso. Isso ocorreu apenas em 2022, ano em que a instituição reconheceu que o Estado brasileiro[8] havia, sim, afetado "o patrimônio coletivo de 152 comunidades quilombolas [...] em razão da falta de emissão de títulos de propriedade de suas terras, da instalação de uma base aeroespacial sem a devida consulta e o consentimento prévio, da desapropriação de suas terras e territórios e da falta de recursos judiciais para remediar tal situação".[9]

Como resposta, a comissão aconselhou o Brasil a reparar financeiramente aqueles que foram removidos de forma compulsória; criar um fundo de desenvolvimento comunitário; fazer um pedido público de desculpas; e titular o território quilombola (uma ação que estava desde 2008 paralisada na Justiça). As recomendações, contudo, foram ignoradas pelo Estado. Não à toa, houve outro julgamento em 2023, dessa vez, em Santiago, no Chile, na instância superior à comissão: a Corte Interamericana de Direitos Humanos.

Junto a Maria Luzia da Silva Diniz, quilombola da antiga comunidade Marudá (e atual moradora da agrovila homônima), Inaldo foi convidado a depor na audiência e, pela primeira vez, viajou para fora do país. Ao lembrar o que viveu no tribunal, ele enfatizou que a experiência não foi fácil. Toda vez que ouviu o Estado "justificar o indefensável", sentiu uma intensa revolta tomar conta de seu corpo. Mesmo assim, conseguiu manter a paciência e o foco necessários para as sessões, o que acredita ter sido graças a um milagre. Horas antes do início do julgamento, ele fez um pedido aos orixás: "Rapaz, estou numa situação meio complicada... O que vocês podem fazer por mim?". Inaldo garante que a súplica funcionou. "Eu fui para o julgamento temeroso por saber qual seria o resultado. Quase sem acreditar. Um pouco tenso. As pessoas me diziam 'não, não, Inaldo, relaxa, relaxa'. Fui lá e disse o que era para ser dito. Ainda faltou muito. Eram vinte minutos para um e, depois, vinte para o outro. Você também não podia falar lendo papel. Tinha que fazer sua narrativa de acordo com as perguntas, né? Você não sabia de que forma ia vir o tiro para se defender. Mas acho que fui uns 70% bem. Isso ajudou. Eu acho."

Ainda que possa ter havido discursos que justificassem "o indefensável", foi naquele julgamento que, pela primeira vez, o Estado brasileiro manifestou publicamente um pedido de desculpas[10] às comunidades remanescentes de quilombos de Alcântara. Além disso, se comprometeu a titular o território e a elaborar políticas públicas de reparação financeira.

Pouco tempo depois do fim da audiência, movimentos quilombolas publicaram uma nota dizendo que estavam esperançosos, mas cheios de ressalvas. Criticaram tanto as promessas, pela ausência de detalhes, quanto o pedido de perdão, que foi revelado primeiro ao jornal *Folha de S.Paulo* e, só depois, aos quilombolas. "Talvez interesse mais fazer da desculpa um fato político, e não uma medida efetiva de satisfação", dizia a carta.

"Em meio a tamanha indefinição sobre o alcance da boa-fé do Estado brasileiro, o sentimento de vitória tornou-se nublado."[11]

A nós, Inaldo disse estar otimista, mas só até certo ponto. "Acredito que o Estado tenha mais boa vontade agora, até pela gestão do momento [do então presidente Lula, do PT]. Mas esses governos de esquerda também... Mesmo eu apoiando, é meio complicado", falou. "Não é por acaso que o Maranhão se encontra na situação que se encontra, né? Todas as pessoas que passaram pelo governo do Maranhão, todas as políticas... Nós somos os derradeiros."

Entre os anos de 2013 e 2023, o local foi reconhecido como o estado brasileiro com o maior número de conflitos agrários que afetam quilombolas.[12] Os tipos de violência praticados incluem agressões físicas, ameaças de morte e assassinatos. "Conhecendo o país, esse pedido de desculpas não foi nada! A gente quer uma desculpa efetiva, que vem com ações. Eu nunca disse para o governo: 'Tire o Centro lá da minha comunidade'. Não. Se é bom para o Brasil... Agora, eu não quero o ônus. Nem eu nem minha comunidade!"

Como a terra das agrovilas é ruim para a maioria dos plantios, ele e outros moradores recorrem a alternativas. Por exemplo, Inaldo paga quatrocentos reais por ano para usufruir de um punhado de terra vizinho, que fica do outro lado da estrada de Espera. É um terreno de arrendamento rural. Ele se dispôs a nos mostrar o lugar. Assim, logo após a conversa em sua casa, fomos juntos até lá. No caminho, ele foi puxando assunto. Disse que, quando jovem, tinha dois sonhos: ser jogador de futebol e estudar oceanografia. É fascinado pelo oceano e torcedor do Flamengo e do Moto Club. "No fim, não fiz nem uma coisa, nem a outra."

Já próximos à horta, ele nos perguntou sobre a sessão de fotos para a qual tinha acabado de posar e quis saber o que achávamos da paisagem ao redor. Havia árvores, palmeiras, plantas rasteiras. O solo era metade areia, metade terra. "Aqui, eu roço em outubro, queimo em dezembro, planto em janeiro. Essa mandioca leva dezoito meses para colher, um ano e meio. O milho já tirei. Minha roça desse ano é essa daqui, ó", disse Inaldo, apontando para algumas melancias.

A esposa e o filho caçula o ajudam a roçar no arrendamento, atividade cada vez mais rara nas agrovilas, porque, mesmo o dinheiro sendo insuficiente para uma boa alimentação, comprar alimentos virou a principal forma de botar comida na mesa. "A juventude não está nem aí para a agricultura. Esquecem que campo e agricultura têm tecnologia. É impressionante o que vejo de jovens Brasil afora se interessando pela política agrária. Mas aqui é muito carente. Quem trabalha na agricultura são os velhos, sem força, de forma muito tradicional. Isso não aguça ninguém a ir para a roça. Tanto que aqui tem o ditado 'quem tá na roça tá na roça mesmo'. Um pejorativo. Para o jovem, se o pai dele está lá a vida toda lutando para ter um ou dois paninhos de farinha, ele vai se interessar pela roça? Não. Ele vai procurar outra coisa e, muitas vezes, não dá certo. Como você vai prosseguir estudo sem verba? Tudo que a gente já discutiu para ficar batendo na mesma tecla? Chega uma hora que vamos procurar outro meio. Já deu! Eu já venho alertando isso há um tempo. Mais do que formar lideranças, é preciso formar conhecimento. Aí, sim, as pessoas resistem. Essa é uma luta de quarenta anos. Não é fácil. Somos gatos-pingados."

Nove meses depois da nossa viagem ao Maranhão, telefonamos para Inaldo para saber se havia novidades do caso, se o Estado havia começado, ou finalizado, a concretização de alguma das promessas feitas no tribunal. "Não, ainda não teve nada. Ali no Chile fomos surpreendidos com o decreto, mas, como é um dinheiro apenas para calar a boca sem ter discussão, continua travado", disse ele.

Na mesma época, telefonamos para outro remanescente quilombola, um amigo de Inaldo cuja trajetória de vida também se cruza com a das agrovilas, mas por razões completamente diferentes. Militar durante oito anos, Sérvulo Borges foi um dos trinta soldados apelidados de Filhos de Alcântara — grupo de jovens recrutados pela Aeronáutica para atuar na base no início dos anos 1980. Por isso, trabalhou nas operações de transferência às agrovilas, obrigando centenas de quilombolas a migrar para o conjunto habitacional.

Sérvulo nasceu próximo à parte central da cidade, que fica a alguns quilômetros de Itamatatiua, quilombo no qual suas bisavós foram criadas. Quatro anos antes de participar das operações de transferência, morava em São Luís, era especializado em contabilidade e trabalhava com fotografia. Segundo ele, vestir farda nunca esteve em seus planos.

Tudo começou em 1982, quando seu pai falou que a Aeronáutica estava oferecendo um curso para jovens alcantarenses. Nele, os selecionados seriam levados a São Paulo para estudar e, depois, retornariam para trabalhar numa base aeroespacial. Mesmo sem saber os detalhes do projeto, seu pai considerou aquela uma boa oportunidade de emprego e recomendou que ele se inscrevesse. "A gente obedecia à família. Pai, mãe, avós, pretas velhas. Comecei a participar das reuniões aqui em Alcântara. Falavam do projeto e que teríamos curso, mas eu não sabia do quê", explicou ele. "Foi uma surpresa. Chegamos a São José dos Campos, em São Paulo, entramos num quartel e fomos fazer treinamento para ser soldado! Nas tratativas, nunca falaram sobre ser soldado. Se eu soubesse, não teria ido! Nós éramos muito jovens. Todo mundo se surpreendeu, porque não era essa a conversa que tinha sido feita. Muitos de nós não tinham perspectiva de futuro em Alcântara. Surpresos ficamos, mas não tinha muito o que fazer. Então, passamos seis meses lá. Fizemos os cursos. Aprendemos a matar."

No retorno para Alcântara, em 1983, mais uma surpresa. Os recém-soldados foram encarregados de despejar 312 famílias quilombolas, de 32 comunidades. Muitos deles faziam parte dos povoados. Outros tinham intimidade com os remanejados. Aninha, tia de Sérvulo, foi transferida para a agrovila Peru. "Nosso papel foi fazer acordo com os parentes. Facilitar, junto das assistentes sociais. Convencer as pessoas de que elas não seriam atingidas diretamente. E assim foi feito. Nós ajudamos, sim."

Pouco depois da volta para Alcântara, os jovens fizeram um curso de cavalaria. Só depois, foram entender o porquê: os bichos seriam usados como meio de transporte durante as transferências. É por essas e outras que Sérvulo, Inaldo e muitos quilombolas enxergam a história como um plano milimetricamente calculado, interpretação que só foi ganhar popularidade no fim dos anos 1990, quando os afetados pela base começaram a fazer reivindicações.

Oferecido pela Aeronáutica, o recrutamento para cursos profissionalizantes teria sido uma isca no anzol para atrair quilombolas alcantarenses que, ludibriados pela oportunidade de sair da pobreza, foram treinados pelo Exército para forçar as próprias famílias a deixar as terras ocupadas pelas suas comunidades havia séculos. Sérvulo define a situação como uma "jogada bem pensada". "Você sabe quantas famílias sofrem desde 1986? Quantas famílias ainda estão em sofrimento? Quantas se veem sem perspectiva?", nos indagou de forma retórica. "Isso é uma violação. Este país vai ser punido? Não vai! Eles continuam com a mesma metodologia da forma como isso foi executado, pensado. Nunca nos perguntaram nada."

No quartel paulista, ele se especializou em enfermagem. Por isso, nas operações de despejo, ficava junto da equipe médica para socorrer pessoas caso passassem mal ou se machucassem. "Preto é resistente. Não cai por qualquer coisa, não. Pelo menos, nas vezes em que participei, nunca foi necessário.

Teve tristeza. Vi pessoas chorando, e não foram poucas. Mas desmaio? Nada", lembrou. "Tudo me marcou. As pessoas chorando, saindo de suas casas, olhando para a gente... Eu tenho muito isso fotografado na mente. Não teve resistência porque não tinha consciência política envolvida." Para Sérvulo, ele e os outros soldados também foram vítimas. Não se opunham às transferências porque estavam jogados à ignorância das consequências e razões da situação: "A gente já tinha ideia que tudo aquilo era furada, claro. Mas não tinha essa leitura social crítica. Nós estávamos trabalhando. Cumprindo ordens".

Ironicamente, quis o destino que ele fosse precursor do movimento quilombola de Alcântara. Ou melhor, o destino não: "os pretos velhos e orixás". Foi deles que Sérvulo recebeu a missão — ou, pelo menos, é como ele narra a época em que se voltou contra a execução do projeto do Centro de Lançamento de Alcântara. "Um dia você desperta. Ouve alguém falando. Percebe que está dentro de um problema e participou da criação de outro problema. Tu desperta!" Sérvulo largou a farda em 1990, mas a saída do Exército foi meramente administrativa, não ideológica. O período de trabalho chegara ao fim, e ele não tinha sido promovido.

Eis que na semana do dia 13 de maio de 1993, com o Brasil completando 105 anos da Lei Áurea, o ex-soldado viu emergir uma grande mudança em sua vida. Era um dia comum. Ele estava na igreja, ouvindo rádio, quando uma voz que saía do aparelho roubou sua atenção. "Era alguém falando do negro na sociedade. Fazendo uma análise crítica. Falando das comunidades quilombolas." A voz radiofônica vinha de uma entrevista com Magno Cruz, poeta e militante do movimento Centro de Cultura Negra do Maranhão. "Ele é meu guru. Me despertou para este mundo cruel."

Sérvulo iniciou, então, uma "viagem de volta às raízes", combustível para sua luta em defesa dos povos que, anos antes, ajudara a despejar. Começou a estudar a história da África e dos quilombos. Foi nessa época que conheceu Alfredo Wagner Berno de Almeida, antropólogo com pesquisas sobre violações em quilombos alcantarenses desde antes do surgimento da base.

Diferentemente de Sérvulo, o especialista é branco e não pertence a nenhuma comunidade quilombola. Os dois se deram bem logo de cara. O mesmo, porém, não pode ser dito da relação entre a dupla e os moradores das agrovilas nos primeiros anos de 1990: "Fiquei anos dentro dos quilombos falando sozinho. O pessoal dizia que eu estava inventando coisa. Isso ficou tão apagado do nosso imaginário, da nossa identidade, do nosso pertencimento, que as pessoas não queriam falar. Não foi fácil, não. Foi complicado", contou. "Acha que foi fácil juntar esse monte de gente quilombola e falar que temos nossos direitos? Eu não dou ouvido para crítica negativa. É o que sempre me manteve firme nos pensamentos. É a minha verdade. Não que ela seja absoluta, mas é minha verdade."

Para construir uma frente de luta, Sérvulo e Alfredo rodaram por muitos quilombos da região, organizando reuniões, falas e escutas. Aos poucos, as conversas foram surtindo efeito e, em 1999, os dois fundaram o Movimento dos Atingidos pela Base Espacial de Alcântara (Mabe). "Se eu tive alguma contribuição nessa terra, já fiz. Não me arrependo. Faria de novo. Não sei se foi para me redimir de ter retirado as pessoas de lá sem intenção nenhuma. Agora, é juntar os cacos e tentar fazer o governo, o sistema, entender que Alcântara não é um lugar qualquer. Estou falando enquanto militante e pessoa que viajou o Brasil inteiro por trinta anos fazendo defesa do nosso território. A defesa que fiz foi da nossa existência enquanto homens e mulheres. Nós tentamos mostrar que temos nossos direitos. Minha luta é por todos." Em 2001, Sérvulo, Inaldo, Alfredo e outros militantes mobilizaram uma denúncia à Comissão Interamericana de Direitos Humanos. "Sabe quem deu a primeira entrevista para aquela ação? Eu. Um depoimento de mais de seis horas."

Ainda que seja discutível a postura do Estado diante das acusações envolvendo as comunidades de Alcântara, não é exagero falar em descaso. Em 2019, uma reportagem publicada pelo jornal *Folha de S.Paulo* revelou que a gestão do então presidente Jair Bolsonaro (PL) havia planejado secretamente uma ampliação de 12 mil hectares do Centro de Lançamento.[13] O projeto previa a remoção de cerca de 350 famílias quilombolas de suas terras. A revelação mostrou um descumprimento da Convenção 169 da Organização Internacional do Trabalho (OIT),[14] em vigor no Brasil desde 2003. A legislação obriga o Estado a fazer consultas de consentimento prévio, livre e informado a toda comunidade tradicional ou quilombola afetada por uma ação de sua responsabilidade.

Pouco antes de o plano vir à tona, o então ministro Marcos Pontes (da pasta Ciência, Tecnologia e Inovação) havia negado rumores sobre uma possível expansão da base. Documentos mostraram que, na verdade, ele não só estava ciente de tudo como também estava empenhado para pôr a ideia em prática. Sua gestão já tinha até preparado uma campanha para convencer os quilombolas a aprovarem as remoções.

"Alcântara, gerando benefícios a todos!", dizia o texto de um flyer da campanha. A imagem era um sorridente homem negro. O material já tinha também o esboço de camisetas, da cor azul-escura, estampada com a mensagem: "Trocando ideia. Tire todas suas dúvidas". Para "amenizar a resistência" das famílias afetadas, os documentos falavam em "iniciar um movimento social de apoio e replicação de discurso otimista para integrar as comunidades e a sociedade como um todo sobre a relevância do tema". A papelada mostrou ainda que a Secretaria Nacional de Políticas de Promoção da Igualdade Racial propunha a recuperação da "credibilidade do Estado junto às comunidades" e "ganhar corações e mentes". Como sugestão, o órgão citava a "distribuição de bolsas de estudo e de computadores", além de "uma antena para conexão de internet". Na época, Marcos Pontes não comentou o conteúdo dos documentos. Em nota, o ministério disse apenas que "todo o processo para viabilizar as operações do CLA" teria amplo diálogo com os moradores da região.[15]

A ideia do plano era lucrar com o aluguel de terrenos e equipamentos do CLA — no caso, locar a área para outros países. Um acordo com os Estados Unidos já estava em andamento. O governo previa cobrar cerca de 50 milhões de reais por cada lançamento estadunidense. A má repercussão das mentiras, omissões e do descumprimento da lei, contudo, barrou o projeto. O assunto foi parar nos julgamentos da comissão e da corte interamericanas de Direitos Humanos.

Semanas antes de nossa conversa com Sérvulo, os quilombolas alcantarenses tinham deixado o Grupo de Trabalho Interministerial (GTI), formado pelo governo federal em 2023, já sob a gestão Lula. A equipe era uma tentativa de conciliação entre as comunidades e a base aeroespacial — a Aeronáutica seguia disposta a expandir sua área.

Nascido na Agrovila Canelatiua, o quilombola Danilo Serejo integrou o grupo. Segundo ele, em nenhum momento o governo se mostrou disposto a titular o território — o que é negado pela Advocacia-Geral da União (AGU). Danilo é uma das poucas pessoas das agrovilas que têm formação acadêmica. É cientista político e pesquisa os direitos dos povos tradicionais. Ele descreve as comunidades remanejadas de Alcântara como uma "extensão do quartel militar" do CLA.[16] O especialista diz ainda que a cidade é "uma colonização inacabada, conduzida ininterruptamente pelo Estado". O que aconteceu com Sérvulo e os demais Filhos de Alcântara seria justamente fruto disso. "Já se sabe, mas vale repetir: colocar pessoas negras para atuar contra os seus próprios pares é prática antiga e recorrente do potentado colonial, desde a colonização africana pelos europeus, até o processo de colonização das Américas."

Danilo acredita que o projeto arquitetônico das agrovilas celebra o militarismo. Estudos aéreos realizados por ele no início dos anos 2000 sugerem que, quando vistos de cima, os conjuntos habitacionais formam símbolos da FAB, instituição responsável pela base aeroespacial. O órgão, contudo, nega a teoria.[17] "O que aconteceu em Alcântara está aos montes pelo Brasil. Às vezes, até pior, porque aqui se retirou o povo e se colocou numa agrovila. Tem lugar que se tirou o povo e colocou em palafitas", disse Sérvulo, o ex-militar. "Hoje, conhecemos nossos direitos. Não estamos mais sozinhos. O mundo nos ouve, e sabemos falar para o mundo."

Apesar disso, tudo o que aconteceu até aqui o deixa com pouca esperança: "Se o país continuar deseducado do jeito que está, vai continuar essa escravidão. É como se tivesse um chicote invisível batendo nas nossas costas. Continuam os morros, a fome, a expulsão do campo, o assassinato... Já dei entrevista para tanta gente. Já contei essa história milhões de vezes. É o que faço o tempo todo. Agora, já sou preto velho. Trinta anos de movimento social. Vi pouca coisa mudar. Pouquíssima. Daqui a trinta anos, talvez, não esteja aqui. Mas os que estiverem vão contar história também".

Sérvulo é uma exceção entre os Filhos de Alcântara. Alguns daqueles jovens soldados seguiram a carreira militar. Outros saíram e seguiram rumos distintos. Ele se rebelou publicamente contra o Estado. Mesmo sendo responsável pelo início do movimento quilombola local e uma inspiração para militantes da causa, já não tem mais a mesma influência de antes. Prova disso é que não é difícil encontrar jovens quilombolas de Alcântara defendendo a expansão da base. Em geral, o argumento gira em torno de aumentar as oportunidades de emprego da região. "Essa luta nunca foi feita por jovens. Foi feita por trabalhadores que já tinham quarenta, cinquenta anos. A juventude de hoje, dessa tecnologia, tem outra visão. Uma visão de que esse projeto vai trazer para o município um resultado positivo. De certa forma, isso poderia até acontecer. Mas não com essa metodologia", declarou ele. "A juventude não vem à luta porque tem muita dificuldade de entender o que é pertencimento. Vai estudar para ser mão de obra barata sem visão de política social. Cada um por si. É uma sociedade individualista."

Apesar disso, Sérvulo encontra motivos para seguir: "Eu nunca me desesperei. Aprendi nos terreiros que o tempo é o senhor de tudo. A pergunta é: existe tempo? Não há resposta, porque o tempo somos nós quem fazemos".

7.
O algoz do paraíso

Eu não vou sucumbir
Eu não vou sucumbir
Avisa na hora que tremer o chão
Amiga é agora
Segura a minha mão
A minha jangada foi pro mar
Pra minha jogada arriscar

"Libertação" (Russo Passapusso, 2019)

Para não dizer impossível, é difícil não se deixar capturar pelas ruínas de Alcântara, que ficam espalhadas pela cidade. Durante o dia, sua arquitetura barroca tem detalhes nítidos para observação. À noite, as construções ficam reluzentes, iluminadas por feixes coloridos. Cenário para fotos de muitos turistas, os monumentos são restos de casarões, igrejas, estabelecimentos e palácios inacabados que remontam ao Brasil colonial, período em que a região foi um importante polo econômico e deu origem aos primeiros quilombos, formados a partir de escravizados em fuga.

Os primeiros habitantes de Alcântara foram os indígenas tupinambás,[1] e a cidade chegou a ser chamada de Tapuitapera, que significa "terra de índios". No início do século XVII, foi invadida: primeiro, por franceses, depois, por portugueses, que fizeram dali uma importante rota comercial, sobretudo a partir dos anos 1650. Nesse período, africanos começaram a ser levados à região para servir de mão de obra escravizada.[2]

Após décadas de prosperidade econômica, na segunda metade do século XIX, a cidade empobreceu. Foi quando a exploração do algodão — até então, vista pela aristocracia rural como uma galinha dos ovos de ouro — sofreu significativa queda de preço, levando muitos fazendeiros e famílias portuguesas a abandonar a região, deixando para trás suas construções que, agora, são escombros tombados pelo Iphan.

Quem permaneceu no local foram, em sua maioria, africanos traficados, quilombolas e indígenas. Além dessa população e dos monumentos, restou a pobreza, que existe até hoje. Em 2021, entre os 5570 municípios do país, a cidade aparecia em 5542ª posição em PIB per capita.[3]

Quinze dias após a Organização Mundial da Saúde (OMS) declarar a covid-19 como pandemia e os olhos do mundo inteiro se voltarem à emergência sanitária, o governo brasileiro publicou no *Diário Oficial da União* a remoção de famílias quilombolas que "habitam a área de interesse do Estado na consolidação do Centro Espacial de Alcântara".[4] A medida previa uma expansão de 12 mil hectares da base aeroespacial, o que poderia afetar oitocentas famílias de trinta povoados da região.

O documento mencionava a Convenção 169 da Organização Internacional do Trabalho (OIT), que obriga a realização de consulta livre, prévia e informada e o consentimento livre e com pleno conhecimento de causa de toda comunidade impactada por projetos estatais como aquele. Só que nenhuma consulta havia sido feita. Além disso, o decreto veio meses depois de a imprensa revelar que autoridades vinham mentindo sobre o assunto.

A novidade chegou rápido aos ouvidos dos quilombolas. Para vários deles, o medo de sair de casa tinha muito mais a ver com a expulsão imobiliária do que com o coronavírus, cujo contágio se tornava mais letal a cada dia. A saída forçada do território já era uma preocupação antiga e, agora, havia se intensificado. Várias daquelas pessoas cresceram ouvindo que a qualquer momento seriam despejadas e cairiam na extrema pobreza.

É o caso de Maria José Lima Pinheiro, nascida em 1973 no Quilombo Mamuna, comunidade que nunca fora realocada, mas estava sendo ameaçada de despejo havia décadas. Ela nos recebeu em sua casa para contar as lembranças que guarda dessa e de outras histórias. Um filhote de gato nos cumprimentou na entrada, onde a porta, aberta, tinha marcas de desenho infantil. Maria não é lá muito fã de felinos — é a neta que gosta, explicou ela, na época com cinquenta anos. O cômodo estava praticamente vazio. Já os quartos ao redor aparentavam ter mais móveis e objetos, mas não muitos. Tudo ali era bem simples.

Maria arranjou bancos para nós e se sentou numa rede, onde ficou durante toda a conversa. "Uma vez perguntaram quanto vale a minha casa", disse, enquanto ia explicando sua relação com o local. "É de taipa, mas vale muito mais do que qualquer uma de alvenaria em São Luís, porque meu território tem o que nenhum outro lugar oferece: liberdade."

De todas as comunidades de Alcântara, Mamuna é a que fica mais perto do CLA e, por isso, é a mais ameaçada pela expansão da base. Maria compara a situação com uma fila de peças de dominó: se sua comunidade for realocada, o mesmo provavelmente acontecerá com outros povos da região. A proximidade é tanta que, dependendo do ponto onde se está no quilombo, é possível ver a base com nitidez, e vice-versa. A proximidade também faz com que os moradores sintam o chão tremer toda vez que algum foguete é lançado ao espaço. "Quando foi esse aí da Coreia, de não sei quantos metros, toneladas, ficamos apreensivos. Porque quando um foguete cai no mar, o estrondo é real. Dá medo. Já teve período que tinha muito lançamento e, depois, a gente encontrava tubarões mortos. Dois dias atrás, a gente achou um peixe de cem quilos morto."

Segundo a FAB, o risco de um foguete atingir a comunidade é pequeno. O posicionamento da instituição, porém, não altera o medo vivido pelos moradores. Muitos ali, incluindo Maria, têm o pé atrás com representantes do Estado: "O que a gente sempre fala é que não somos contra o desenvolvimento tecnológico de Alcântara ou da base", disse ela. "Mas tem tantos lugares para usar em vez de tirar oitocentas famílias e colocar sabe lá onde. O governo não está preocupado com isso. Não está preocupado com a comunidade quilombola, com nossos direitos, com a Convenção 169. Eles não respeitam as leis porque as leis quem faz são eles."

Ela acredita que os governantes de 2020 não viram apenas problemas na pandemia. Provocado por uma das maiores crises sanitárias da história, o caos do coronavírus teria contribuído para o plano estatal de desapropriar comunidades da região: "Aproveitar o silêncio. Aproveitar que ninguém podia se reunir pra discutir". Estratégica ou não, a ação mencionada no *Diário Oficial* acabou não saindo do papel. Cerca de dois meses após a publicação e uma série de protestos quilombolas, a remoção das famílias foi suspensa por uma decisão liminar da Justiça Federal.

O assunto também chegou aos Estados Unidos, que pouco tempo antes haviam fechado um acordo com o CLA (numa parceria entre o então presidente brasileiro, Jair Bolsonaro, e o mandatário estadunidense, Donald Trump) para o uso estrangeiro da base, por meio do pagamento de uma espécie de aluguel. Uma comissão do Senado de lá, então, barrou que verbas de sua origem fossem usadas para remover quilombolas à força. "Nenhum dos recursos providos por essa lei ou por leis anteriores podem estar disponíveis para forças de segurança do Brasil que se envolvam em reassentamentos forçados de comunidades indígenas ou quilombolas", dizia o órgão, em documento.[5]

Maria não hesita em definir Bolsonaro como o pior dos presidentes. A gestão dele foi a que mais lhe atiçou o pavor de ser expulsa do lar, sentimento que a acompanha desde a infância. Quando conversamos com ela, dois contextos davam uma sutil amenizada no desespero. Primeiro, o julgamento que havia acontecido pouco antes na Corte Interamericana de Direitos

Humanos, aquele do qual Inaldo participou, no Chile. Em segundo lugar, o chefe do governo brasileiro naquele ano, Luiz Inácio Lula da Silva,[6] que começava o seu terceiro mandato. "O medo deu um pouco de trégua agora. A gente antes era muito apavorado. Hoje, já controla melhor. Até pelo avanço de tudo. Levaram para os Direitos Humanos... Como se diz o que teve agora mesmo? Julgamento, né? É, isso não me traz novidade, porque eles fizeram uma ação, e a gente tem que esperar a reação. Tudo tem ação e reação. O governo Lula não é só. Não manda sozinho em tudo. Tem um montão de parlamentar, de deputado... A gente sabe que rola muito dinheiro nessa política aí de Estados Unidos, de aluguel da base. Nós sabemos que é um dinheiro que não temos nem noção de quanto é. Mas a gente sabe que é bastante. Envolve muitos poderes. Muita gente. O que tranquiliza a gente é saber que Deus é acima de todos eles. Sabemos que só saímos daqui se Deus permitir. Senão, a gente não sai. Vamos continuar aqui por décadas e décadas. Quem manda é ele. Não é nenhum presidente."

A primeira vez que Maria ouviu falar em expulsão de território foi durante a ditadura militar (1964-85), que ela descreve como um período no qual "ninguém tinha o poder de nada". Ainda criança, viu o desabrochar das transferências às agrovilas, processo que se iniciou em 1986 — já na redemocratização. De acordo com suas lembranças, nenhum quilombola da cidade queria mudar de território. Escolher, no entanto, nunca foi uma opção.

Assim como tantos outros quilombos, a comunidade de Mamuna foi informada, na época da construção do CLA, de que seria realocada para as agrovilas, e em breve. Por isso, os moradores ficaram aguardando a desapropriação, que poderia vir a qualquer dia, quando menos esperassem. Só que não chegava nunca. Dias. Meses. Anos. Três décadas se passaram, mas nada de a realocação acontecer. Mesmo assim, vez ou outra, eles ainda escutavam burburinhos de que logo haveria uma transferência. "Tenho uma história permanente na minha cabeça. Nunca vai sumir. O pessoal da Aeronáutica vinha aqui e dizia que o povo ia sair. E, como a gente roça no mês de outubro, novembro, por aí, falavam para não roçarmos mais aqui. Que íamos nos mudar e era para roçar só lá no outro lugar. Nessa época, todo mundo aceitava. Só que o período da roça começou a passar, e eles não vinham tirar a gente. Até uns dez, quinze anos atrás, quase nada era plantado aqui.[7] Primeiro, porque a gente não tinha água. Pegava do rio. Segundo que ninguém tinha prazer de fazer nada, porque eles falavam que iam tirar."

Outro acontecimento cristalizado na memória de Maria é seu pai se recusando a fazer uma reforma. Um dia, desabou uma parede da casa deles. Em vez de levantar outra no lugar, ele improvisou um reparo com plástico, apenas para quebrar o galho. Pensou que não valeria a pena gastar tempo, energia e dinheiro para construir outra parede se, em breve, seria expulso de casa. "O tempo foi passando. A comunidade foi se desenvolvendo, aumentando. Chegou energia, conhecimento... Hoje estamos aí com os movimentos, lutando e resistindo pela nossa moradia."

Ela não sabe ao certo a trajetória de formação do quilombo, mas descreveu brevemente os relatos que já ouviu. São histórias que relacionam Mamuna a uma antiga fazenda onde negros eram escravizados, narrativa que também desemboca em lendas de arredores da comunidade, como uma gruta e um poço. "Os negros aprenderam a sobreviver com o que tinham em mãos. Essa herança de conhecimento foi passando de geração para geração. Nós temos plantas medicinais que curam tudo, porque os negros não tinham acesso médico. Até hoje nós não temos tanto acesso... Você viu a distância para chegar até aqui? Imagine como era antigamente. Hoje, a gente pega o carro para levar os doentes até o hospital. Mesmo assim, tem ocasião que só por milagre de Deus para a pessoa chegar viva. É muito longe! E chegar lá para quê? Tomar soro? Dipirona? Não tem raio X. Não tem nada! Agora que estão começando a fazer uns examezinhos."

A distância (de carro) entre Mamuna e o centro de Alcântara é de mais ou menos uma hora. As opções de locomoção entre as áreas são bem limitadas. "Nós temos mais de vinte alunos para terminar o segundo grau, mas não tem transporte para eles. O que a gente tem que fazer? Deixar os alunos na casa de parente ou de alguém que a gente pague."

Demorou para que Mamuna tivesse acesso à internet, energia elétrica, rede de esgoto e água tratada, conquistas que Maria associa única e exclusivamente à articulação dos moradores da comunidade e dos movimentos quilombolas. Mas, para ela, a luta tem limite. "Tem vez que a coisa está bem intensa e dá muito medo. Daí sempre digo: 'Não vale a pena'. Se chegar uma ordem do governo dizendo que a gente tem que sair, pois a gente não vai enfrentar ninguém! A vida vale muito mais do que isso. Se é para sair, vamos sair. Nós queremos nossos direitos garantidos. Lutar para perder a vida? Isso não faço por nada. Jamais. Ainda mais por uma terra, porque todo mundo um dia vai ter que sair. Todos nós vamos morrer."

A quilombola mora perto do campinho de futebol da comunidade. Do outro lado da rua, estão uma igreja evangélica e várias casas — algumas de taipa como a dela, outras de tijolos, ou madeira. É como se esse trecho do território fosse o centro do quilombo, que, aliás, é bem extenso. Lá fica a sede da associação, onde os moradores fazem reuniões políticas sobre o povoado. A área também está a poucos minutos da praia de Mamuna ou, como diria Maria, do paraíso. "Cada dia que eu chego lá, vejo aquela grandeza que Deus fez, aquela coisa maravilhosa. Ouço aquele som do mar, que traz paz e tranquilidade... Digo por experiência. A praia cura, desestressa. Você se sente leve, toma banho, brinca com as crianças. Esquece qualquer problema, até que pode ser despejado. É como morar num paraíso."

No entanto, a grande maioria das histórias que os moradores de Mamuna escutam, desde 1986, sobre a vida nas agrovilas passa longe de conceitos paradisíacos. Desestimulantes, os relatos intensificam o clima de dúvida sobre a permanência, a ansiedade e o pessimismo que toma conta do quilombo. "O pessoal viveu um processo dolorido. Tem muita gente ainda sofrendo, passando necessidade. Gente que não tem moto, não tem bicicleta e não consegue ir para a praia, porque ficou longe. A violência aumentou. A droga também. Não vou dizer que aqui não tem quem use droga. Porque não existe mais lugar sem droga, né? Mas a diferença é que lá, nas agrovilas, eles não têm mais a praia para pegar o que precisam. Então, começam a roubar uns aos outros. Aumentam a violência, a droga, a prostituição... Tem menina muito nova na prostituição. No Brasil, temos um problema sério de crianças aliciadas por pessoas que, às vezes, são da própria família. Se uma adolescente é abusada e tá de roupa curta, daí, se sente culpada. É muito triste que a gente ainda viva isso."

Prostituição, abuso sexual infantil, violência e dependência química não se restringem às agrovilas e também aparecem nas periferias de Alcântara e de São Luís, zonas para onde migraram muitos dos quilombolas realocados na década de 1980. "Mães e pais vão trabalhar. Os filhos ficam ao deus-dará. Vão para o colégio e, quando voltam, não têm nada para comer. Daí, o primeiro que oferece algo a ele é o traficante, que tem dinheiro fácil. A criança do interior entra nesse mundo com muita inocência. Confunde educação com carinho. Quando a mãe descobre, não tem mais jeito. E isso tudo para quê? Para um desenvolvimento que só serve pra algumas pessoas! Porque, para outras, serve apenas para destruir famílias! O governo poderia estar fazendo escola, ajeitando estrada, dando saúde para as pessoas, mas não se preocupa com nada disso."

É como se a praia de Mamuna, explicou a moradora, fosse uma feira para os quilombolas. Eles vão lá não apenas para se divertir e relaxar, com banhos em dias quentes e brincadeiras na areia, mas também para obter a própria subsistência. Ali encontram jurupari, sururu, caranguejo, jurupeba... "Ninguém consegue ficar sem os peixes", disse Maria. A praia dá vista para a silhueta do CLA defronte ao antigo beira-mar da comunidade Peru, que foi realocada nos anos 1980 para uma agrovila de mesmo nome, distante das terras de origem. "Muita gente diz: 'Ah, o povo de lá já foi indenizado. Já receberam dinheiro e ficaram lá'. Quem foi indenizado já morreu. Foi na época dos meus pais. Nossa geração cresceu muito. 'Por que você não quer ir para outro lugar?' Não existe outro lugar igual a este. Não existe. Não adianta. É lugar único. É que nem filho. Jamais será substituível, entendeu?! Querem tirar a gente daqui e pôr onde não tem mangue, igarapé, nada? Eu sei te explicar tudo daqui com detalhe de riqueza. A gente sabe quando o mangue está seco. Sabe quando está cheio. Conhece tudo como a palma da mão. Se Deus por acaso permitir que oitocentas famílias sejam relocadas, muita gente vai parar na periferia de Alcântara e de São Luís. É o que vai acontecer..."

Maria também se preocupa com o que é alardeado como o desenvolvimento da cidade: "Agora, muitas empresas vão vir trabalhar em Alcântara, porque estão fazendo um aeroporto com tudo que tem direito: lanchonete, esteira de levar bolsa... Daí, às vezes, acho que um pessoal daqui pensa que vai ganhar muito dinheiro com isso. Mas quem está preparado para ingressar nessas empresas? Quem tem condições? Se até quem tem faculdade está procurando qualquer coisa para não morrer de fome, imagine quem não tem".

Ela sempre se sentiu segura no território. Nunca se preocupou com roubos ou qualquer coisa do tipo. Mas acredita que, se for transferida, passará a ter novas preocupações no dia a dia, como trancar a porta e evitar perambular à noite pelas ruas.

Pouco antes de conversarmos com Maria, tínhamos ido até a casa do pescador Joel Lemos dos Santos, que mora na rua de baixo. Ele tinha combinado de nos levar à praia, aonde vai quase todos os dias. Como não parava de chover, nos reunimos em sua varanda para esperar as gotas darem uma trégua. Começamos a conversar ali mesmo.

O quilombola, que estava com 54 anos, pescava desde os onze. Aprendera com o pai a analisar a qualidade do peixe, o melhor horário da maré e o uso de linha, anzol, tarrafa e rede. "Graças a Deus, é uma coisa que gosto muito", contou ele. Muito conhecido na comunidade, Joel é com frequência indicado para entrevistas (jornalísticas e acadêmicas) relacionadas a temas como a vida em Mamuna, pescaria e horta orgânica. "Embora eu não tenha outro conhecimento, o Jesus lá de cima faz tudo de bom por nós. Desde quando a base começou a fazer esse levantamento por aqui, eu tenho muita visita. Teve mês que passei a semana inteira mostrando o território pras pessoas. Alguns já formados. Já tive visita de uns setenta alunos de universidade. Era para eu mostrar umas plantação que tenho. Muitos me agradeceram, porque fazia tempo que queriam aquela informação das plantas. Tudo queriam saber para ir anotando."

Ao contrário do pai, que nunca deu muita importância para a plantação, Joel é entusiasta da atividade. "Eu trabalho com serviço manual. Serviço pesado. Tudo no braço. Para plantar milho, mandioca… Tudo manual", disse, acrescentando que nos últimos dois dias estivera voltado à produção de farinha, o que lhe rendera uns cinco sacos cheios. Ele cultiva coco, acerola, manga, limão, mamão, abacaxi, macaxeira e mais coisas que não vieram à sua mente na hora da conversa. "De tudo vou plantando um pouco. Nunca tive força de plantar bastante para negócio de revenda. Mas pra consumo, sim."

Nas terras e no mar de Mamuna, estão as principais subsistências da comunidade: refeições com pescado e vasta diversidade de legumes, verduras, frutas e temperos. Os moradores do quilombo compartilham e trocam entre si muitos alimentos. Nem a pesca nem a roça ficam restritas às mãos de quem fez o serviço. "Todos nós trabalhamos na pesca e na plantação. A gente se une para ajudar um ao outro. Aqui é assim. Se chegar um vizinho agora e eu disser, 'tá chovendo, não vou pescar, mas não tenho nada para jantar', o outro vai dizer, 'pega uma bacia e vem comigo, tenho um quilo de peixe lá em casa'. Sempre foi assim. Graças a Deus, somos unidos. A praia é a nossa riqueza. Não falta comida. É siri, sururu, salambi... Peixe da qualidade que a gente quiser. Nós temos muita terra para trabalhar. Eu faço num pedaço pequeno porque minha forcinha está dando para fazer só aquilo, mas quem quiser fazer maior, é só fazer."

Apesar de ser referência para estudantes e docentes de diversas áreas, o pescador disse que já teve seu conhecimento botânico questionado por profissionais ligados ao CLA, sob o argumento de que não se deve roçar em qualquer lugar. O diálogo teria acontecido em meio a uma das várias ações que o órgão realizou no território.

Contraditoriamente, o próprio centro funcionou sem licenciamento ambiental durante 39 anos: o documento só foi emitido em 2022. Um estudo mostrou que, em 2008, obras de uma empresa ligada ao CLA provocaram "desmatamento junto às nascentes de rios e igarapés, destruição da mata ciliar, derrubada indiscriminada de árvores, abertura de diversas estradas ilegais por tratores rasgando a vegetação [...] e ameaças sobre os cocais e outros recursos extrativos".[8] O caso foi parar no Ministério Público Federal. "O que nós mais faz aqui é preservar as coisas", afirmou o quilombola. Assim como Maria, ele tem horror à possibilidade da realocação. "Eles estão querendo vir aqui para quê? Fazer só campo, sede, tudo de bom para eles, né?"

"Eu vi os vizinhos se mudando lá pra São Luís, com aquela violência danada. Sem ter estudo. Ficando pela rua... Uma tristeza o que aconteceu com os vizinhos. Hoje, tem muitos que vêm para cá atrás da pesca", contou ele. Além dos transferidos que vão à praia de Mamuna para pescar, existem os que vão à comunidade comprar o alimento já pescado e plantado pelos quilombolas. A maioria das vendas é assim, entre conhecidos. Joel explicou que são poucas as pessoas que comercializam a produção em outras regiões, como o centro de Alcântara ou São Luís.

Robalo, uritinga, bagre, piaba e vários nomes compõem a lista dos peixes encontrados no mar de Mamuna. Tainha é o que mais aparece. Vez ou outra, surgem bichos de quarenta quilos. Nesses casos, Joel adere ao anzol: "Esse tipo de peixe graúdo pesco na linha. É uma aventura. Tenho todos os utensílios ali guardadinhos e lavadinhos. Conheço bem as marcas dos anzóis, das linhas, porque tudo faz diferença. Amanhã, num horário desse aqui, tô querendo fazer uma pescaria lá na praia".

Geralmente, quem cozinha o peixe é a esposa dele. Mas Joel também sabe preparar — e jura fazer um prato gostoso. Na sua receita, vão cheiro-verde, cebolinha e limão espremido. Tudo colhido do quintal, porque ele é "invocado com coisas naturais". "Peixe é muito lindo. Quando vou pescar, pego uns três bonitão. Sempre gostei de pescar. Agora, tô diminuindo um pouco, porque já tá chegando a idade e meus filhos tão criados. Eles são treinados também. Meu pai passou os ensinamentos para mim, e eu passei para os meus filhos. Não tive a sorte de dar para eles estudo suficiente, porque... O gasto. Sabe como é, né? Às vezes, não dá. Podia ter um ônibus para levar as pessoas daqui para lá [regiões com escola], mas os prefeitos não fazem. Aí não tem transporte."

Um dos grandes medos de Joel quanto à transferência tem a ver com seu analfabetismo, reflexão que ele teve principalmente em épocas de grande ameaça de expansão da base, como na metade dos anos 2000 e final dos anos 2010. "Fiquei assustado, porque eu realmente não aprendi a leitura. Então, me preocupava. Pensava: 'Como vou sair? Aqui tudo eu tenho. Tudo eu conheço. Crio minhas galinhas, minhas coisas. Não tenho dinheiro para comprar comida, mas vou na praia e pego peixe. Com a roça, faço farinha'. Eu me preocupei tanto com isso que fiquei até meio adoentado."

A chuva passou, e Joel nos levou à praia de Mamuna. Extensa, a faixa litorânea da comunidade é realmente estonteante. Mesmo com o sol tímido daquela tarde, a vista era digna de revistas de turismo ou daqueles quadros paradisíacos de decoração de spa. A área é rodeada por paleodunas e bastante deserta. Às vezes, recebe moradores da comunidade ou turistas — que chegam por trilha —, mas nunca fica cheia. A propósito, não havia ninguém além de nós. "Para lá, ó, é o igarapé", disse ele, apontando para a outra ponta do território, onde está o encontro d'águas doce e salgada. O trecho pertence às Reentrâncias Maranhenses, zona de proteção ambiental que engloba todo o município de Alcântara — entre outras cidades do estado —, com ilhas, baías e um complexo estuarino, cheio de igarapés e manguezais amazônicos. "Em outro momento, quando você puder vir com mais calma, venha. O sol fica muito lindo."

No mesmo dia, conhecemos Joana Barbosa Diniz, que mora na mesma rua de Joel. Ao contrário do vizinho, ela não pesca. Vai à praia somente para relaxar ou colher murici, guajuru e juçara, algo que, para ela, é ocasional, já que a fruta mais presente em sua rotina é outra. Joana é quebradeira de coco, nome dado ao grupo de mulheres — em boa parte, quilombolas — que apanham o fruto do babaçu, palmeira típica da região.

Embora realizem atividades tão diferentes, Joana e Joel compartilham o mesmo método de aprendizado: ensino hereditário. Ela entrou no universo das quebradeiras por influência da mãe. Quando adulta, ensinou a tarefa às filhas, que, no entanto, não se apegaram à função. "Eu sempre botei elas para estudar, daí, hoje, nem ficam muito com negócio de coco. É só colégio, colégio e colégio. Mas me ajudam, sim", disse a quilombola de 43 anos. "Às vezes, vêm as dores e os problemas. Dá canseira! A idade vai chegando e, com o tempo, não vou poder mais. Uma pena, porque gosto de ser quebradeira de coco. Mas a gente pega muito calor. É coisa pesada."

Sentada num banquinho no quintal de casa, ela pôs um machado sobre o piso e virou o corte para cima. Na ponta afiada, posicionou um babaçu, que logo foi serrado ao meio pelo cacete de pau que a mulher tinha na outra mão. O serviço é perigoso. Não à toa, existe um ditado de que mulher sem marca de corte na mão não é quebradeira de coco. Joana realiza a atividade desde os dezesseis anos. "Não é fácil, mas tudo para a gente conseguir tem que ter luta. Tudo na vida. Tudo." Na conversa, ela nos contou tim-tim por tim-tim do seu trabalho na comunidade. O primeiro passo, explicou, é verificar quais mulheres vão participar da próxima coleta de babaçu e, depois, aonde irão. O lugar mais próximo fica a trinta minutos de caminhada. As outras opções de trajeto têm deslocamento de mais de uma hora, o que afeta a logística. "Por ser longe, não tem como trazer babaçu em cima da cabeça. Então, a gente leva um jumento para carregar ou paga um moço daqui para buscar a gente. Ele tem um carro com carroça. Às vezes, pega vinte, trinta sacas de coco."

Menor do que o fruto dos coqueiros, o babaçu tem mais ou menos o tamanho da mão. Em sua parte interna, ficam as amêndoas de coco, que têm dimensão equivalente a um dedão. Se comparadas ao sabor do coco verde e do seco, são mais crocantes e menos doces. Além delas, todas as outras partes do fruto são aproveitáveis. "Tá vendo? Dentro de um coco, tem várias emendas. Às vezes, seis, cinco, quatro... Quando o coco é velho, tem facilidade de bichar", explicou, em referência à larva que pode ser encontrada no interior do fruto e é popularmente conhecida como bicho-do-coco, gongo, larva-do-coquinho, coró, morotó, tapuru e kadeg. Há quem coma o inseto, mas, em Mamuna, é mais comum que ele vire alimento para outros animais. Joana, por exemplo, gosta de dar a larva para suas galinhas, que, como vimos naquele dia, adoram o petisco. "É só tirar o bichinho, não tem problema. Ainda dá para aproveitar o coco."

A especialidade da quilombola é transformar babaçu em óleo ou azeite. Para isso, ela usa uma panela grande — cada litro de azeite requer centenas de amêndoas. O recipiente vai ao fogo a lenha, com um pouco de óleo da última safra. "O coco vai esquentando enquanto a gente fica mexendo. Daí, começa a estralar. Quando acalmar, a gente tira ele, bota dentro de uma bacia e espera esfriar. Depois, passa na forrageira [moinhos manuais ou elétricos]. Antes, a gente reunia umas cinco mulheres para ficar socando ele no pilão até ficar bem mole. Era um serviço mais demoroso. Agora, não. É só passar na forrageira. Rapidinho", explicou.

Na segunda etapa, o coco é submetido a outro processo e precisa atingir uma textura que nem seja muito mole nem muito dura. Retorna ao fogo e é misturado à água. Com o cozimento, forma-se uma divisão entre "borra de coco" e azeite. A ação vai se repetindo mais algumas vezes, com troca de panelas, até que sobre somente o óleo. Seu consumo é ótimo para a saúde da pele, do intestino e para a imunidade. "Com azeite de coco, dá para fazer tudo. Aqui em casa é raridade eu usar óleo de mercado. Já fiz até trinta litros de azeite de uma só vez. Às vezes, eu vendo, às vezes, doo. Mas faço mais para consumir mesmo. Dura bastante. E quanto mais novinho for o coco, mais o azeite fica gostoso." O babaçu é usado ainda para fazer leite, farinha, conservante, sabão, carvão, cicatrizante, artesanato e até mesmo estrutura para casa.

Por atender a tantas demandas, o fruto é popularmente associado à figura de mãe, e sua palmeira é atrelada à feminilidade.

No Norte e Nordeste do Brasil, existem centenas de milhares de mulheres dedicadas a quebrar coco. Foram elas que fundaram, nos anos 1990, o Movimento Interestadual das Quebradeiras de Coco Babaçu. A articulação une trabalhadoras do Maranhão, Pará, Piauí e Tocantins, em prol da defesa de seus direitos e suas reivindicações. A mobilização resultou em leis municipais que garantem o livre acesso aos babaçuais, já que, muitas vezes, isso é dificultado por agrotóxicos, derrubada de palmeiras, empresas de agropecuária e propriedades privadas.

Felizmente, as quilombolas de Mamuna não enfrentam problemas para acessar as áreas de coleta da região. Convivem com outra agonia, porém: a incerteza do futuro. "Aqui só passa fome quem tem preguiça. A natureza dá tudo. Ninguém quer sair", afirmou Joana, ressaltando seu desejo de permanecer nas terras onde se tornou quebradeira.

Naquele paraíso, há também muita aflição.

8.
Olhos d'água e mãos femininas

Deus é mãe
E todas as ciências femininas
A poesia, as rimas
Querem o seu colo de Madona

"Deus há de ser" (Pedro Luís, 2018)

Estátuas, máscaras, bustos, enfeites, potes, xícaras, copos, panelas, tigelas e incontáveis peças moldadas em argila compõem o leque de produções do centro de cerâmica de Itamatatiua, a comunidade quilombola mais famosa de Alcântara. Com frequência, o povoado recebe turistas brasileiros e estrangeiros em busca dos artesanatos fabricados por mãos femininas.

Essa dinâmica se repete na associação da comunidade. Desde que foi fundado, em 1989, o grupo de representação política de Itamatatiua só teve mulheres na presidência. No estatuto, não existe nenhum artigo que barre homens de assumir o poder, mas mesmo assim a norma é cumprida com rigor. Tanto rigor que o quilombo ganhou fama de feminista — palavra que, no entanto, é dispensada pelas moradoras. "A gente não interpreta como feminista, mas todos que vêm aqui pensam dessa forma. Falam em mulher organizando tudo, daí acham que é feminista. Mas, para a gente, é normal. Nós entendemos que cada um faz sua parte. Os homens também fazem a deles", disse a então presidente da associação, Alessiane de Jesus, durante nossa visita ao centro de produção de cerâmica.

Os homens de Itamatatiua ficam à frente da agricultura familiar, pesca e queima da argila do artesanato. "As lideranças são só mulheres: presidente, vice-presidente, tesoureira, vice-tesoureira, secretária, vice-secretária... Os homens se encaixam mais na parte de fiscais e suplentes." Esses cargos, contudo, nem sempre lhes foram permitidos: houve época em que o gênero masculino era vetado de todas as funções da associação. "Com o passar do tempo, os esposos das senhoras foram entrando."

Alessiane, na época com 33 anos, explicou que existem dois motivos para isso. Um deles é o respeito à memória do grupo, fundado por mulheres. O outro é o fato de elas serem maioria no quilombo. Essa participação ativa acaba fazendo sentido para todas na comunidade: "A gente se sente feliz de contribuir com um quilombo melhor. É muito bom. Todas ficam felizes em fazer o que fazem. Nem levam em conta isso de ser liderança ou de protagonismo feminino. Não se reconhecem assim. Para elas, é só um trabalho em que se doam. Contribuiu muito para a história de vida delas. Então, se sentem agradecidas por isso. Aqui é tudo união, conjunto, diálogo. Aqui entramos em consenso".

Ao contrário de comunidades mais próximas à base, Itamatatiua não estava sendo ameaçada — pelo menos, explicitamente — com a possibilidade de realocação. Alessiane disse que, mesmo assim, vinha se prevenindo, ficando de olho em tudo o que acontecia nos quilombos da cidade e no CLA, que fica a cerca de 54 quilômetros de distância. "Você sabe como é... Eles nunca se contentam com o espaço que têm. Sempre querem mais. A gente não quer que isso nos alcance como aconteceu com nossos colegas", falou ela.

Em compensação, os moradores de Itamatatiua tinham conflitos com os vizinhos não quilombolas que, muitas vezes, tentavam se apropriar de trechos do território. Por isso, as associadas vinham tentando titular a área, ou seja, obter o documento que garante a propriedade definitiva do espaço. A luta já era travada na Justiça havia dezessete anos. "Até hoje não recebemos um ponto-final. Esperamos que dê tudo certo com os nossos direitos, porque é o sonho de muitos que já estiveram nesta luta. Vários conflitos. Muitos morreram defendendo terra."

Segundo alguns moradores, a comunidade foi formada a partir de escravizados em fuga. Tempos depois, as terras teriam sido ocupadas por carmelitas. Documentos do Inventário Nacional de Bens Móveis e Integrados confirmam a história,[1] sugerindo que o local era, no século XVIII, uma fazenda da ordem carmelita. Seus primeiros habitantes teriam presenteado a santa católica Teresa de Ávila com um casal de escravizados como oferenda; depois, a fazenda teria ruído, e o local foi ocupado pelos descendentes dos escravizados que ali viviam. A única certeza é que a devoção à santa, padroeira do quilombo, corre pelas veias de Itamatatiua, sendo herdada por diferentes gerações. Em outubro, a comunidade entra em clima de festa para celebrá-la. Com muita música e muitos rituais, os moradores fazem banho de ervas, cozinham, dançam, cantam e tocam instrumentos em troca da bênção da prosperidade. A maioria deles tem "de Jesus" no sobrenome e, por isso, são conhecidos como os Pretos de Santa Teresa de Jesus.

Há quem diga que Teresa de Ávila contribuiu para que os escravizados se tornassem proprietários daquela terra e tivessem sustento para a sobrevivência. "Falam que ela veio pra cuidar do povo. Sonharam com ela dizendo isso, e todo mundo que desacreditou sofreu algo ruim", contou Alessiane. Não é o único sonho que virou assunto por lá. "Tinha um moço, o seu Crispim, que sonhou com ela dizendo que a igreja tinha que ser de outro jeito. Daí, ele saiu avisando que tinham que reconstruir porque, senão, a igreja ia desabar. Dizem que desabou mesmo. Daí, fizeram uma nova, do jeito que ela tinha pedido."

Logo que chegamos ao território, percebemos que Teresa de Ávila está por toda parte. Na entrada, fica protegida por uma berlinda. Dentro das casas e em seus arredores, ressoa na atmosfera mística, misturada a outras crenças, não ligadas à religião. O Poço do Chora, por exemplo, é uma fonte d'água que, diz a lenda, é protegida por seres encantados. Entre suas muitas histórias, há relatos testemunhando a presença da santa, de sereias e outros seres mágicos no local. "O poço tem olhos d'água. Seja inverno ou verão, nunca seca. Ele foi encontrado no tempo dos escravos. Não foi construído por ninguém", disse Alessiane. Considerado sagrado pelos quilombolas, o espaço não é visitado a qualquer hora do dia. Existe uma forte convicção popular de que não se deve andar ali nem ao meio-dia nem entre seis da tarde e sete da manhã. Nos horários permitidos, é preciso pedir licença ao chegar. Dizem que, quando a norma é descumprida, a pessoa sofre punição, sendo assombrada por um feitiço de adoecimentos como febre e enxaqueca. "Tem uma sapa ali que é maior do que os outros sapos. Ela é a vigia do Chora. Se chegar fora de hora ou sem pedir licença, ela vê." Como não são todos os moradores do quilombo que têm água encanada, muitos vão até o Poço do Chora para encher baldes. Ele é visto como uma bênção da Mãe d'Água — criatura também chamada de Iara em crenças populares — aos quilombolas.

No lugar chamado de Pedra Encantada, os contos são outros. "É uma pedra do modelo de uma casa, que sempre tem um pássaro vigiando. Quando passar ali, tem que ser na hora certa e pedir licença", explicou Alessiane. "Antigamente, morava lá um casal de escravos fugidos. Por isso, sempre tem o pássaro dando sinal quando alguém chega." Outro exemplo desse tipo de simbolismo é uma grande rocha que foi encontrada despretensiosamente pelos moradores e, depois, virou relíquia histórica. Nela, está grafada em latim a transferência carmelita do território para Teresa de Ávila, no ano de 1878 (dez anos antes da abolição da escravatura). A pedra é uma comprovação de que os antigos donos abandonaram o terreno. Ou seja, funciona como um símbolo da posse quilombola sobre o local, já que os negros (ofertados à santa) permaneceram no território.

Mesmo com uma história secular, a identidade quilombola de Itamatatiua ficou à sombra por anos. Durante muito tempo, os moradores não se enxergavam como parte da etnia. Quem teve influência no processo de autorreconhecimento do povoado foi Sérvulo Borges, o ex-militar do capítulo seis que serviu o Exército e transferiu centenas de quilombolas de Alcântara para as agrovilas. Após se revoltar com o que havia feito sob comando das Forças Armadas, ele estava determinado a formar uma articulação quilombola regional. Quis fundar um movimento e, justamente por isso, visitou diversas comunidades de Alcântara (das realocadas às não realocadas). Uma delas era Itamatatiua, terra de suas bisavós.

Até então, os moradores tinham consciência do passado escravocrata do local, assim como dos laços sanguíneos entre eles e os negros fugitivos daquela época. Mesmo assim, não enxergavam isso como uma evidência quilombola. Sequer sabiam o que o termo significava. "A gente não sabia que era quilombola. Sérvulo ajudou muito, principalmente nessa parte de arquivo", disse Neide de Jesus, de 74 anos. Fundadora da associação da comunidade, ela é artesã do centro de produção de cerâmica e contou que a vida ali era bem mais difícil antes de eles se declararem quilombolas em 1990. Nascida na própria comunidade, ela veio de uma família marcada por lutas em defesa do povoado. Tanto seu pai quanto seu irmão foram líderes do quilombo. "Parece que a gente era, assim, rejeitado. Tinha vergonha até de ir para as reuniões [com Sérvulo]. Depois, não", explicou ela, sentada em frente a uma prateleira do centro repleta de artefatos à venda. "Quando nós éramos pequenos e não sabíamos que éramos quilombola, tínhamos muito medo de gente. Quando chegavam perto de nós, a gente queria ficar só escondido. Mas hoje não. Quando alguém de fora chega, todas as crianças ficam entrosadas. Melhorou muito."

Neide herdou de uma raiz familiar a participação no poder político da comunidade, que, ao contrário da adotada pela associação, nem sempre foi exclusivamente feminino. Durante décadas, toda a política da comunidade era feita informalmente pela família dela. Com as mortes do pai e do irmão, ela ficou à frente das questões administrativas. Anos mais tarde, viu acontecer a autodescoberta do Quilombo Itamatatiua, acontecimento que deu origem às primeiras conversas sobre fundar uma associação para a comunidade, o que permite melhor comunicação com o Estado, reivindicações mais articuladas e, sobretudo, a luta judicial pela propriedade definitiva do território.

A criação formal da associação em 1989[2] trouxe conquistas marcantes para o quilombo. Energia elétrica, casa de farinha, reconhecimento externo e aumento da renda. "Antes, não existia nada aqui. Não vinha ninguém. Não tinha nem estrada. Até que fundamos a associação", explicou Neide. Só que não foi fácil lidar com tanta informação nova surgindo ao mesmo tempo. Mesmo ouvindo que teriam um baita trabalho para tocar o projeto, as fundadoras insistiram que, independentemente de qualquer coisa, dariam vida ao órgão. No restante da comunidade, porém, não foram todos os que se animaram com a ideia. "Na hora que a gente convidou os homens para participar, eles não quiseram. Aí a gente decidiu que só as mulheres poderiam ser presidentes."

Ao menos na percepção de Neide, a associação fortaleceu não apenas as integrantes do grupo, mas todas as mulheres do quilombo — coisa, que, aliás, elas gostam de exaltar, como indica um cartaz nas paredes do centro de cerâmica: "Itamatatiua, a força da mulher negra". Quando perguntamos se Neide se considerava feminista, sua expressão facial foi de dúvida. Questionou, então, o que queríamos dizer. Depois, apenas descreveu como importante a existência de um movimento feminino e disse: "Muitas vezes, faço o mesmo serviço que um homem, mas ganho menos do que ele". O importante é que a vida das mulheres de Itamatatiua mudou bastante desde que Neide era criança. Seus relatos narram que não existiam tantas possibilidades para ser e existir como agora: "Hoje as pessoas já saem. Vão para São Luís [a cerca de 56 quilômetros]. São professoras, agentes de saúde...".

Neide tirou o seu sustento da roça e da cerâmica. Na época em que conversamos, vivia com o neto e a filha. Entre suas plantações favoritas, estavam macaxeira, quiabo, mamão e melancia, alimentos que ela até vendia fora da comunidade, mas fazia principalmente para encher o prato de comida dela e dos vizinhos.

Já no centro de cerâmica, gostava de produzir tigela, alguidar, travessa e o que mais fosse preciso — menos boneca, porque "é muito trabalhoso". Panela era o item mais vendido pelas artesãs, mas nem sempre havia amostras à venda. Isso porque, para fabricar panelas, as mulheres usavam não apenas argila, mas também cinza de taquipé, árvore que pode chegar a trinta metros de altura, só que, nos últimos tempos, não estava sendo tão fácil encontrá-la nos arredores.

Antigamente, para vender a mercadoria, as artesãs iam de canoa até cidades vizinhas e outras regiões de Alcântara — a comunidade fica a cerca de 55 quilômetros do centro. Com a construção de rodovias, o deslocamento se tornou mais fácil e, como consequência, as vendas aumentaram. Quando fizemos a visita, a cerâmica era a segunda principal renda do quilombo, atrás apenas do Bolsa Família, programa do governo federal de auxílio a famílias em situação de pobreza.

A alta popularidade dos produtos já rendeu convites para as artesãs participarem de feiras da cidade, do Maranhão e de outros estados do Brasil. Pelo mesmo motivo, elas se acostumaram com o entra e sai de turistas na loja. Os preços variavam entre dois e duzentos reais, mas Alessiane nos explicou que as artesãs não têm boa experiência matemática para calcular o valor real da produção. Neide, por sua vez, mencionou outro motivo para o preço do trabalho manual. "As pessoas acham tudo barato. Eu também acho, porque a gente tem muita despesa", disse ela. "Mas, se a gente colocasse o valor certo do trabalho, teria prejuízo, porque não comprariam."

Da peça mais simples à mais complexa, todas levam meses para ficar prontas, contou Neide: "No verão, quando está tudo seco, a gente vai ao campo e leva dois homens para cavar a terra. Eles tiram a primeira camada, a segunda e, na terceira, já tem a argila. Vão botando ela num cofo, enquanto a gente vai despejando e fazendo a ruma. Um caminhão traz tudo para cá. Daí, a gente bota num balde com água e, quando vê que está bom, coloca em cima daquelas pedras. Depois, faz as bolinhas para passar na máquina e já está bom para modelar as peças. A gente deixa secar e, quando estiver bom, passa o ferro — ou uma ponta de faca, o que for — para raspar. Daí deixa lá secando de novo. Passa numa pedra para ficar lisinho e numa lixa pra tirar poeira. E de novo na pedra. Aí já está bom para ir para o forno. Fica lá de quatro a cinco dias". Ela se referia a um gigantesco forno a lenha que fica atrás do centro de cerâmica. Em seu interior, havia cinzas da última leva de artesanatos fabricados por elas.

No centro, as peças prontas ficam espalhadas entre as prateleiras e o chão. São retratos diversos, de namoradeiras sorridentes a escravizados com correntes quebradas, tudo pensado pelas artesãs. Inclusive, algumas delas modelavam uma nova leva de xícaras a poucos metros de nós.

Quando uma peça é muito trabalhosa, passa por mais de uma mão. "Cada hora alguém fazia uma pecinha diferente dela", contou Neide, apontando para uma estátua de santa de cerca de 1,5 metro. "Eu gosto de fazer cerâmica. Ela que me ajudou a criar meus filhos."

Antes de a sede do centro existir, as artesãs trabalhavam numa casa de taipa. O novo espaço foi construído graças a um movimento de reivindicação puxado pela quilombola Heloísa Inês de Jesus, que, ao participar de uma feira artesanal em São Luís, conheceu o então governador do Maranhão, José Reinaldo Tavares, e aproveitou o momento para pedir diretamente a ele um local de trabalho adequado às necessidades das artesãs de Itamatatiua. Depois disso, a associação ficou em cima do governo para garantir que o pedido fosse atendido. Em 2004, a reivindicação deu origem à sede. "Agora, vem gente de tudo quanto é país nos visitar. É muito bom. Vem gente da Espanha, Grécia, África, Estados Unidos... Até gente para fazer documentário", afirmou Heloísa, 69 anos. Quando conversamos com ela, a rotina da artesã havia mudado fazia pouco tempo. Devido a problemas de saúde causados por um mioma, ela estava priorizando o repouso a atividades exaustivas. Por isso, tinha se afastado da cerâmica, trabalho que começou aos doze anos (como muitas artesãs), e aguardava pela cirurgia para retirada do tumor. "Todas as mocinhas começavam com doze ou dez anos. Aí ia passando de geração para geração. Nem meu pai sabia dizer de onde veio essa tradição. Acho que foi pelos escravos mesmo", supôs.

Antiga, a prática se aprimorou ainda mais com a fundação da associação quilombola — não somente pela sede, mas também devido a oficinas de artesanato e empreendedorismo que as trabalhadoras ganharam, em parceria com projetos do Serviço Brasileiro de Apoio às Micro e Pequenas Empresas (Sebrae). "Eu sou membra da associação desde o começo. É muito bom. Já trouxemos o projeto do centro de cerâmica, casas, viagens, várias coisas", disse ela, acrescentando que ainda havia muito a ser conquistado. "Nós precisamos melhorar Itamatatiua. Nossa água não é adequada, vem de um poço artesiano. Faltam várias coisas. A gente tá pelejando para melhorar. Tem que ter uma pracinha, um lazer, um posto médico..."

Para Heloísa, as mulheres de Itamatatiua têm uma força imensurável e, por isso, são mais cuidadosas para lutar pela comunidade. Rindo, afirmou que os homens não gostavam muito de ficar de fora da liderança, mas que eles não precisavam gostar nem desgostar. Era o que era e ponto-final.

Maria Gorete de Jesus, 53 anos, também deu risada ao comentar a participação masculina na política do quilombo: "A maior força daqui é a das mulheres. Nem sei como os homens se sentem. E, daqui pra frente, tudo vai ser mulher. Delegada, juíza, tudo". Diferentemente de Heloísa, Neide e Alessiane, Gorete é conhecida por cantar e tocar forró de caixa, atividade que, nas terras de Itamatatiua, também é feminina.

Os homens da comunidade musicam no tambor de crioula. No forró de caixa, não. Foi o que ela explicou, ao lado de outras duas caixeiras. Juntas, elas deram para nós uma palinha de uma cantiga: "Foi, foi, foi, foi embora/ me deixou/ a barca da companhia que a maranhense levou/ Enfiei caixa nos braços/ as baquetas pra tocar/ senhora santa Teresa, me dê voz pra mim cantar/ Foi, foi, foi, foi embora/ me deixou/ a barca da companhia que a maranhense levou/ Você me mandou cantar/ pensando que eu não sabia/ eu não sou como a cigarra/ quando não canta, assobia/ Foi, foi, foi, foi embora/ me deixou/ a barca da companhia que a maranhense levou".

Também chamado por alguns de "baile de caixas" e "terecô de caixa" (a depender da região), o forró de caixa é uma celebração festiva de origem negra, atrelada a divindades como santa Teresa e Divino Espírito Santo. Muito popular na Baixada Maranhense, a cultura é formada por cantigas e batuques de tambor, podendo ter também sons como os de triângulo, pandeiro, banjo e afoxé. As músicas variam entre cadências animadas e melancólicas — a canção que ouvimos do trio, por exemplo, era de um estilo embalado por batuques lentos e vocais, tanto agudos quanto graves, em clima de sofrência. "Eu nasci e me criei dentro do batuque de caixa. Minha família todinha tocava. Bisavó, avó, mãe. Aprendi sem ninguém me ensinar, só olhando. Canto as cantigas tudinho. A gente aprende de cor, sem ler, escrever, nada. Só da mente. Aprendi desde cedo. Sei bastante e ainda quero saber mais", contou Gorete.

9.
Aqui onde estão os homens

É Zumbi, Babá dessa nação
Orixá nacional, Orfeu da Casa Real
Do Carnaval do negro
quilombola da escola daqui
O mestre-sala de Zambi na libertação
Parece que eu sou Zumbi
dos Palmares quando sambo
O príncipe herdeiro dos
quilombos do Brasil

"300 anos" (Altay Veloso e
Paulo César Feital, 1994)

É inaudita a beleza da natureza que circunda o Parque Memorial Quilombo dos Palmares, na cidade de União dos Palmares, Alagoas. Combina com a misticidade atribuída ao lugar. Há uma cadeia de colinas, montes e montanhas até onde os olhos conseguem ver. Os ruídos de grilos e pássaros são constantes. Em um dia pouco movimentado, é possível notar com facilidade as diferentes nuances dos sons produzidos pelo vento, com seus assobios de tons desiguais. Essas sensações estão ligadas à primeira impressão que tivemos ao pisar em um dos mirantes.

De outro ponto de observação, é possível identificar como a floresta que rodeia o espaço é densa. Passado o impacto inicial provocado pela exuberância natural dali, veio o questionamento: como era essa área 350 anos atrás? Provavelmente inóspita para quem não estava acostumado com suas trilhas. Dá para entender por que o local foi escolhido como fortaleza, refúgio. A vista é panorâmica, e o lugar, elevado: um planalto de 485 metros de altitude.

No período colonial, graças à sua grande quantidade de palmeiras, a região ficou conhecida como Palmares. Mais recentemente, em 2007, foi construído ali um memorial, de forma a representar em alguma medida como eram algumas das moradias e dos espaços de convivência no passado, reconstituir, mesmo que em parte, a organização social de Palmares, o mais famoso e mítico quilombo da história do Brasil. Ou pelo menos essa era a ideia, já que o abandono e a falta de investimento prejudicaram a atratividade das instalações do ponto de vista turístico. Na época em que visitamos o parque, a infraestrutura carecia de cuidados.

O espaço está situado no topo da serra da Barriga, em meio à Mata Atlântica. A região pertence em boa parte ao município de União dos Palmares, hoje em Alagoas. No período em que o Quilombo dos Palmares existiu (do primeiro registro, em 1597, até sua destruição, em 1694), o lugar fazia parte de Pernambuco. A oitenta quilômetros de Maceió, o parque memorial foi erguido onde teria sido a Cerca Real do Macaco, capital do Quilombo dos Palmares. De acordo com o historiador Flávio Gomes, os primeiros habitantes do mais famoso quilombo brasileiro teriam sido cerca de quarenta cativos que participaram de uma revolta em um engenho de Porto Calvo e, depois, fugiram para a mata cerrada.[1]

De volta ao presente, ao visitar o parque, é possível ter uma ideia de como a vista privilegiada permitiu aos quilombolas formatar a sua defesa e resistir durante tanto tempo. Ao longo de quase cem anos, holandeses e portugueses tentaram em vão subir a serra para recapturar e reescravizar as pessoas negras que haviam escapado do cativeiro. Por décadas, foram repelidos. Mosquitos, doenças, picadas de cobra, dificuldade de locomoção, peso dos equipamentos e os animais dificultavam as investidas das expedições punitivas rumo ao quilombo. Também eram comuns armadilhas criadas pelos quilombolas, como fossos com um tipo de lança de madeira no fundo. Os soldados que não percebiam a camuflagem caíam no buraco e de lá não conseguiam sair com vida.[2] E ainda havia ataques-surpresas feitos pelos quilombolas. Assim, a floresta fornecia proteção e alimento a Palmares. Os ex-escravizados se adaptaram àquela serra, usando as condições naturais do local a seu favor.

O Parque Memorial é palco de celebrações ligadas a culturas negras e recebe cerca de 24 mil turistas por ano.[3] Os visitantes podem ver, além da paisagem, a reconstituição de edificações feitas com paredes de pau a pique[4] e cobertura vegetal. Estão representados ali espaços como a Casa de Farinha, a torre de observação, a Casa do Campo Santo, o Terreiro de Ervas, a cerca de madeira que protegia o quilombo, ocas indígenas e uma réplica da casa do líder (como se acredita ter sido a moradia de Zumbi,[5] o mais famoso comandante).

Ao ter contato com o local no qual existiu o refúgio palmarino, é comum que os turistas queiram aproveitar a passagem para conhecer uma comunidade quilombola que exista até hoje — por isso, o Quilombo Muquém, a cerca de dez quilômetros da entrada do parque e famoso pelo artesanato com barro, acaba entrando na rota. Ele é tratado por muitas pessoas como a única comunidade do Brasil descendente direta do Quilombo dos Palmares.

Saindo da área principal do Parque Memorial, uma pequena trilha leva até a lagoa dos Negros, um dos lugares considerados sagrados da serra da Barriga. Lá os moradores de Palmares buscavam água para beber e cozinhar, amolavam facas, afiavam objetos de metal usados como armas (as pedras do local apresentam até hoje marcas desse processo). Dali eles tiravam barro para edificar ou fazer panelas. Também nessa lagoa, centenas de pessoas morreram quando o quilombo caiu. Depois de décadas de resistência, quando Palmares foi derrotado por um grupo enviado pelos portugueses, a lagoa dos Negros foi cenário de uma parte dos confrontos. Atualmente, nesse espaço, acontecem cerimônias de religiões de matriz africana.

Depois de diversas tentativas, em 1694 uma comitiva da Coroa Portuguesa liderada pelo bandeirante Domingos Jorge Velho conseguiu finalmente destruir a maior parte de Palmares. O paulista liderou uma delegação numerosa, atravessou os desafios na mata da serra da Barriga, superou as armadilhas deixadas pelos quilombolas no meio do caminho e passou pelas cercas de madeira que protegiam o refúgio palmarino. Com armamento pesado, as moradias foram postas abaixo. Centenas de pessoas morreram. Muitos quilombolas foram recapturados. Uma parte conseguiu fugir — entre eles, o líder Zumbi, que escapou e formou uma resistência em outro local, mas acabou sendo morto meses depois. A resistência do que sobrou de Palmares e seus sobreviventes continuaria ainda por algum tempo após a morte de seu principal comandante. Mas o quilombo nunca mais seria o mesmo.

Durante essa batalha na qual o núcleo principal de Palmares caiu, em meio a tiros, flechas, lanças, gritos, sangue e golpes de faca, cinco irmãs teriam conseguido se esquivar e descer a serra da Barriga. Elas moravam na Cerca Real do Macaco, a principal comunidade palmarina. Fazia parte da estratégia de resistência e proteção dos habitantes do quilombo ter rotas de fuga em meio à floresta caso o povoado fosse invadido. As irmãs, então, teriam se escondido na mata fechada e andado por quilômetros, dia e noite, buscando apagar os vestígios de sua passagem para despistar os algozes e escolhendo os caminhos mais difíceis para complicar as perseguições.

Diz-se que as irmãs ficaram "amuquenhadas", ou seja, escondidas por vários dias. Dormiram entre as árvores, esperando que a situação se acalmasse. A fuga levou as cinco para as margens do rio Mundaú, onde se estabeleceram. Com o passar dos anos, teriam se casado, e os seus descendentes deram origem ao povoado de Muquém — ao menos, é isso que conta uma das lendas sobre a formação do quilombo. Em outra versão do mito da origem de Muquém, a trajetória de fuga é a mesma, mas, em vez das irmãs, o caso teria acontecido com um casal de moradores de Palmares. A lenda tem sido mantida através da oralidade,[6] como é comum em algumas culturas africanas.[7] Embora não exista comprovação histórica da ligação entre Muquém e Palmares, e pesquisadores afirmem que essa descendência é bastante improvável, o mito segue nos relatos de alguns moradores.

Professores da região também costumam propagar essa genealogia mítica. Os mitos que envolvem a conexão entre os ancestrais de Muquém e os guerreiros de Palmares são contados para as crianças em sala de aula ou outras atividades, de forma lúdica, na busca por valorizar a tradição e semear o orgulho de ser quilombola. Até mesmo projetos de mestrado e doutorado, sites institucionais como o do governo do estado de Alagoas ou textos de veículos de imprensa reproduzem essa ligação entre os dois quilombos como verdadeira.

Ao mesmo tempo, os próprios moradores afirmam que a comunidade teria surgido por volta de 1900. Então como seria possível existir essa conexão entre Muquém e o Quilombo dos Palmares, destruído cerca de duzentos anos antes? "Muquém é tão antigo quanto a serra da Barriga", afirma Zezito Araújo, professor aposentado de história da Universidade Federal de Alagoas. Além de pesquisar o local, ele fez parte da comissão que propôs a criação da Fundação Cultural Palmares, em 1988. O órgão é responsável, entre outras coisas, por reconhecer as comunidades quilombolas. Além disso, Araújo teve participação importante na criação do parque memorial e explica: "Muquém era parte do principal mocambo que formava o Quilombo dos Palmares; no vale onde fica a atual cidade de União dos Palmares era a Cerca Real do Macaco. Pensando em toda essa área, quem organizou isso foi Aqualtune,[8] uma líder que saiu de Porto Calvo e organizou o Quilombo dos Palmares. E não poderemos jamais colocar Muquém fora desse contexto. Nós temos que incorporar essa história à comunidade de Muquém. Nós estamos trabalhando uma proposta de identidade histórica que vai além daquela conhecida, a partir do século XIX".[9]

Segundo o historiador, mesmo estando na parte de baixo do platô, a área na qual hoje está Muquém era usada pelos moradores do Quilombo dos Palmares para a produção de alimento com a plantação de inhame, batata e sorgo, além da coleta de coco-catulé.

Apesar dessa possível origem lendária e de sua importância histórica inegável, as lideranças atuais do Quilombo Muquém não têm conseguido conter o êxodo dos jovens. A baixa autoestima e a falta de oportunidades de emprego são consideradas alguns dos principais problemas. O destino da população mais jovem costuma ser a capital alagoana, Maceió, e cidades do Sudeste como Rio de Janeiro e São Paulo.

O caminho até Muquém é feito por uma estrada asfaltada. O quilombo fica um pouco isolado da parte central da cidade de União dos Palmares. Na entrada, um portal com letreiro indica a chegada ao povoado. Pouco depois de passar pela placa com o nome de Muquém, avista-se a sede de uma igreja da Assembleia de Deus. Existem por volta de 120 casas. Se vistas do alto, formam um retângulo, com uma das pontas arredondadas. Ao centro, um grande espaço de convivência em formato de oca. Esse modelo geométrico do quilombo não é original: foi construído em 2010 com a ajuda do poder público, após uma enchente atingir a comunidade, destruir muitas casas e obrigar os moradores a sair do espaço onde viviam até então.

A associação entre quilombos e pessoas negras é quase automática no imaginário social. Mas existem exceções: Maria das Dores Cavalcante, a Dorinha, presidente da associação quilombola de Muquém, é uma delas. De sorriso largo e rosto arredondado, ela é uma mulher de pele branca. "Olha, eu sou negra, mas não sou preta. A minha ancestralidade está na raiz quilombola, mas a pele é clara. Entende? Eu nasci aqui em Muquém. Meus pais vieram de outra localidade. Igual a muitos daqui. Mas a minha mãe era dos pés da serra da Barriga. E o meu avô paterno descobri que foi enterrado aqui vizinho, em Santo Antônio da Lavagem, que, no passado, pertencia à comunidade", disse ela, que, no entanto, em outra conversa feita meses antes, havia se identificado como branca.

Uma de suas maiores disposições é falar da tradição de ceramistas do povoado. A outra é lutar pelos jovens, para que não deixem o local e tenham mais autoestima, e para que os meninos não sejam tragados pela criminalidade típica das grandes cidades e que já está presente por ali, chegando aos poucos naquela parte alagoana. "A comunidade não tem trabalho, não oferece opção para os nossos jovens. Muitos vão para outras cidades, para outro estado, procurar emprego. Isso nos deixa muito tristes. A gente tenta buscar oportunidade de emprego e, hoje, a gente já consegue manter alguns deles aqui", disse.

Além disso, a comunidade carece de muitos equipamentos públicos. A escola chegou, mas o esgoto ainda está ligado a fossas, sem tratamento. A água fica semanas sem aparecer. O atendimento médico é limitado a poucas consultas disponíveis por semana, já que o mesmo profissional atua em outras comunidades da região e não dá conta de atender os quilombolas com a frequência ideal.

Uma das maneiras de gerar oportunidades para a população jovem é através de parcerias de estágio com a prefeitura ou outros órgãos públicos. Outra é a agricultura familiar, que proporciona alimento e renda para as famílias. Algumas políticas públicas chegaram a Muquém, o que ajudou a aumentar o número de pessoas com acesso à educação. "Não é fácil. Temos vários jovens. Hoje, muitos conseguem estudar e alguns já conseguem concluir um curso superior, o que era praticamente impossível em uma comunidade quilombola. A gente tem um índice de analfabetismo muito grande. Estamos conseguindo avançar, mas o que nos deixa tristes é quando eles terminam o estudo e vão embora porque não têm trabalho", falou Dorinha.

Além da baixa empregabilidade, as meninas de Muquém ainda enfrentam um aspecto complexo, que gera incômodo e preocupação para muitas famílias da comunidade: o assédio. Segundo o relato de moradores, é comum que homens mais velhos, de fora do quilombo, busquem se aproximar das jovens quilombolas, tentando se aproveitar do maior poder aquisitivo para convencê-las a ir embora com eles. São meninas de catorze, quinze, dezesseis anos. Os moradores não mencionam termos como "violência física", "exploração sexual" ou "abuso". Os relatos de preocupação alegam que elas ficam vulneráveis aos "rapazes da cidade", que estariam se aproveitando da fragilidade financeira delas. Na visão de alguns, as jovens deixam de estudar e trabalhar para se tornarem esposas cedo demais, sem perspectiva de um futuro melhor e com dependência financeira. Não existiam até então denúncias no Ministério Público, tampouco na polícia, e esse tipo de persuasão não é simples de comprovar. Existem sutilezas, dúvidas e, inclusive, discordâncias. Alguns moradores nem consideram que haja algo errado, já que casar cedo e ter filho cedo é algo que acontece com alguma frequência na região.

No fim de 2023, o Conselho Nacional de Justiça promoveu na região a Semana da Primeira Infância Quilombola, que não tinha relação direta com esses relatos de assédio, mas promoveu rodas de conversa sobre direitos das crianças e violência doméstica, além de oficinas para explicar o que consta no Estatuto da Criança e do Adolescente (ECA). Parte do Pacto Nacional pela

Primeira Infância, o evento contou com a presença de juízes de comarcas que lidam com casos envolvendo o público infantil, com o objetivo de promover a justiça itinerante e levar uma série de serviços a que, em geral, as comunidades não têm acesso ou que enfrentam dificuldades para acessar. O projeto buscava agilizar a obtenção de documentações ou assistência jurídica, mas acabou sendo importante para os quilombolas entenderem o que diz a legislação em relação aos mais jovens e quais são as formas de buscar ajuda em caso de necessidade de protegê-los. Foram promovidas rodas de conversa sobre direitos das crianças e violência doméstica, além de oficinas para explicar o que consta no ECA.

Bem antes desse encontro, as iniciativas que visam conscientizar moradores e também ampliar a resiliência de famílias e jovens através da autoestima eram lideradas por Dorinha. A questão do assédio às adolescentes quilombolas era trabalhada em um grupo cultural focado na juventude. As atividades incluíam uma equipe de dança afro, aulas de percussão e um concurso de beleza. Os alunos da comunidade aprendiam a tocar instrumentos e desenvolver ritmos e coreografias. Já o projeto Beleza Negra todo ano elege a jovem mais bonita da região. A escolhida ganha uma premiação em dinheiro e passa a integrar o grupo de dança afro do quilombo. A companhia faz apresentações em eventos nas cidades alagoanas próximas. A ação ajuda a gerar renda para os adolescentes, proporcionar diversão, integração comunitária e apresentar perspectivas de futuro através da cultura. Ali, por exemplo, meninos e meninas participantes são orientados sobre as possibilidades de profissões no setor cultural, como tornarem-se músicos, professores, produtores, assistentes, coreógrafos...

"A gente não trabalha a dança só como o sacudir do corpo, a gente trabalha todo um contexto. Há uma inclusão sociocultural, a gente eleva a autoestima dos adolescentes que participam, das crianças, para eles se sentirem importantes e saberem que podem ter até uma profissão através do próprio grupo", diz. "A gente trabalha todo esse contexto, entendeu? Faz com que elas se sintam importantes, bonitas, empoderadas e que vejam que podem ter um futuro além de casar cedo, um futuro diferenciado", contou Dorinha. Segundo ela, o grupo de dança é uma forma de criar identidade e falar de cultura negra. A religiosidade também está presente, como ferramenta: nas aulas, existem referências a orixás, tradições africanas, musicalidade e luta contra o preconceito. "A gente faz referência aos orixás. Principalmente orixá mulher, que é mãe, que é dona de casa, que é amorosa, mas também que sabe defender os seus e que sabe guerrear, buscar caminhos. É a orixá Oxum", afirma com tom de tristeza e preocupação, ao mesmo tempo que demonstra orgulho do projeto.

Estivemos mais de uma vez na comunidade, e falar da situação dos jovens sempre permeava a conversa com a líder da associação. Ela fez questão de antecipar um dos ensaios do grupo de dança, para que víssemos como é preparada a apresentação e como é o envolvimento das crianças com as atividades. Durante uma caminhada pelas ruas de Muquém, demos de cara com a saída da única escola do local. Nos aproximamos dos jovens, e o barulho entremeado de vozes provocado pelas muitas conversas paralelas foi interrompido quando Dorinha bateu palmas e gritou: "Bora para casa se arrumar e voltem rapidinho pra gente ensaiar". Questionamentos iniciais dos motivos para o ensaio repentino precederam a empolgação, o receio e a ansiedade ao descobrirem que iriam, na verdade, se apresentar para jornalistas que tinham saído de São Paulo para conhecer a comunidade. "Eita, mas é agora, mesmo?", repetiram várias crianças, mesmo depois de a explicação já ter sido dada várias vezes.

Mas os jovens obedeceram à ordem de não demorar para se arrumar. Demonstravam respeitar e gostar de Dorinha e, aparentemente, também gostavam muito do grupo cultural, que incluía desde os bem pequenos até os recém-adultos, como a dona do título de Beleza Negra daquele ano. Em menos de quinze minutos, cerca de trinta adolescentes já estavam paramentados, com seus instrumentos no meio do centro de convivência da comunidade. Alguns meninos tocavam, as meninas dançavam, a professora coordenava a coreografia e incentivava que mantivessem a concentração. No centro, a jovem Beleza Negra se apresentava em destaque, com um olhar que nos passou uma mistura de nervosismo e orgulho pelo seu "título" como protagonista da apresentação. "Tudo isso a gente leva para o grupo em forma de vida, de exemplo real. A mulher quilombola é isso. O homem quilombola é isso. Ele trabalha no campo. É dono de casa, tem filhos. A mesma coisa é a mulher. Os quilombolas são lutadores, guerreiros para sobreviver a toda essa discriminação, essa desvalorização que sofre o homem do campo, o homem negro", explicou Dorinha.

Outro caminho buscado pela comunidade é tentar manter a tradição do artesanato com barro. A atividade é antiga no quilombo e ajudou no sustento de muitas pessoas, mas não desperta interesse dos mais jovens e é exercida por poucas mulheres mais velhas. Há muitas décadas, os utensílios domésticos de Muquém eram feitos com argila e a construção das casas, com tijolo batido. Com o tempo, a população desenvolveu a habilidade de fazer artesanato de barro com as próprias mãos.

Irinéia Rosa Nunes da Silva é a mais famosa das artesãs de Muquém. Conhecida como Mestre Irinéia, ela recebeu o título de Patrimônio Vivo de Alagoas. Em agosto de 2023, ela também foi condecorada pela Assembleia Legislativa por seu serviço na promoção cultural do estado, por mais de quarenta anos produzindo cerâmica. "Graças a Deus, eu estou contente. O artesanato tem me dado grande ajuda. Eu comecei aceitando encomendas de pessoas que estavam pagando promessas. As pessoas adoeciam e vinham me pedir para fazer alguma parte do corpo do doente com o barro", disse Irinéia.

Com o tempo, os doentes melhoravam, e a fama dela crescia. Ela passou a fazer cabeças com a argila, além de peças com outros formatos. A quilombola artesã já deu aula e tentou ensinar outras mulheres, inclusive várias de fora da comunidade. Nem todas, porém, deram sequência no ofício ou conseguiram desenvolver uma técnica tão apurada quanto a dela. Em seus últimos anos de vida, o marido de Irinéia também dividiu com ela a profissão. Fazia muito bem as peças de barro. Mesmo assim, não conseguiu um sucesso parecido com o dela. O marido resmungava quando turistas ou lojistas pediam que as obras de arte fossem feitas especificamente por Mestre Irinéia. "O que eu posso fazer se eles gostam mais das minhas peças?", ela dizia, rindo, para provocar o parceiro. Apaixonada pela arte que pratica, Irinéia reclama da falta de interesse dos outros familiares — onze filhos e uma dezena de netos. Segundo ela, somente uma das filhas se interessou e, mesmo assim, não leva muito jeito: "Já falei para meus netos. Tem que estudar, mas precisa ter uma arte. Mas eles não querem saber".

Suas peças chegaram a diversas capitais brasileiras, em galerias ou hotéis de São Paulo e Rio de Janeiro, e até a algumas cidades do exterior, como Milão, na Itália. Sua obra mais famosa, *O beijo*, foi reproduzida em tamanho grande, seis metros, na lagoa da Anta, em Maceió. Em Muquém, ela costuma vender as esculturas por aproximadamente 150 reais, a depender do tamanho e da quantidade comprada. Já na revenda, em galerias de arte no Sudeste, as peças da alagoana chegam a custar até 3 mil reais.[10]

Já se passaram alguns séculos, mas a saga do Quilombo dos Palmares segue viva, assim como o mito de seus heróis, e não apenas nessa relação com Muquém. O quilombo já inspirou filmes, peças de teatro, livros, pinturas, músicas, feriado, pesquisas acadêmicas e uma infinidade de produções. Tornou-se um dos grandes emblemas de resistência da população negra. Mesmo várias décadas após a abolição, o quilombo continua influenciando a mobilização das lutas contra o racismo e pela equidade racial no Brasil. A trajetória do mais importante líder da comunidade, Zumbi dos Palmares, é contada e recontada constantemente, com realidade misturada a mitos e exageros. O mesmo ocorre com outros importantes nomes da comunidade como Dandara, Aqualtune, Akotirene e Ganga Zumba.[11]

O tema foi politizado, pois Palmares ajudou a mostrar o protagonismo da população negra em busca de sua própria liberdade. Os movimentos negros do Brasil, aliás, tiveram também um papel importante na autoidentificação da população quilombola contemporânea. Como vimos em outros capítulos, muitas comunidades desconheciam seus direitos e seu passado, além de lidar com baixa autoestima — chagas produzidas por séculos de tratamento discriminatório da sociedade brasileira contra esses povos.

Entre 1597 e 1694, o Quilombo dos Palmares, o mais longevo da história das Américas, reuniu na serra da Barriga milhares de pessoas — algumas estimativas chegam a falar na presença de até 20 mil quilombolas. Em sua maioria, a população palmarina era formada por africanos e afro-brasileiros que fugiam do processo de escravidão. Entretanto, ao longo de um século de existência, muitas pessoas negras nasceram e permaneceram durante toda a vida em Palmares. Tiveram ali uma experiência de liberdade, mesmo em meio ao período escravagista. A extensão territorial do quilombo era muito significativa, e a relação entre os mocambos (as comunidades menores dentro do território), sofisticada, conforme nos disse a historiadora Ynaê Lopes dos Santos.[12]

Foi após a década de 1970 que a atuação dos movimentos negros ajudou a dar vigor para a relevância da história do Quilombo dos Palmares. Desde 2011, 20 de novembro passou a ser feriado em diversos estados e cidades do Brasil, ficando conhecido como o Dia da Consciência Negra. Em 2023, virou feriado nacional. A data remete à morte de Zumbi e busca reforçar tanto a resistência contra a escravidão quanto o protagonismo dos negros na luta pela abolição do regime. Também virou símbolo contra as desigualdades raciais, sequela dos mais de trezentos anos de escravismo.

Outro ponto para entender o simbolismo de Palmares é que, além de ser uma comunidade de escravizados fugitivos, o espaço se tornou uma área importante de experiências compartilhadas entre grupos étnicos e linguísticos diferentes. Muitas vezes, alguns deles eram rivais na África pré-colonização. Trazidos à força ao Brasil e misturados, tiveram que desenvolver uma relação comunitária e adaptar as diferentes culturas à nova realidade da diáspora.[13]

A constituição de Palmares e seu posterior crescimento populacional estão atrelados a um duplo movimento. Primeiro, foi a intensificação do tráfico transatlântico, sobretudo de pessoas da África Central (região dos atuais Congo e Angola) para essa parte do Nordeste brasileiro durante o século XVII, para a produção de açúcar. Além disso, a intensificação do tráfico ocorreu no momento em que essa parte do Brasil era controlada pelos holandeses, após invasões. Isso, em grande medida, desestabilizou as forças coloniais portuguesas e pode ter sido lido pelos escravizados como uma oportunidade.

Considerando a duração, o tamanho e o incômodo que causou nas autoridades escravagistas que atuavam no Brasil, Palmares foi tema de muitos documentos oficiais e cartas entre brasileiros e portugueses — o que também ajudou o quilombo a ser o mais conhecido da história do país. Ynaê Lopes dos Santos aponta[14] que pesquisas mais recentes têm mostrado que, talvez, o termo "quilombo" nem seja o mais adequado para pensarmos a magnitude do que foi Palmares. Segundo ela, o local poderia ser visto muito mais como um reino africano. E, na verdade, os primeiros quilombos surgem na África, não na América. Aqui essas comunidades aparecem justamente nesse contexto de aprisionamento dos africanos e vinda forçada para o continente.

Nesse contexto, não podemos deixar de falar em Nzinga Mbandi Ngola, a rainha dos reinos africanos de Matamba e Angola no século XVII. Conhecida no Brasil como rainha Jinga, talvez seja a soberana da África mais famosa aqui depois de Cleópatra. Inspirou estudos, séries de TV, músicas e livros. Foi uma líder que lutou contra os portugueses no período em que os europeus estavam na costa africana em busca de pessoas para escravizar. Em alguns momentos dessa disputa, Jinga e os seus comandados se organizaram em fortalezas, comunidades com formações bem próximas ao que podemos ver nos quilombos brasileiros. Ela é cultuada como a heroína das primeiras resistências pelos modernos movimentos nacionalistas de Angola. Sua trajetória despertou interesse de historiadores e antropólogos. Contemporânea de Zumbi, Jinga compartilha com ele o que o pesquisador Carlos M. H. Serrano chama de "um tempo e [...] um espaço comum de resistência: o quilombo".[15]

Assim como em algumas comunidades na África, Palmares parece ter experimentado uma tecnologia social que permitia a participação feminina em posições de liderança. Não que o quilombo fosse um espaço de equidade de gênero, longe disso, mas, para a época, existia uma presença diferente em relação ao panorama da sociedade colonial. "Elas acabam tendo uma influência na vida dos reis maior que o próprio pai, o rei anterior. Esse papel, ao que tudo indica, se mantém em Palmares, além da participação das mulheres como guerreiras militares, do que também temos registros importantes. Isso é uma coisa que aparece justamente na figura da Akotirene", afirmou Ynaê.

Dandara, Akotirene e Aqualtune seriam as principais lideranças femininas de Palmares. Aqualtune, liderança da realeza.

Akotirene, liderança espiritual. Dandara, a guerreira. Essas mulheres lendárias inspiraram outras mulheres negras a exercerem liderança dentro e fora dos quilombos. Dandara teria sido casada com Zumbi e é a autoridade feminina mais famosa do Quilombo dos Palmares atualmente. Apesar disso, sua existência é incerta. Existem documentos e relatos históricos que confirmam a existência de Akotirene e Aqualtune, mas, até 2024, não foram encontrados documentos categóricos que comprovem a presença de Dandara no quilombo — o que não anula a possibilidade.

Real ou fictícia, Dandara, cujo nome aparece pela primeira vez no romance *Ganga Zumba*, de João Felício dos Santos, de 1962,[15] existe como símbolo. Mesmo que não tenha sido uma pessoa real, a figura dela existe no imaginário, como inspiração para muitas mulheres e suas lutas atuais, como as moradoras de Muquém. Dandara pode significar ainda uma representação de cada mulher que esteve em Palmares. Sua trajetória fala, exemplifica uma parte da experiência quilombola feminina ao longo dos séculos.

A história da escravidão no Brasil, diz a historiadora Ynaê Lopes dos Santos, é absolutamente longeva e violenta, e nos ordena até hoje. E o Quilombo dos Palmares ocupa um lugar especial de luta, representatividade, beleza e, sobretudo, de ação, de movimento.

10.
Pequena África

O samba não levanta mais poeira
Asfalto hoje cobriu o nosso chão
Lembrança eu tenho da Saracura
Saudade tenho do nosso cordão
Bixiga hoje é só arranha-céu
E não se vê mais a luz da lua

"Tradição" (Geraldo Filme, 1974)

"O Bixiga nasce como um quilombo." Essa constatação de Luciana Gomes de Araújo, que vive há anos no bairro paulistano, pode chocar muitos moradores da capital paulista. Quem hoje anda pelas ruas do centro expandido da cidade, que engloba a área, talvez possa ter dificuldade de acreditar que o local foi um refúgio para escravizados e ex-escravizados. Tráfego intenso, pessoas circulando de um lado a outro pelas calçadas e pelos cruzamentos. Faróis, viadutos, museus, pontos de ônibus. Asfalto, cimento e quase nenhuma natureza. Como imaginar que ali, nessa parte central da metrópole, formou-se uma comunidade quilombola, que se escondia nas matas, nos arredores de um rio?

Os imigrantes europeus chegaram às redondezas do Bixiga entre o final do século XIX e o início do século XX. Andando pelo bairro, dá para perceber que ele ainda abriga dezenas de cantinas, pizzarias e referências à cultura italiana. Na região também ocorre a tradicional festa de Nossa Senhora Achiropita, que começou oficialmente em 1980, mas já vinha sendo realizada antes, em outros formatos. O evento é uma homenagem à padroeira, cuja devoção foi trazida da Calábria, na Itália. A igreja do bairro, que leva o nome da santa católica, virou paróquia em 1926. Durante os fins de semana de agosto, algumas ruas são tomadas por barracas vendendo comidas típicas como fogazzas, polentas, lanches e macarronada.

Pois foi nesse mesmo bairro, tido como "europeu", que existiu o Quilombo Saracura. Os quilombolas estão diretamente associados à criação e ao povoamento do distrito, que fica a cerca de cinco minutos da avenida Paulista, talvez a mais conhecida de São Paulo. "Só o racismo explica que um bairro que é fundado em cima de um território quilombola hoje seja vendido como um bairro italiano. E nenhum problema com os italianos. Eles de fato chegaram aqui, com uma política estimulada pelo governo, e são parte do bairro. Mas eles são parte do bairro e não o bairro todo", afirmou Luciana Gomes de Araújo, moradora do Bixiga. Negra, ela tem pele parda e cabelos ondulados, dos quais despontam alguns fios grisalhos. Por trás dos óculos, durante nossa conversa, havia um olhar de preocupação enquanto Luciana falava sobre a gentrificação do bairro. Ela também expressava orgulho do lugar, especialmente da cultura e história. Por isso, repetia com frequência que é mãe de uma "bixiguense".

Os estímulos imigratórios para europeus no Bixiga começaram antes mesmo da abolição da escravatura e, após o fim do trabalho forçado, não existiu qualquer tipo de reforma agrária no país que visasse compensar ou, ao menos, dar oportunidades para aqueles recém-libertos produzirem comida e gerarem renda. O novo modelo econômico causou preocupação nos brasileiros que se valiam da mão de obra escravizada. Muitos fazendeiros, por exemplo, não estavam dispostos a pagar salários para as pessoas negras que, até pouco tempo antes, eram exploradas por eles de graça. Além disso, em alguns círculos sociais, corria a ideia de que o Brasil estava "negro demais" e que seria importante embranquecer a sociedade. Os descendentes de africanos que haviam sido escravizados eram preteridos para exercer a mesma função de forma remunerada.

Os incentivos à imigração, com financiamento do Estado brasileiro entre 1870 e 1930, se deram nesse contexto. Os imigrantes europeus receberam auxílio financeiro para a compra de passagens e moradia. Em alguns casos, tiveram ajuda no acesso a pequenos pedaços de terra, além de suporte com a burocracia pertinente para a mudança de país. As passagens, às vezes, também eram pagas por fazendeiros. O objetivo era que os imigrantes trabalhassem no campo. Diferentemente da população negra, que havia sido escravizada nas lavouras, os italianos recebiam salários, com a contrapartida de que se comprometessem a atuar nas regiões consideradas mais interessantes para os planos do governo ou dos fazendeiros patrocinadores da viagem.[1] Cerca de 7 milhões de italianos emigraram, e uma parte deles se estabeleceu em São Paulo.

Segundo Luciana, as comunidades negra e italiana do bairro mantinham uma boa relação entre si — até hoje, inclusive, a paróquia de Nossa Senhora Achiropita abriga a "pastoral afro". A igreja recebe celebrações que resgatam raízes negras e adquirem novas feições, dando surgimento às cerimônias de batismo e casamento afro.[2] Existe, de toda forma, algo que ela considera um apagamento histórico e prejuízo da preservação da memória da população negra, que teve e ainda tem partes da trajetória esquecidas ou deslegitimadas: "Por que uma narrativa de um bairro que só reivindica a sua vertente europeia? A gente pega aqui um quadrilátero, e você tem rua dos belgas, dos franceses, dos ingleses e dos holandeses. Mas não tem rua de um único povo do continente africano que aqui aportou, viveu e construiu boa parte disso. Aliás, um dos registros históricos da presença negra é o jornal *Correio Paulistano*, de 1907, que traz essa documentação, fala que as mãos negras ergueram os palacetes que foram construídos na avenida Paulista, na época, a partir do barro desse território. Então, por que apagar esse registro? Isso não é um acaso".

O periódico citado por Luciana era um dos veículos que costumava retratar a área do Bixiga com o apelido "Pequena África" de forma pejorativa, desde o período pré-abolição. Apesar do tom preconceituoso utilizado pelo jornal, os artigos mostram que ainda havia ali muitos negros nos primeiros anos da década de 1900, mesmo após o início da chegada dos europeus a São Paulo. Além de falar sobre os remanescentes quilombolas, os textos afirmam que o Bixiga era formado por uma linha de casebres às margens de riachos, em uma área caracterizada por ser um vale fundo e estreito. Em 9 de outubro de 1907, por exemplo, o diário dizia que "a Saracura" era um "pedaço da África" e que por ali estavam "os que vieram dos navios negreiros".[3]

A presença da população negra na região, porém, é bem anterior a esse período. Remonta aos séculos XVII e XVIII, quando a paisagem da capital paulista era bastante diferente da urbanização contemporânea, sem prédios e asfalto, com florestas, vales, rios e montes. Locais hoje centrais, como o Bixiga, eram considerados periferia — do tipo bem distante.

No início dos anos 1800, havia um pelourinho na praça da Sé, onde escravizados eram açoitados por conta de eventuais desobediências ou de uma das inúmeras proibições sociais que as pessoas negras enfrentavam naquele período. No bairro hoje conhecido como Liberdade, negros eram enforcados. Também alvo de apagamento histórico, a região é mais associada à cultura japonesa do que à comunidade negra que vivia ali antes da imigração asiática. Nos anos 1850, o largo da Forca foi renomeado praça da Liberdade, mais tarde, ganhou o nome de praça da Liberdade-Japão e, em 2023, virou praça Liberdade-África-Japão. Muitos negros executados tiveram seus corpos enterrados ali, mais especificamente no Cemitério dos Aflitos, primeiro cemitério público da cidade, que funcionou até 1858 e ficava ao lado do largo da Forca, contornando a rua da Glória.[4][5] Em 2018, foram encontradas no local ossadas de nove pessoas.

Segundo apontam os estudos, ex-escravizados foram sepultados ali entre os anos de 1775 e 1858.[6]

Já no largo do Piques, funcionava o "mercado de escravos", em que pessoas eram vendidas ao ar livre. Ali, onde hoje está o vale do Anhangabaú, as pessoas negras eram pesadas, lavadas e besuntadas de forma a ficar com a melhor aparência para os compradores. À mostra, os escravizados ficavam geralmente nus. Os interessados na "mercadoria" conferiam os dentes, o estado de saúde e o passado — os fregueses não queriam correr o risco de, por exemplo, comprar um negro rebelde, ou doente. Quanto mais jovem e forte, mais valioso era o "produto", já que teria sua força de trabalho explorada por mais tempo.

Ao olhar para o mapa da cidade de São Paulo atual, é possível perceber que os três lugares ficavam perto um do outro. Pelourinho (na Sé), largo da Forca (Liberdade) e largo do Piques (Anhangabaú) quase formam um triângulo, com uma distância de pouco menos de 1 quilômetro entre as pontas da figura geométrica imaginária. Dentro da área, negros eram vendidos, açoitados e enforcados — e é desse cenário que os escravizados buscavam escapar.

Aos olhos de hoje, após a expansão e a urbanização da cidade, é fácil considerar o Bixiga próximo aos lugares mencionados. Mas, na metade do século XIX, a "São Paulo urbana" não alcançava essa parte do município. A capital paulista, então, contava com cerca de 25 mil habitantes. O centro histórico era rodeado por chácaras. Não existia asfalto, e os caminhos entre essas regiões consideradas mais afastadas tampouco eram simples. Mata, brejos e vales deixavam o trajeto inóspito. Justamente por isso, quem conseguia escapar da escravidão buscava abrigo onde hoje fica o Bixiga, em especial devido à presença do rio Saracura, nome dado também ao quilombo, em referência a uma ave: a saracura-do-brejo, que costuma viver meio escondida nos arredores de pântanos.

"O primeiro núcleo populacional que ocupa esse território é um núcleo negro, de resistência à escravidão. Na época, ainda meados do século XVIII e XIX, a população que resistia ao processo de escravidão fugia da região do mercado de escravos. Vinha para o Bixiga pela sua característica geográfica, topográfica. Era um território em um fundo de vale, próximo à área de rio, com uma visão para possíveis ataques privilegiada", contou Luciana.

Existem vários relatos e documentos sobre a existência do quilombo e das comunidades negras que deram origem ao Bixiga, embora na prática, no dia a dia da cidade, essa história tenha se perdido no tempo. O texto de uma ata da Câmara Municipal de São Paulo, por exemplo, com data de maio de 1831, já falava que às margens do Bixiga "se acoitam [abrigam] escravos fugidos". Em outro texto intitulado "Bixiga era bom para caçadas", o jornal *O Estado de S. Paulo* publicou que no bairro "caçavam-se perdizes, veados e até escravos fugidos".[7]

"O Saracura é um rio que hoje está coberto pela avenida Nove de Julho. Muitas pessoas não sabem que trafegam todos os dias por cima de um rio. Quando chove, ele se apresenta, está vivo", explicou Luciana, ao falar sobre o rio que atualmente corta por baixo o centro de São Paulo. O Saracura foi canalizado na década de 1920 para construir a via que sai da região central e chega até a zona sul da capital paulista.

Na verdade, não foi apenas em um rio que os quilombolas buscaram abrigo. Foram dois, chamados na época de Saracura Grande e Saracura Pequeno. Ali eles pegavam água, pescavam e, nas proximidades de suas margens, construíam acampamentos e moradas. As águas também ajudavam a gerar renda, já que os quilombolas que ali viviam lavavam roupas de famílias de outras regiões de São Paulo nos rios e córregos. Também retiravam insumos das matas do entorno, tanto para alimento próprio quanto para a produção de pratos posteriormente vendidos pelas ruas da cidade.

A nascente do Saracura localiza-se no morro do Caaguaçu, onde, na década de 1890, foi construída a avenida Paulista. Essa área é abundante em nascentes de rios: os que correm no sentido dos Jardins desembocam no rio Pinheiros; os que correm para o sentido da Bela Vista, no Tietê. O Saracura corre no sentido da Bela Vista, rumo ao centro da cidade. Junto dos rios Bexiga e Itororó, ele desemboca no rio Anhangabaú, hoje também canalizado, que atravessa o centro da cidade.[8]

"A área de grota do rio é ainda uma área de preservação que hoje fica na rua Almirante Marques de Leão. Ali é um território que preserva características remanescentes da época do quilombo, porque tem uma vegetação nativa que é parte do que foi encontrado por aquelas pessoas que compuseram o primeiro núcleo populacional do bairro", afirmou Luciana Araújo.

Não existem registros do ano em que o quilombo surgiu, mas a estimativa é que tenha sido por volta de 1830. Também não há dados oficiais sobre quando deixou de existir. É provável que, com a abolição e expansão da urbanização, os quilombolas tenham considerado não ser mais necessário ficar escondidos. Moradias de taipa ganharam mais estrutura, e a região, ainda barata, atraiu novos moradores. Aos poucos, a população negra que vivia no bairro passou a ver o loteamento de áreas do Bixiga e a chegada de novos habitantes, como os italianos.

Moradores do Bixiga que lutam para resgatar essa origem do bairro costumam citar um artigo da arquiteta e urbanista Raquel Rolnik. Segundo o texto, essas comunidades, quando começavam a se tornar urbanas, eram formadas por cômodos e casas coletivas no centro da cidade ou em áreas semirrurais. Núcleos negros importantes nasceram desse tipo de configuração. É o caso do Bixiga.

"Em 1893, os imigrantes já constituíam 80% do pessoal ocupado nas atividades manufatureiras e artesanais, que cresciam com a expansão industrial da cidade. Assim, os novos bairros proletários que surgiram na cidade nesse período eram, em sua maioria, habitados por imigrantes estrangeiros, com exceção do Bixiga e da Barra Funda, que, por razões peculiares, abrigavam núcleos negros também. O Bixiga, em função do núcleo preexistente do Saracura e, posteriormente, devido à proximidade da avenida Paulista e arredores, novo território burguês da cidade",[9] diz o artigo de Rolnik.

De acordo com Luciana, enquanto o bairro foi considerado periferia, as pessoas negras permaneceram. Com a valorização da região, foram aos poucos sendo expulsas. Essa é uma das principais preocupações dos moradores atuais: a gentrificação. Cada ciclo de "modernização" provoca a expulsão de uma parcela das pessoas que ali vivem. E, segundo Luciana, são invariavelmente as pessoas negras as afastadas.

"Existem relatos muito brutais e racistas, desde a época do quilombo. Se você pegar as notícias de jornais da época, vai ver que o tratamento desse território sempre é discriminatório. Na década de 1950, por exemplo, uma parte da população da Casa Verde[10] é produto de um deslocamento populacional da região do Bixiga. Depois, na década de 1970, com a construção do Minhocão, ocorre um novo fluxo de expulsão populacional, que gera a Cidade Tiradentes,[11] não por acaso, um dos distritos mais negros e com menos infraestrutura da cidade de São Paulo. E agora, a gente vive um novo deslocamento. A cada vez que chega o chamado progresso, a população preta e pobre é expulsa."

O novo progresso ao qual Luciana se referia é o metrô. Em junho de 2022, a construção da Linha 6 (Laranja) esbarrou em artefatos arqueológicos. Em um dos pareceres técnicos do Iphan,[12] consta que ali foram encontrados fragmentos de utensílios como cerâmicas, louça, vidro, polímeros e couro (sobretudo sapatos). Também havia peças com possíveis ligações a religiões de matriz africana. Os achados estavam perto da praça 14 Bis. O órgão instituiu um sítio arqueológico e passou a analisar as informações "acerca da possibilidade da existência de vestígios com características de quilombo" e das "populações que viviam ao longo do córrego Saracura". Na época, por conta dos achados, as obras do metrô foram paralisadas.

"A materialidade da existência do Quilombo Saracura significa muito para a comunidade negra de São Paulo e também do Brasil, permitindo a ampliação de conhecimento sobre a história da cidade e das contribuições da população africana e afrodescendente para o desenvolvimento econômico, cultural, arquitetônico, além da preservação do rio Saracura e das espécies vegetais na região da Grota", diz um texto[13] elaborado pelo movimento Mobiliza Saracura Vai-Vai. O documento faz parte de uma articulação que buscava fazer a defesa do legado do Quilombo Saracura. O território foi local de trabalho, moradia e sociabilidades negras durante o pré e pós-abolição da escravatura, afirmam os moradores do bairro. Assim, pode guardar resquícios materiais de relações sociais, como aquelas relacionadas ao samba, Carnaval, religiões de matriz africana e ao cotidiano da população negra enraizada no local há quase duzentos anos.

"Eu acho que tem várias dimensões aí. É um achado fundamental, um dos poucos registros de quilombos urbanos que a gente tem com essa materialidade", afirmou a historiadora Marília Belmonte, outra moradora do Bixiga. Assim como Luciana, ela também é uma mulher negra cujos olhos emanam uma mistura de orgulho e preocupação por trás dos óculos. Alta, magra, jovem, com pele clara e cabelo crespo volumoso, ela gosta de citar aquilo que ouviu de seus parentes mais velhos sobre o bairro. "É um reconhecimento de uma história que foi sendo silenciada por uma narrativa seletiva", diz sobre os achados.

Segundo Marília, esse processo de resgate serve para se pensar da mesma forma em relação a outras regiões da capital paulista, como a já citada Liberdade e a Baixada do Glicério, também não reconhecidas e, muitas vezes, marginalizadas por serem ou terem sido territórios majoritariamente negros.

Ela não considera mera coincidência que a escola de samba Vai-Vai tenha surgido justamente no local onde existiu o Quilombo Saracura. A agremiação virou um emblema, foi casa de sambistas icônicos como Geraldo Filme e vencedora do Carnaval de São Paulo por várias vezes. "A gente tem que pensar o processo histórico de forma contínua. Então, se no passado aqui tinha um quilombo, eu acho que, pensando em sociabilidade e vida do bairro, a gente pode dizer que ainda hoje tem um quilombo. Não é à toa que a Vai-Vai se denomina um quilombo. Escola do povo, mas também um quilombo", falou.

Ao caminhar pelas ruas do miolo do bairro, independente do horário e dia, sempre vai ser possível encontrar alguém com uma cadeirinha na calçada, conversando com outras pessoas. Um senso de comunidade que é muito peculiar e se mantém em contraste com a agitação, já que, após a urbanização, o Bixiga se tornou parte do que passou a ser considerado o centro de São Paulo. "Você tem essa dimensão de estar próximo, de conhecer o olhar, de conhecer realmente o outro. O processo do quilombo permanece no sentido de sociabilidade, de rede de apoio, de integração. Isso se manifesta tanto na religiosidade quanto na cultura, na música", afirmou ela.

O termo Bixiga não consta na divisão administrativa do município — desde 1910, o nome oficial do bairro é Bela Vista —, mas é como se fosse uma delimitação geográfica adotada popularmente. Corresponde a uma parte da Bela Vista, mas o apelido talvez seja até mais famoso que o nome oficial.

A história de formação do bairro foi e é pouco contada. Dá para dizer até que foi escondida, se analisarmos a maneira como a população negra foi tratada pelas instituições brasileiras no pós-abolição. Essa trajetória quilombola do bairro, porém, ganhou um pouco mais de visibilidade no começo dos anos 2020, quando a obra da estação do metrô esbarrou no sítio arqueológico e chamou atenção da imprensa paulistana. "Em 2016, o governo do estado chegou a anunciar, e isso também foi divulgado pela mídia, que era possível, tecnicamente, o traçado do metrô preservar a sede da Vai-Vai", desabafou Luciana.

"No entanto, a maior e a mais tradicional escola de samba da cidade de São Paulo teve seu local demolido no projeto de construção da linha do metrô. Não foi considerada a sede da Vai-Vai como um local de interesse arqueológico. Se sabia a relação da escola com a tradição negra e com o candomblé. Isso não seria feito com nenhuma outra religião neste país, com nenhum outro povo."

Na página anterior, grupo de jovens ensaia dança no centro comunitário do Quilombo Muquém, União dos Palmares (AL), 2023.

Joana Diniz quebra coco em sua casa no Quilombo Mamuna, Alcântara (MA), 2023.

A líder quilombola Roseti do Socorro Melo de Araújo no Quilombo do América, Bragança (PA), 2024.

Terezinha Silva na escola do Quilombo Caldas do Cubatão, Santo Amaro da Imperatriz (SC), 2023.

A líder quilombola Dorinha Cavalcante no Quilombo Muquém, União dos Palmares (AL), 2023.

O líder quilombola Luiz Sacopã no Quilombo Sacopã, Rio de Janeiro (RJ), 2023.

O líder quilombola Adilson Almeida no Quilombo do Camorim, Rio de Janeiro (RJ), 2023.

Adeildo Paraíso da Silva, conhecido como Pai Ivo de Xambá e líder do quilombo urbano Portão do Gelo, Olinda (PE). No terreiro da Nação Xambá, 2023.

Inaldo Faustino em horta de arrendamento próxima à agrovila Espera, Alcântara (MA), 2023.

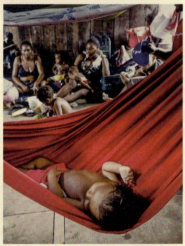

(Da esq. p/ a dir.): Jardenilma, Marinete, Maria e Lucelia tocam forró de caixa no Quilombo Itamatatiua, Alcântara (MA), 2023.

Alcelino Amorim (à esq.) e Maria José (à dir.), prestes a participar de uma roda de tambor de crioula, em frente à Casa do Tambor de Crioula, São Luís (MA), 2023.

Mulheres, homens, crianças e idosos na área portuária de Oriximiná (PA) à espera de uma viagem de barco de doze horas até o Quilombo Mãe Cué.

Heloísa de Jesus em frente ao forno usado pelas ceramistas do Quilombo Itamatatiua, Alcântara (MA), 2023.

Neide de Jesus na janela do centro de produção de cerâmica do Quilombo Itamatatiua, 2023.

Na página seguinte, obras de cerâmica produzidas por mulheres do Quilombo Itamatatiua, 2023.

II.
Lição de casa

Eu entendi seu livro, eu entendi sua língua
Agora minha língua, minha rima eu faço
Eu já me fiz sozinha
E eu tenho mais palavras
Da boca escorrendo
Cê disse que tá junto e eu
continuo escrevendo

"Antiga poesia" (Ellen Oléria, 2012)

Estudar é uma atividade cada vez mais comum no Quilombo Aldeia, em Garopaba, Santa Catarina. Presidente da associação da comunidade e professor de ciências da natureza e matemática, Manoel Pereira fala disso com orgulho. Na época com 46 anos, ele já havia trabalhado em instituições de ensino convencionais, mas desde 2006 atuava somente com a Educação Escolar Quilombola.

Na maioria das comunidades que visitamos, o estudo "formal" é uma prática recém-iniciada, mas pulsante. Bastante incentivados pelos líderes locais, quilombolas se reúnem em salas de aula para aprender a ler, escrever, calcular, plantar, comercializar, se expressar artisticamente e compreender saberes como biologia, literatura, história e geografia. Todas as grades curriculares seguiam a Educação Escolar Quilombola, metodologia diferente da pedagogia regular. Entre os pilares para o desenvolvimento de um plano pedagógico quilombola, estão a oralidade, a religiosidade popular, o trabalho comunitário (coletivismo), a gestão de crises e a preservação da memória e das linguagens.

Reconhecido em 2010 pelo Conselho Nacional de Educação, o método é aplicado a partir do contexto de vida dos estudantes.

Os professores relacionam conhecimentos universais com as especificidades da comunidade e têm como ponto de partida a história dos povos quilombolas, assim como seus direitos e suas reivindicações contemporâneas. Além da própria pedagogia quilombola, outra semelhança entre as comunidades é a faixa etária dos alunos das escolas. A maioria são pessoas mais velhas — ou seja, estudantes da Educação de Jovens e Adultos (EJA), ensino de conceitos básicos voltado para pessoas acima de quinze anos.

Quando fomos à escola do Quilombo Aldeia, em Garopaba, Santa Catarina, chegamos durante uma aula de linguagens do sétimo ano. Idosos, os estudantes pintavam estátuas de mármore com formato de santas e anjos cristãos. Como requer o padrão da educação quilombola, a escola fica dentro do território. Todo de madeira, o imóvel é composto de duas salas de aula, uma cozinha, um banheiro e um cômodo com materiais didáticos e mobílias da proprietária, que havia cedido o espaço para a comunidade. Enquanto pleiteava — com o governo do estado e a prefeitura — a construção de um espaço que fosse, de fato, uma instituição de ensino e atendesse às necessidades de estudantes e professores, a associação do Aldeia fez da casa uma escola improvisada com cerca de cinquenta metros quadrados. Na lousa, anotações sobre a comunidade de Ibiraquera (localizada ali perto). Nas paredes, trabalhos acadêmicos, painéis do alfabeto e informações sobre o quilombo.

Quem nos recebeu foi Manoel Pereira. Para não atrapalhar o raciocínio dos alunos, fomos à outra sala, que estava vazia. Ele explicou, então, que a escola estava com duas turmas: sétimo ano (à tarde) e nono ano (à noite). Os dias letivos eram segunda, terça e quinta-feira. Além das disciplinas já mencionadas, havia saberes e fazeres regionais — matéria em que os discentes aprendiam, por exemplo, a cultivar a horta comunitária — e ciências humanas.

Negro de pele retinta, Manoel tem a personalidade calma e é bem hospitaleiro. Na época com 45 anos, é professor desde os dezenove. "Um dos nossos tripés é o conhecimento ancestral", disse o remanescente sobre os princípios da metodologia. "Hoje, temos uma lei que obriga as escolas [do ensino regular] a trabalharem a temática do afrodescendente, do quilombola, mas são poucas as que realmente trabalham."

A legislação a que ele se refere é a obrigatoriedade do ensino de história e cultura afro-brasileira no currículo oficial das escolas do país. Aliás, é justamente a partir dessa lei, instituída em 2003, que é posta a necessidade de uma pedagogia quilombola que contemple as características étnicas dessa parcela da população, ampliando as possibilidades de ensino e aprendizado. "O ato de educar é ancestral. Nós, os mais novos, bebemos dos mais velhos", falou Manoel. "Eu, por exemplo, ensino matemática. Então, não é que eu vá desprezar a matemática moderna, mas vou trabalhar também a étnico-matemática. Boa parte dos nossos remanescentes mais velhos não teve acesso à escolarização, mas, mesmo assim, já utilizava a matemática. Então, a gente traz isso para a sala de aula."

As crianças e os adolescentes do Aldeia estudavam em escolas da rede municipal e estadual. A luta pela construção de uma instituição no território é, também, para que haja um espaço para comportar o maior número possível de alunos, não só da EJA. "Um dos nossos grandes problemas é o espaço físico. Não temos uma escola. A gente está numa casa cedida! A comunidade está espremida! Muitas pessoas que estão na nossa área não são quilombolas. É bem estranho. A gente não conhece essas pessoas", explicou o presidente. Com mais de duzentos anos de história, o Quilombo Aldeia ocupa um território que está tanto na cidade de Imbituba quanto na de Garopaba. Vizinhos, os municípios são habitados pela comunidade a partir de um ponto de conexão entre suas áreas, fato que, muitas vezes, complica a burocracia necessária para a obtenção do título do terreno quilombola (o documento de propriedade definitiva). Até 2023, a batalha seguia travada na Justiça.

As casas do Aldeia estão, como a maioria dos quilombos urbanos, espalhadas entre imóveis que não têm ligação com o povoado. E a convivência com a vizinhança nem sempre é harmoniosa. "Tem um vizinho nosso que não é quilombola e não deixava os filhos dele brincarem com os da minha irmã, porque são negros", contou Manoel. "Me espanta o quanto de território a gente já perdeu. Eu fico imaginando como vai estar daqui a dez anos. A comunidade está crescendo e não tem mais para onde expandir! Quem vem de fora morar aqui sabe que somos quilombolas, só que a casa que compram é de alguém da comunidade... Daí, a associação fica numa situação delicada. Como ficaríamos contra a pessoa que vendeu?"

A ausência da titulação, embora não seja impeditiva, dificulta a construção de uma escola, já que a área do quilombo fica à mercê da especulação imobiliária. Segundo Manoel, o Estado é quem deveria erguer a instituição, pois seria apenas uma das medidas de reparação necessárias aos quilombolas, submetidos a mazelas por séculos: "Hoje, grande parte da comunidade tem consciência da dívida que o Estado brasileiro tem conosco".

Antes de aquela casinha virar um local improvisado para as aulas da EJA, os estudantes se deslocavam até a Praia do Rosa (a cerca de 7 quilômetros do quilombo). Faziam as atividades numa sala que havia sido cedida pelo poder público diante de seus incessantes pedidos pela tão sonhada escola. "Foi muita luta para deixarem a gente trabalhar dentro da comunidade. O argumento deles era de que o nosso espaço não é adequado. Mas a Educação Escolar Quilombola tem que acontecer dentro do território!" De acordo com Manoel, o apoio do poder público ao projeto escolar do Aldeia não ia muito além de ações pontuais, como reuniões com os membros da associação e o empréstimo de ônibus para passeios escolares. E, embora a maior parte dessas experiências fosse positiva, havia episódios traumáticos de discriminação e racismo.

Um desses casos envolve uma servidora pública da escola na Praia do Rosa. "Na época, não tínhamos o ensino vespertino, só o noturno. Eu trabalhava lá como professor de matemática. Pela manhã, no ensino regular e, à noite, na EJA [com os quilombolas]... A diretora tirou o papel higiênico da turma da Educação Quilombola! Dizia que os alunos não eram dela. E eles não podiam usar a biblioteca e a sala de informática, porque ela trancava tudo", contou Manoel. "Eu trabalhei também em uma escola regular aqui perto que, na sala dos professores, você via um dizendo pro outro: 'Ah, esse não aprende mesmo porque é irmão daquele lá', falando dos quilombolas de forma depreciativa."

Outro ambiente educacional marcado por histórias de racismo contra os moradores do Aldeia é a Universidade Federal de Santa Catarina (UFSC), afirma ele, que estudou no local. "No ano passado, ocupamos a reitoria da universidade, fizemos uma carta e chamamos o reitor para falar de uma aluna que tinha entrado lá por meio de ações afirmativas e estava sofrendo racismo. Um dia, ela chegou ao banheiro da universidade e viu pichado: 'Volta para o quilombo, nega fedorenta'. A guria ficou totalmente traumatizada. Não conseguia mais voltar para a sala de aula. Horrível."

Esse é um tipo de trauma que, na comunidade, atinge até os pequenos. "Quando eu era criança, estudava na escola estadual. Também sofríamos. Éramos chamados de 'negos da aldeia', 'negos lá de baixo', 'negos de nariz chato', 'negos do cabelo pixaim'... Volta e meia a gente tem algum caso assim. Cinco anos atrás, teve uma guria que ficou muito mal, porque o professor foi dar aula da história do Brasil e botou ela num tronco para dar exemplo da escravidão", contou Manoel.

Além de violências explicitamente racistas, outros problemas também afastam parte da população quilombola dos estudos no Brasil. Como muitos estão em situação de pobreza e extrema pobreza, carecem de transporte, alimentação saudável, tempo hábil para dedicação e boa infraestrutura em casa. Assim, a Educação Escolar Quilombola aproxima as comunidades do sistema de aprendizagem e da capacitação profissional. Além disso, faz com que se debrucem sobre suas singularidades — aprimorando a vida que levam, expandindo o que já sabem.

As informações ensinadas mesclam teoria com o cotidiano de alunos e professores. Pudemos ver isso na sala de aula do Aldeia, onde havia um grande infográfico do sistema hidráulico da comunidade. "A gente trabalha na pedagogia da alternância. Tempo-escola, que é esse daqui, e Tempo-comunidade, que acontece mais aos fins de semana", explicou Manoel. A primeira dinâmica citada por ele consiste na realização de atividades dentro da sala de aula, em sua maioria, relacionadas a conhecimentos gerais. A outra costuma acontecer fora da escola, a partir de estudos sobre o cotidiano dos próprios moradores do quilombo, como análises sobre suas rendas mensais e histórias familiares. "O professor dos saberes e fazeres liga o projeto da comunidade com o conteúdo da sala de aula."

Para Manoel, a Educação Escolar Quilombola é, acima de tudo, uma "troca de conhecimentos não engessada", descrição que segue a mesma linha de pensamento da educadora Luciana Silveira, amiga de Manoel, com quem também conversamos. Remanescente quilombola, militante do Movimento Negro Unificado (MNU) e doutoranda interdisciplinar, ela nos explicou que os professores da Educação Escolar Quilombola de Santa Catarina eram pagos pelo governo, mas lecionavam em lugares sem qualquer estrutura mínima — e vinham há anos sendo ignorados pelos governantes. Negligência que, segundo ela, tem explicação. "Se quem tem terra tem poder, qual governo vai querer uma educação que tem como mote a luta por terra?", questionou ela. "A Educação Escolar Quilombola é também uma luta contra os latifundiários!"

A pouca ou nenhuma ajuda por parte do poder público também é um problema enfrentado pelos moradores do Quilombo do América, na cidade de Bragança, no litoral do Pará. A comunidade é formada por muitos pescadores e coletores de caranguejo. Fica ao lado de um mangue, usado como base para buscar alimentação e, ao mesmo tempo, gerar renda com a venda dos mariscos. Segundo Roseti Araújo, a negligência estatal ao direito à educação deu brecha até para a violência física. Mulher negra de cabelo crespo e pele clara, seu tom de voz tem um ar combativo, o que talvez combine com sua atuação como líder da associação da comunidade.

Desde criança, os quilombolas dali acompanham os pais nas tarefas, que incluem ainda a pesca de arrasto de camarão. Muitos dos adultos da região tiveram pouco ou nenhum contato com a escola. O aprendizado vem das tradições locais, das propriedades das ervas existentes na região e dos saberes relacionados com o meio ambiente, conhecimento que os ajuda nas atividades pesqueiras. Além do mangue, o espaço é cercado por uma densa área de mata que abriga algumas casas e, claro, centenas de árvores, muitas delas frutíferas. Por isso, no passado, a busca por conhecimento estava mais ligada a essa realidade do que aos bancos escolares. Porém, isso tem mudado nas novas gerações. Os pais seguem levando os filhos para as rotinas de práticas pesqueiras, mas as crianças também frequentam a escola. Já os adultos que têm alguma educação "formal" usam isso como forma de defender os direitos dos moradores do território. "O que falta para o quilombo? É política pública. E onde começa a política pública? Na educação, que é a base da base. Mas hoje isso nos é negado. Educação para nós é jogada de qualquer jeito", disse Roseti.

Uma escola foi construída dentro do Quilombo do América há algumas décadas. A própria Roseti chegou a frequentá-la, mas a qualidade do ensino segue questionada. Além da infraestrutura, que deixa a desejar, a ausência de um modelo educacional que contemple as especificidades dos povos quilombolas é uma das principais queixas da comunidade.

Segundo a líder da associação, um dos casos mais dolorosos teria ocorrido justamente por conta da falta de participação da comunidade no projeto escolar. Uma professora de fora do quilombo, sem qualquer vínculo com os moradores, foi encaminhada pela prefeitura para ser a diretora da escola, e sua presença gerou descontentamento e tensão. Um dia, o clima piorou. Uma aluna disse para sua família que havia sido agredida fisicamente pela diretora. Os quilombolas registraram um boletim de ocorrência e pediram o afastamento dela. Além da agressão, Roseti afirma que a professora cometeu assédio moral contra funcionários da instituição educacional e racismo religioso contra pessoas do América. A líder da comunidade também a acusa de ter se recusado a lecionar nos moldes da Educação Escolar Quilombola. Foram meses de disputa, sem sucesso. Os moradores entraram com um ofício no Ministério da Educação e no Ministério Público do Pará alegando que a Secretaria Municipal de Educação, responsável pela escola, não levava em consideração as reclamações da comunidade.

A unidade escolar ficava dentro do quilombo e tinha uma infraestrutura bastante precária. O espaço era pequeno e mal ventilado. Em uma localidade como o norte do Pará, onde as temperaturas são bem elevadas na maior parte do ano, as aulas eram sinônimo de sofrimento para as crianças. "O poder público aqui não chega, e a gente precisa ter nossa educação, que é nosso direito. Eles violam nosso direito, trazem pessoas de fora que não conhecem a nossa cultura, não nos respeitam e estão aí hoje ganhando dinheiro, passando uma educação péssima para nossos alunos, batendo nas nossas crianças. E as nossas crianças não ficando na escola do quilombo, tendo que ir para uma outra comunidade vizinha estudar", lamentou Roseti.

Enquanto a diretora não era substituída, boa parte das famílias decidiu tirar os alunos de lá. Como havia outra escola num povoado próximo ao Quilombo do América, a associação da comunidade financiou o transporte dos estudantes — por conta própria, sem qualquer ajuda do poder público. O deslocamento, porém, não era rápido, já que o território quilombola fica em uma parte isolada da cidade, sem conexão fácil com o transporte público. "Eu estou ocupando espaços aos poucos, mas estou chegando lá justamente para gritar: 'Olha o quilombo, a gente está aqui, a gente precisa de educação, direito nosso'. É o que o Brasil nos deve há muito tempo, nos deve educação. Por que eles não querem que a gente faça parte do processo escolar?", indagou Roseti.

Assim como na escola do Quilombo do América, em muitas escolas quilombolas é comum existirem turmas multisseriadas. Isso porque nem todos os estudantes estão na mesma faixa etária, e não há recursos suficientes para formar classes e colocar um professor com apenas dois ou três alunos. Seriam necessários muitos docentes e um espaço bem maior. Não é qualquer profissional que está apto a lecionar para turmas com necessidades tão diversas e, por isso, a exigência por um programa de Educação Quilombola, que já contempla esses e outros desafios específicos.

Outra escola aos moldes da Educação Escolar Quilombola que visitamos foi a da comunidade Caldas do Cubatão, em Santo Amaro da Imperatriz, Santa Catarina. Assim como no Aldeia, as aulas do Caldas do Cubatão aconteciam num lugar que, a princípio, fora construído para ser casa. Em 2022, Izoni, uma moradora da comunidade, cedeu o espaço para a associação, já que o recinto era só uma extensão de sua residência. O imóvel era de madeira e ficava a cerca de três metros do chão, sustentado por rígidos blocos de madeira. Para entrar ali era preciso subir ou na rampa ou em uma escada, que tinha alguns degraus oscilando e, por isso, não era tão recomendada pelos moradores.

Quando visitamos o espaço, fazia um ano que ele se transformara em sala de aula, conquista que enchia os membros da associação de orgulho. Dava para sentir a empolgação deles só pelo jeito como falavam do local e mostravam os detalhes das aulas, atividades e dos planejamentos. Os estudantes eram todos adultos e idosos. "A gente também sonha em trazer as crianças da comunidade para o projeto", conta Ana Claudia Nascimento, remanescente do Caldas e coordenadora da escola. De pele retinta, ela estava tímida em conversar conosco, mas visivelmente orgulhosa de falar sobre os projetos acadêmicos que vinha coordenando. "Muitos dos nossos alunos que estão aqui hoje não tiveram a oportunidade de estudar, né? A gente fez um levantamento sobre por que eles desistiram no passado. Tem toda uma história por trás. E tem a questão do preconceito, de vergonha da idade... Essa escola para eles é uma oportunidade. Sabe, vários dos nossos alunos não faltam nem um dia. Até nas férias nos procuram!"

Antes de virar coordenadora, Ana foi professora de História e Geografia. Nessa época, guiou os estudantes em uma profunda pesquisa sobre a fonte de renda dos remanescentes da comunidade. "Os alunos eram responsáveis pelo trabalho, e as professoras, pela parte do auxílio. Então, fizemos entrevistas com uma moradora que trabalha numa fábrica de velas, fomos à oficina de duas remanescentes, visitamos minha avó, que mostrou itens antigos dela...", contou.

162

Esse tipo de atividade pode mudar a cada ano. Ana comparou com um Trabalho de Conclusão de Curso, tarefa comum no ensino superior. "Neste ano, nosso tema vai ser a Horta Comunitária para a Comunidade. Os alunos vão desenvolver uma horta que vai ficar aberta pros moradores. Aí, nós vamos colocar uma caixinha lá. Quando as pessoas vierem pegar fruta, vão contribuir com um valorzinho para a próxima colheita." Às sextas-feiras, os alunos se dedicavam ao tempo-comunidade, o que incluía plantio de alimento e entrevista com moradores, mas não só. Havia ainda estudo de erva dos chás tradicionais do quilombo, preparo de pratos típicos e outras atividades ligadas à disciplina saberes e fazeres.

Naquela época, as turmas eram sétimo ano do ensino fundamental e segundo ano do ensino médio. Estudavam as matérias de Sociologia, Biologia, Matemática e Português, além das citadas anteriormente. "A gente trabalha todos os assuntos de uma grade curricular que é dita normal. Mas nossa educação é diferente, porque ensinamos tudo voltado para a nossa realidade e para a realidade dos nossos ancestrais", disse Ana. "Fizemos uma Semana Literária e trabalhamos escritores negros pouco falados. Os alunos fizeram a leitura do livro da Antonieta de Barros.[1] Cada um fez sua capinha", disse ela, apontando para algumas amostras da atividade, com papéis dobrados ao meio em formato de livro — coloridos e enfeitados.

Cartolinas nas paredes mostravam que os estudantes também haviam pesquisado sobre os escritores Miriam Alves, Márcio Barbosa, Oubi Inaê Kibuko, Sônia Fátima da Conceição, Luiz Silva, João Rosa Júnior e Esmeralda Ribeiro. Havia fotos, dados biográficos, obras literárias e frases dos autores — tudo escrito com letras cursivas. Alguns dos dizeres destacados eram: "Para quem não tem um teto, cada gota de chuva é inimigo"; "o sorriso mais gostoso é o que vem de graça"; e "sou negro, negro sou, sem mas ou reticências, negro e ponto".

Já nas mesas, estavam trabalhos sobre os cinco sentidos do ser humano — representados por esculturas de massa de modelar fixadas num isopor cheio de informações sobre anatomia. Do outro lado da sala, um grande cartaz fazia menção a 21 de Março, conhecido como o Dia Internacional de Luta pela Eliminação da Discriminação Racial. O papel estava estampado por mãos de diferentes tamanhos e tons de pele, tatuadas com frases reflexivas. Uma delas trazia marcas de sangue e enfatizava: "O meu sangue é o mesmo que o teu".

"Ontem, a gente falou sobre o dia 21 de Março, da conscientização racial. Nós trouxemos como tema a questão do nosso cabelo, porque a mulher negra ainda sofre com isso. Mostramos um vídeo para os alunos e, depois, fizemos uma roda de conversa. Aí eles contaram histórias e situações de preconceito que já passaram. Tem essa troca", explicou Ana. Na semana do 8 de Março (Dia Internacional da Mulher), a escola também tinha promovido um debate. "Veio uma moradora da comunidade que sofreu câncer de mama. Ela contou da experiência, e a gente fez uns cartazes sobre o tema", contou.

"Tudo o que a gente faz aqui é coletivo. A gente sempre faz o nosso lanche junto", disse Ana. Mais cedo, ela nos mostrara a cozinha onde os alunos se reúnem para comer durante o intervalo. Ana nos contou que a maioria do corpo discente era formada por quilombolas. Só duas aulas não eram ministradas por alguém da etnia — ainda assim, as professoras eram moradoras do Caldas do Cubatão. Viver na comunidade não é, necessariamente, sinônimo da identidade, já que existe a miscigenação. "Quando elas vieram procurar a escola, a gente explicou como funciona. Elas quiseram estar com a gente e têm gostado."

A coordenadora descreveu a Educação Escolar Quilombola como um pilar fundamental para as comunidades: "É um resgate da nossa cultura, porque, na escola dita normal, a gente não estuda a nossa cultura. Fora isso, é pouco falado do afrodescendente. Aqui, a gente pode resgatar nossos valores e nossa história. A educação dita normal deveria falar mais sobre a nossa cultura negra. E não só no Dia da Consciência Negra, né? Até a questão da discriminação nas escolas deveria ser mais abordada".

Pouco antes de deixarmos a escola, Ana apontou para algumas máscaras artesanais penduradas no teto da sala. Com estética similar às chamadas máscaras africanas, as obras eram coloridas e, conforme ela explicou, tinham sido produzidas com o auxílio de um artista que havia ministrado uma oficina de arte na escola. Seu significado original está relacionado com espiritualidade ancestral, mas foi somado a outros conceitos de acordo com os valores de cada estudante. Alguns levaram a peça para casa, onde as deixaram expostas para representar suas crenças pessoais e seu modo de enxergar a vida.

12.
O povo, o santo e a fé

A intolerância que chutou
a santa e queimou terreiros
Santa ignorância que remete
aos tempos lá do cativeiro
Em nome de qual Senhor,
esculacha morador
Que na sexta veste branco,
esse é o meu povo de santo
Sob a lei do opressor

"Povo de santo" (João Martins
e Luciano Bom Cabelo, 2023)

A fé quilombola é diversa. Há povos que não cultuam nenhuma crença. Outros seguem religiões de matriz africana, cultos afro-indígenas ou tradições cristãs. Justamente por isso, as histórias do sincretismo no Brasil e dos quilombos se cruzam desde o princípio. Nem sempre, contudo, de maneira harmoniosa.

Ao esmiuçar suas memórias incômodas, Roseti Araújo, uma das lideranças do Quilombo do América, no Pará, compartilhou reclamações sobre uma igreja — ou, mais especificamente, sobre um templo evangélico construído na área sem consentimento nem aprovação da comunidade, onde boa parte dos moradores é adepta de religiões de matriz africana. "A gente conseguiu ser certificado pela Fundação Cultural Palmares em 2015. E aí vem a luta, né? Vêm os conflitos. A Assembleia de Deus entra, a gente derruba e dá aquele rebuliço." E, nesse caso, "derrubar" não é força de expressão. Conforme o prédio que abrigaria a igreja começava a ser construído, os quilombolas pegavam ferramentas e quebravam os muros que tinham sido erguidos.

Roseti conta que a disputa não teve relação com gostar ou não gostar da religião evangélica: "Era o espaço onde a gente fazia o batuque. Compraram o lugar onde ficava o terreiro, e tinha um campinho para as mulheres irem à noite jogar conversa fora, ter um lazer. Vieram e disseram: 'Quero aqui, vou fazer aqui'. Não pediram autorização para os nossos mais velhos. Não respeitaram a associação. Quando eles começaram, a gente avisou: 'Aqui não'".

Para tentar barrar a construção, os moradores recorreram à corregedoria da polícia paraense, porque um coronel era um dos membros da Assembleia de Deus local, o que os fez se sentirem ameaçados, contou Roseti. "O líder da igreja disse: 'Nós vamos fazer aqui porque sou pastor e advogado'. 'Ah, é? Então, o senhor não me conhece. Não sou pastora, nem advogada, mas aqui o senhor não faz.' Eles cercaram todinho o terreno, esperaram a diretoria da associação viajar e começaram a construção. Quando voltamos de viagem, já estavam fazendo o telhado. A gente botou no chão! Nos acusaram de ser invasores. Invasor é ele que veio de outro lugar pegar nosso terreno! A gente não é vândalo. Estamos defendendo o que é nosso! Esse território aqui é nosso e a gente vem lutando por ele há muito tempo!"

Como a área estava sob avaliação do Incra para uma possível titulação em nome da associação da comunidade, o terreno não poderia ter sido ocupado, vendido ou comprado enquanto o processo não fosse finalizado. No caso de o quilombo ser considerado o proprietário legal do terreno, o território seria colocado em nome da associação e não poderia ser comercializado, nem mesmo pelos próprios quilombolas.

Os interessados em construir a igreja moravam na Vila de Bacuriteua, também na cidade de Bragança, a cerca de dois quilômetros do Quilombo do América. "Nós não somos contra a religião deles, mas nós também queremos respeito com a nossa religião. Ele 'desmacumbou' o campo. E nós botamos as macumbas tudo de volta. Nós não somos fracos!"[1] Depois de muito bate-boca e de os quilombolas derrubarem a obra, o pastor da Assembleia de Deus por fim desistiu de instalar a igreja dentro do território — ao menos por enquanto.

Após confrontá-los dessa maneira, Roseti ficou com medo do que pudesse lhe acontecer, especialmente porque, além do enfrentamento à igreja, ela também costumava ter desentendimentos com o poder público e com empresários da região. Temendo pela própria vida, passou semanas se escondendo durante o dia no meio da mata e só voltando para casa à noite. Depois se refugiou em uma pequena ilha de difícil acesso que existe na região, aonde só se chega passando por um manguezal. Ela diz que procurou a polícia por conta das ameaças que recebeu. Só voltou à sua rotina normal após várias semanas.

A formação do Quilombo do América remete a mais de dois séculos de existência. A data não é precisa, mas moradores apontam que, pelas histórias contadas pelos antigos, os primeiros quilombolas teriam chegado lá anos antes da abolição. Foram muitos os desafios enfrentados nesse período. A luta pela liberdade, claro, mas também pela alimentação, por vencer o isolamento pós-abolição, pelo acesso a políticas públicas, por emprego. Apesar das batalhas travadas, a comunidade sempre foi um espaço onde se podia manifestar as vocações culturais sem receios. Na época em que visitamos o local, lidar com desentendimentos provocados pela fé era uma situação relativamente recente para os quilombolas. Até então, tinham conseguido assegurar seus direitos.

A chegada da Assembleia de Deus ao Quilombo Muquém, em Alagoas, também causou estresse. Localizada em União dos Palmares, a comunidade costuma ter eventos ligados a tradições africanas desde muito antes da entrada da denominação no território. Mas, depois que a congregação foi erguida, essas manifestações passaram a ser criticadas por membros da igreja. "A relação não é tranquila. Teve um momento tenso, onde eles queriam o nosso espaço cultural para fazer os cultos evangélicos. Foram necessárias muita luta e resistência para não perdermos o nosso espaço", disse Dorinha, presidente da associação quilombola.

Uma das ações que ocorriam na comunidade de Muquém e passaram a ser criticadas após a chegada da igreja é a aula de dança afro, com oficina de percussão. Voltado para crianças e adolescentes da região, o curso revisita as manifestações culturais do continente africano — de música a reverência aos orixás. Segundo Dorinha, as pessoas que construíram e comandavam a Assembleia de Deus não eram moradoras do quilombo: "Uns eram policiais e tinha até vereador; e fomos perseguidos pela polícia e obrigados a sair do nosso espaço e parar a nossa atividade. Nada contra a religião evangélica, mas é necessário respeito com a nossa história e a nossa cultura. Não temos terreiro no quilombo, mas temos curadores e umbandistas".

A construção também não foi autorizada pela associação quilombola, segundo Dorinha. Entretanto, diferentemente do Quilombo do América, que conseguiu expulsar a igreja, no Muquém isso não aconteceu. A maioria dos fiéis não morava na comunidade, mas alguns quilombolas já tinham começado a frequentar os cultos. A situação passou a gerar pequenos conflitos familiares. Não só os novos fiéis pararam de praticar as antigas manifestações culturais como também se negaram a aceitar que familiares seguissem essas tradições ou crenças de matriz africana.

Os terreiros são templos cuja base religiosa tem raízes afro--brasileiras ou africanas. No início do período pós-abolição, esses espaços foram também abrigo, casas de saúde e centros culturais para muitos negros. Ali se tocava samba no período em que o ritmo era perseguido, como ocorreu com Tia Ciata, na região da Pedra do Sal. Os terreiros serviram como abrigo para os migrantes negros, que mudavam de cidade e estado em busca de trabalho. Esses espaços eram muitas vezes o lar de quem não tinha lar. Os terreiros foram ainda casa de cultura, ajudando a preservar tradições, rituais, idiomas e arte vindos da África nos navios negreiros, e essa é uma função social. Além, claro, da relevância sacra.

Para o Pai Ivo de Xambá, os terreiros são os primeiros quilombos, mesmo que esses espaços não tenham propriamente sido os refúgios para os cativos que fugiam durante o período escravagista como costumamos estudar nas aulas de história. "Esses locais são quilombos urbanos porque não eram como os quilombos daquelas fortalezas, com pessoas que fugiam para não ser escravizadas. Mas quilombo como maneira de manter tradições", disse o babalorixá.

Adeildo Paraíso da Silva, o Pai Ivo, é um homem alto, forte, de pele negra retinta que quase sempre veste roupa branca. A analogia sobre a ligação entre terreiros e quilombos foi feita enquanto ele refletia sobre o preconceito religioso e a violência contra as religiões de matriz africana. A conexão entre esses dois espaços profundamente relacionados à história da população afro-brasileira também estava presente em sua vida. Na época em que o conhecemos, ele era o líder religioso do único culto de xambá do país — aliás, da América Latina. O terreiro que Adeildo comandava ficava dentro do terreno do Quilombo Portão do Gelo, do qual ele também era a principal liderança.

O terreiro da Nação Xambá fica em uma rua tranquila de Olinda, no bairro de São Benedito, quase no limite com Recife, em Pernambuco. Poucos carros e motos circulam por ali. Na via de trás, há um pequeno riacho, e os moradores do bairro costumam ficar sentados nas calçadas conversando, em um clima meio interiorano, embora dentro de uma grande cidade. A calmaria é quebrada com a agitação das crianças da vizinhança nos momentos de entrada e saída da escola. Quem não vive na região dificilmente percebe estar em um território quilombola.

As cerimônias religiosas acontecem em uma casa de azulejos amarelos, janelas de madeira cor ferrugem e muro baixo. Por preservar a cultura e a religião africanas, o terreiro da Nação Xambá recebeu o título de quilombo urbano em 2006 e o reconhecimento pela Fundação Cultural Palmares. "Os negros não trouxeram da África uma religião", disse Pai Ivo. "A religião já fazia parte de uma espiritualidade sociocultural, porque 90% da cultura negra saem de dentro do terreiro de candomblé. O samba, a capoeira, o maculelê, a ciranda, o coco."

O culto do xambá é uma das vertentes do candomblé. Os rituais remontam a povos localizados na parte ocidental do continente africano, nas proximidades de onde estão atualmente Senegal, Nigéria e Camarões. A vertente foi introduzida em Recife, no final dos anos 1920, a partir de um terreiro que, por causa da forte perseguição contra seus fiéis, foi fechado no fim da década seguinte. Anos depois, em 1950, Severina Paraíso da Silva, a Mãe Biu, retomou as atividades religiosas em Olinda, no local que se tornaria o Quilombo Portão do Gelo. Seu filho, o Pai Ivo, assumiu o terreiro após a morte da mãe, em 1993. "Mesmo com a questão da laicidade na Constituição, a polícia seguiu tentando de todo jeito fechar os terreiros de Pernambuco. Primeiramente, veio para uma posição patológica, querendo dizer que a manifestação era uma loucura. Como eles não conseguiram nada com isso, fizeram uma lei para tentar enquadrar os terreiros no exercício ilegal da medicina. Por isso, fecham todos os terreiros de Pernambuco. Levam os objetos sagrados como prova do crime. Voltaram a abrir só em 1950", contou ele.

René Ribeiro, em pesquisas das décadas de 1940 e 1950, encontrou em terreiros de Recife e Maceió adeptos dos cultos aos orixás que se identificavam como xambás. Segundo seus estudos, a manifestação do coco de roda estaria vinculada ao culto xambá, diferente dos terreiros nagôs que mantinham contato mais próximo com as práticas de maracatus. Essa análise exemplifica não apenas o aspecto religioso, mas também a influência cultural das práticas de matriz africana. "Sobre a maneira de cultuar os orixás, a gente tem uma aproximação com o nagô antigo, na questão de cantar em iorubá, a maneira das toadas. Se diferencia um pouco mais do keto e do jeje", explicou Pai Ivo.

Umbanda, candomblé, omolokô, tambor de mina e batuque são algumas das manifestações de matriz africana que podem ser encontradas no Brasil. Estima-se que 56% dos terreiros no país já tenham sido vítimas de ao menos um episódio de violência religiosa.[2] Em média, o país registra, por dia, três queixas de intolerância religiosa. O estado com mais denúncias é o Rio de Janeiro, seguido de São Paulo e Minas Gerais. Cerca de 65,8% das vítimas são mulheres. Incêndios, portas quebradas, agressões físicas, pedras. Até crianças são alvo.

Para Pai Ivo, não há dúvidas de que a intolerância contra religiões de origem negra é fruto do racismo e da ignorância daqueles que acreditam que o conhecimento letrado e formal é superior. "Algumas pessoas, quando olham a África, acham que é um país. Não é. É um continente com 54 países. Toda a tradição xambá, assim como outras vertentes de base africana, foi sendo passadas através da oralidade", falou ele. "Você é considerado burro quando não tem uma cultura eurocêntrica, mas você já analisou o que é o padre? O padre tem um ritual da religiosidade dele totalmente didático. Ele pega a Bíblia e ele tem o roteiro para saber o que ler, para fazer isso, fazer aquilo. E você já pensou o que é um babalorixá? Ele não lê nada. Está tudo na cabeça dele. O cara ter um terreiro enorme, fazer uma obrigação para Exu, pra Iemanjá, pra Oxalá. Saber como se bota isso, como se bota aquilo. A maneira como aquele orixá come, a maneira como se canta para aquele ali, a folha... E você diz que um cara desse é analfabeto? Isso é um absurdo! Um cara que sabe tudo isso... Uma falsa visão de saber o que é um intelectual."

Investigações históricas e a pressão dos movimentos sociais pela ampliação da definição do termo quilombo, que passam por essa valorização de outras formas de saber, foram imprescindíveis para o terreiro da Nação Xambá obter o título de quilombo, afirma a historiadora Maria Emília Vasconcelos. "Os quilombos urbanos fazem parte da nova proposição acerca do termo. Nessa nova acepção, proposta por intelectuais como Beatriz Nascimento e Lélia Gonzalez, os quilombos seriam espaços de persistência e produção cultural negra, de resistência popular e de fazer política na perspectiva negra", explicou ela. O reconhecimento como quilombo urbano e a demarcação do território ocorreram, segundo a historiadora, sob o argumento da preservação dos ritos religiosos da cultura africana, que resistiu à escravidão brasileira. Como exemplo, a especialista citou as casas do entorno do terreiro do Portão do Gelo, pintadas com a cor associada ao orixá do morador mais velho de cada lar.

Na esteira dos resultados dessas discussões em 2018, a comunidade Portão do Gelo também se tornou Patrimônio Vivo de Pernambuco, passando a receber uma verba mensal para auxiliar ações de preservação e transmissão de suas atividades religiosas. O dinheiro, segundo Pai Ivo, é usado para pagar água, energia elétrica e a manutenção do prédio que usam como local de culto. "É o Estado fazendo um reparo daquela violência que fez contra a gente. É o Estado reconhecendo a maneira que nos perseguiu", afirma Pai Ivo. "Quando você protege um terreiro como quilombo urbano, o Estado passa a ter um olhar diferenciado. Além de proteger a religiosidade, protege também como cultura."

A música é outra forma de expressão utilizada pela Nação Xambá do Quilombo Portão do Gelo para gerar ganhos e, ao mesmo tempo, contar a história da comunidade e divulgar suas tradições. Eles contam com um grupo de seguidores que fazem apresentações em cidades da Grande Recife, e não existe exatamente uma separação entre as apresentações artísticas e a religiosidade: sagrado e profano se misturam. Na verdade, é o contrário, eles não se separam. "Na minha maneira de ver as coisas, dentro da cultura africana, não existe o profano. Tudo é religioso. O toque de cada escola de samba do Rio de Janeiro representa um orixá. Então, essas festividades não estão só no âmbito folclórico, separadas do religioso. Estão dentro", disse o babalorixá. "Nossa religiosidade, ela vem de uma questão emocional. Não vem do convencimento. A religião do candomblé vem do emocional", falou Pai Ivo.

O xambá se diferencia das outras nações do candomblé na forma de organização da estrutura religiosa, em alguns dos orixás cultuados e na forma de tocar os atabaques.

Ainda que estejam diretamente atreladas à resistência negra da escravidão e tenham sido bastante cultuadas também nos locais de refúgio do passado, crenças africanas e afro-brasileiras não são as únicas fés cultivadas atualmente pelos povos remanescentes quilombolas. Longe disso: a partir da metade do século XX, o número de seguidores das vertentes evangélicas no Brasil cresceu de forma exponencial. As denominações podem ser vistas por todos os cantos do país, e não seria diferente no que diz respeito aos quilombos. Muitos povoados já têm templos nos arredores ou mesmo dentro da própria comunidade.

E, embora possa surpreender, a maioria dos quilombos que visitamos é, na realidade, devota da fé cristã. A igreja evangélica está presente em discursos, decorações e templos de territórios como o Vidal Martins (SC), a agrovila Espera (MA) e a comunidade Mamuna (MA), como narrado em capítulos anteriores. Já o catolicismo faz parte do cotidiano de vários povoados de Alcântara (MA), onde a Festa do Divino Espírito Santo é bastante celebrada durante o mês de maio, com mulheres tocando caixa, uma multidão erguendo o mastro sagrado e turistas acompanhando as cerimônias. Já no Quilombo Morro do Fortunato, em Garopaba (SC), há uma aproximação entre o catolicismo e o pentecostalismo em ritos que incluem capoeira, coro vocal e comensalidade.

Para além de fatores pessoais, liberdade religiosa e valores morais, há também explicações históricas que ajudam a compreender a massiva presença cristã nos quilombos brasileiros. O primeiro é a escravidão, com impactos sentidos até hoje, já que muitos africanos traficados para o país foram obrigados a se converter ao catolicismo. Nessa época, em diversos locais do Brasil, as manifestações religiosas dos escravizados não eram vistas com bons olhos e, por isso, foram proibidas em muitas senzalas, enquanto cativos que frequentavam missas podiam receber benefícios. Nesse contexto, o sincretismo ajudou a manter algumas práticas ancestrais africanas, o que deu vida a outras celebrações culturais. Ou seja, mesmo antes da chegada dos evangélicos, os quilombos já tinham grande quantidade de cristãos.

Disso tudo, brotam a complexidade de contextos diversos. Por exemplo, de uma igreja construída em território já sacralizado, como no Quilombo do América (PA), a uma fonte d'água que une as imagens da indígena Iara à católica Teresa de Ávila, como dita a crença dos moradores de Itamatatiua (MA).

13.
Ingrediente secreto

Pega a faca, decepa a cana,
Revira a moenda, garapa já rolou.
Pega a foice, tora a banana,
Derruba a pindoba, que o teto já furou.
Que dá tempo, dá, pro batuque,
Porque Quilombola,
já não tem mais sinhô!

"Quilombola" (Paulo César
Pinheiro e Sérgio Santos, 2013)

De pele negra e cabelos brancos, Maurilio Machado é o contador de histórias do Quilombo Morro do Fortunato, localizado em Garopaba, Santa Catarina. O título foi adquirido pelos saberes acumulados ao longo de seus 65 anos. "Se perguntar para os jovens sobre a comunidade, muitos não sabem dizer como era antes", disse ele, com ar de crítica. "Nunca tive a curiosidade de morar fora daqui. A nossa história é longa. O meu bisavô era escravo, Fortunato Justino Machado. Ele chegou aqui com 22 anos. Era filho de uma escrava e um senhor de engenho." Durante o regime escravocrata, era comum que senhores e escravizadas tivessem relações sexuais — que, na maioria das vezes, se davam a partir de estupros.[1] Não há provas de que o pai de Fortunato fosse dono de sua mãe, que, de fato, era cativa. Ainda assim, o relato atravessa gerações.

Os bisavós de Maurílio, Fortunato e Luiza Cristina da Conceição, são tidos como os fundadores do quilombo.[2] Os dois nasceram escravizados e foram libertos após a abolição, em 1888. Ao se casarem, foram morar na encosta de um morro, num vale da região de Macacu. "Uns dizem que Fortunato comprou essas terras com o dinheiro de uma safra de café. Outros, que são herança do pai dele e antigo senhor de engenho", explicou Maurilio. "Vindo para cá, Fortunato construiu uma casa de barro e plantou muita banana e café. Eu cresci ouvindo as pessoas. Ouvindo os mais velhos. Perguntava do Fortunato e diziam que ele sempre andava na garupa do cavalo. Era um homem baixo, forte, cor de catuto, trabalhador. Eu perguntava como Fortunato chegou aqui e começou a fundar a terra dele. Meu pai dizia que Fortunato trabalhava dois dias pra derrubar uma árvore."

Na segunda metade do século XIX, Garopaba virou uma importante rota comercial de alimentos, o que ajudou a família Fortunato a ganhar um bom dinheiro com o plantio. As vendas eram tão lucrativas que o ex-escravizado ficou conhecido como Fortunato, o Rico. "O café dele era transportado de carro de boi para Garopaba. De lá, ia de lancha para Florianópolis. Sempre diziam que Fortunato era muito rico. Muito empresário vinha aqui pedir dinheiro emprestado", contou Maurilio. "Aquele bananal, às vezes, dava 10 mil quilos de banana! O cafezal era muito grande. Como dava muito grão, Fortunato chamava às vezes mais gente para colher. Lembro que eu tirava café lá. Eu não conheci Fortunato. Conheci só o que ele deixou. Mas, agora, não existem mais nem o cafezal nem o bananal."

Fortunato e Luiza morreram em 1933 e 1937, respectivamente, e deixaram as terras para os oito filhos. Com três deles mortos, os cinco irmãos repartiram o terreno. Tudo ia bem até um deles vender sua parte para alguém de fora da comunidade. A decisão até hoje rende reclamações dos quilombolas, porque impactou diretamente a produção agrícola — muitos afirmam, inclusive, que a área vendida era a mais fértil da região. Para evitar novos casos como esse, os quatro irmãos que permaneceram no local colocaram os filhos para se casar entre si. A endogamia então virou norma na comunidade, sendo praticada por pelo menos duas gerações. O próprio Maurilio é filho de um casal de primos, Ondina e Romeu.[3] Na época de nossa visita, as coisas já tinham mudado, e cônjuges externos passaram a ser aceitos no quilombo. Ainda assim, às vezes, há uma diferença de tratamento entre quem é "da família" e quem não é. Os descendentes de Fortunato são tratados como parentes próximos. Já as pessoas de fora são vistas com mais distância.

Mesmo com a redução da produção agrícola, a comunidade continuou sendo conhecida pelo plantio e pela produção de alimentos, que garantiam o sustento dos quilombolas. Maurilio contou ainda que, além disso, durante anos, houve ali um engenho de farinha e açúcar: "O que eles compravam era sal e um pouco de arroz. Mas ovos, leite e carne, produziam aqui. Até o sabão faziam aqui. Por isso que nossa comunidade sempre foi muito comentada. Sempre foi organizada. A comunidade vivia com o que ela mesmo produzia. Hoje em dia, a gente já compra mais de fora. Quase tudo, na verdade. Mas ainda temos plantações de banana, feijão, cana…". Para exemplificar, ele continuou falando de como era sua rotina alimentar na infância: "Quando eu tinha uns doze anos, comia no café da manhã pirão com ensopado de peixe".

Além de ter resposta para qualquer pergunta sobre a comunidade, Maurilio adora uma conversa. A empolgação com a qual conta as histórias é contagiante, mesmo quando parece chateado com algumas mudanças geracionais: "Muita coisa aqui foi esquecida. O engenho de farinha, o engenho de açúcar, o alambique… Todo esse equipamento que a comunidade tinha foi esquecido", falou.

Mas complementa quando perguntamos se gosta de morar no quilombo, ele diz: "Se eu gosto de viver aqui? Eu amo. Não pago água nem imposto.[4] Só luz. Tudo é de graça. Tem gente que foi morar fora e agora tá retornando. Aqui tem recurso!".

Ouvimos a contação de histórias de Maurilio na escola da comunidade. Assim que deixamos o local, ele foi ocupado por cerca de vinte mulheres, integrantes do grupo de artesanato que se reúne toda quinta-feira para pintar e fazer crochê. Naquele dia, elas cortaram e coloriram panos de prato.

Ao sair da escola, uma rua íngreme dá acesso à horta orgânica da comunidade. Grande, a plantação inclui de tudo um pouco, explicou a quilombola Ana Machado, enquanto descansava depois de capinar a terra. "Temos cinco tipos de alface, chicória, berinjela, pimentão, quiabo, cenoura, beterraba, espinafre, coentro, salsinha, couve, repolho, couve-flor, brócolis, batata-doce, milho, feijão, amendoim, aipim, pitaia, mamão, azedinha, manjericão, alho-poró, salsão... Enfim, muita coisa", listou ela. A horta foi criada pelo pai de Ana vinte anos atrás e, agora, ela se reveza com ele nos trabalhos. "Eu faço de tudo. Planto, capino, mexo com o esterco. Não tem moleza", falou. Além de bisbilhotar o plantio, quem está de passagem pelo quilombo pode comprar o que quiser: os legumes, verduras e frutas são vendidos sob encomenda.

O Quilombo Morro do Fortunato, hoje, recebe visitas guiadas. Quando fomos ao local, os grupos eram formados por no mínimo trinta pessoas e, no máximo, sessenta. Os valores cobrados iam de vinte a quarenta reais por visitante, mudando conforme o tipo de atividade, que pode incluir degustação de pratos típicos e preparos próprios da comunidade. Os passeios também ajudam a fortalecer a antiga luta dos moradores pela titulação, a garantia definitiva de posse do território. "A pessoa tem que estar ciente de que está numa comunidade quilombola, com pessoas humildes. Não vai ser recebida com tapete vermelho, mansão ou piscina", explicou a então presidente da associação do Quilombo Morro do Fortunato, Maria Aparecida Batista. Mais conhecida como Dona Cida, ela é negra de pele clara e tem cabelo trançado. "Claro que estamos bem instruídos, mas esta é nossa realidade. É um prazer passar conhecimento. Mostrar como é a comunidade e o nosso dia a dia. Explicar o que é um quilombo", afirmou. "É também uma forma de levar o nome da comunidade para fora, além de quebrar tabus racistas e ajudar na titulação." Durante o passeio, os turistas podem almoçar ou tomar café da manhã contemplando a bela paisagem que cerca o quilombo, na encosta do vale, onde dá para vislumbrar Garopaba num ângulo aéreo composto por morros esverdeados e águas fluviais.

As visitas turísticas asseguram uma renda aos moradores, proveniente também das vendas de doces típicos, geleias e outras guloseimas. Como muitos têm suas próprias hortas, quem menos compra os produtos comunitários são os quilombolas. Edna Isabel, de 33 anos, por exemplo, cultiva três tipos de amora: roxa, preta e silvestre, cada uma dá origem a um sabor de suas famosas geleias. A degustação do doce está incluída no pacote turístico, e potes ficam à venda aos visitantes. "Como geleia é uma coisa cara, estou priorizando o que eu produzo aqui", contou a dona do selo Delícias na Mesa, de cabelo cacheado, pele parda e uma armação grande de óculos de grau no rosto.

O produto mais vendido por Edna é o doce de banana sem açúcar. "O segredo em si não vou revelar", afirmou, rindo. "Mas posso dizer que demora de quatro a cinco horas no fogo para ficar pronto." Ela teve a ideia da receita enquanto cursava a faculdade de nutrição. Queria fazer "algo diferenciado" — e conseguiu. A versão light de seu doce é, surpreendentemente, mais saborosa do que a açucarada. Arroxeada, transborda o cheiro e o gosto da fruta.

Entre as outras delícias vendidas por Edna Isabel, estão saborosos biscoitos amanteigados. Graças à fama das receitas, seu doce de banana sem açúcar foi parar no cardápio da merenda escolar da cidade. O mesmo aconteceu com outros dois selos gastronômicos do quilombo, Doce do Fortunato e Grupo do Pão. Juntas, as três marcas de guloseimas passaram a compor o recreio de estudantes municipais e estaduais. "É uma renda a mais para nós", disse Mercedes Machado, mulher negra, alta e bastante sorridente. Aos 55 anos, ela é cozinheira tanto do Doce do Fortunato quanto do Grupo do Pão. "Como são três grupos aqui na comunidade, nós dividimos a cozinha." O espaço fica ao lado da escola, na sede da associação comunitária. "Tudo o que a gente faz é com carinho e amor. Sempre pensando na mesa do próximo, principalmente na mesa da merenda, que é a das crianças. Isso enriquece a gente e a comunidade", contou ela.

Apesar de todo o afeto que colocam em seus produtos, as cozinheiras não conseguem se sustentar somente com a venda dos alimentos, que começou vinte anos antes, com elas oferecendo seus doces e geleias para os vizinhos de fora da comunidade, de porta em porta. Segundo Mercedes, um dos principais desafios é que os insumos custam caro, sobretudo o trigo, a manteiga e o açúcar. O pote de vidro no qual armazenam os doces também não é barato. E o trabalho delas não é pouco, já que acontece fora e dentro do quilombo, quase diariamente. "Antes, a gente preparava os doces e pães até no fim de semana. Agora, a gente tá tentando deixar o fim de semana para nós. Para descansar, ficar com a família", contou Mercedes.

O Doce do Fortunato produz geleias e biscoitos de sabores variados. "Futuramente, queremos plantar para não pegar tanta fruta de fora. Daqui, pegamos só butiá, maracujá, goiaba, banana, amora e jabuticaba." Tudo é feito com conservante natural, a partir de suco de limão. Sobre os pães produzidos pelo Grupo do Pão, "a merendeira diz que as crianças amam", diz Mercedes, orgulhosa.

O afeto e o respeito às raízes ancestrais também fazem parte do atendimento do restaurante Tô na Boa. Localizado na Zona Oeste da capital fluminense, no bairro de Vargem Grande e, mais especificamente, logo na entrada do Quilombo Cafundá Astrogilda, o restaurante atrai cariocas e turistas que buscam comer bem e estar mais próximos da natureza. Isso porque a comunidade fica ao lado da cachoeira da Mucuíba, no Parque Estadual da Pedra Branca, uma área afastada do centro e dos bairros praianos mais famosos da cidade (para se ter uma ideia, o local fica a cerca de 45 quilômetros de Copacabana). O acesso ocorre pela Mucuíba, estrada de terra batida com árvores dos dois lados.

O restaurante surgiu de forma tímida, em 2011, idealizado pela psicóloga Gizele Mesquita Martins, moradora do quilombo e bisneta de Astrogilda, matriarca que empresta seu nome à comunidade. O espaço cresceu aos poucos e ganhou fama, em especial por conta dos pastéis, principal item do cardápio. Recheios como costela, salmão com cream cheese e camarão com catupiry, eles fazem a felicidade de quem visita o local, mas não são as únicas opções. É possível encontrar uma variedade de drinques, sucos, risoto de camarão, contra-filé com queijo, batata rosti e mais dezenas de pratos. "O carro-chefe daqui é o camarão, a gente faz tudo em torno do camarão. O pastel, risoto… E aí muita gente me questiona: 'Por que o camarão, se esse não é um prato quilombola?'. Mas, na minha visão, o que me define não são os pratos. O que me define é minha ancestralidade que eu carrego comigo. Tem também a maneira como a gente serve, sempre com muita fartura. Isso me lembra de família, e é típico do nosso lugar, do quilombo. Camarão é um prato que eu escolhi específico, mas não define o que eu sou como quilombola. O que define é a maneira que eu aprendi a receber e acolher", contou Gizele. Passado pouco mais de uma década da fundação, é quase impossível chegar ao Tô na Boa e encontrá-lo vazio, especialmente entre quinta-feira e domingo. Gizele diz que atende cerca de duzentas famílias por fim de semana. Clientes de "tudo quanto é lugar", o que inclui Méier, Barra da Tijuca, a ilha do Governador, além de turistas que visitam o Rio.

Gizele nasceu no quilombo e sempre gostou de cozinhar. Aos seis anos, conta que subia na pia para pedir à mãe para deixá-la ajudar a fazer o café, o arroz. Por um tempo, a vida adulta lhe levou para caminhos longe das cozinhas. Durante quatro anos foi gerente de RH de uma empresa, até que decidiu sair e passou a amadurecer a ideia do restaurante. O Tô na Boa começou pequeno, funcionando em um espaço desocupado dentro da própria comunidade. No início, ela teve o apoio do marido e dos pais.

Quando as coisas começaram a dar certo, o empreendimento gerou empregos para os quilombolas. A cozinha precisou ser ampliada, ajudantes e garçons foram contratados. O local já recebeu até eventos, como casamentos e formaturas. Também passou a oferecer trilhas guiadas pelo quilombo, com caminhadas de cerca de quarenta minutos em meio a uma paisagem florestal com direito a belas cachoeiras.

Tal qual acontece com o Quilombo Morro do Fortunato, durante as visitas guiadas, os turistas têm contato com a história daquele povoado e conhecem suas lutas e a importância da preservação daquele espaço. "Isso traz mais visibilidade para o quilombo, para a comunidade, para todo mundo. Acaba gerando retorno, traz prosperidade", disse Gizele. "A gastronomia transforma. A gastronomia transformou o local. Junto com a comida, a gente consegue passar informação. Isto aqui é um quilombo, isto aqui tem história, tem ancestralidade. Quando a pessoa vem e conhece essa história ela vai levando para outra pessoa, isso faz a gente alcançar mais gente."

Assim como o Quilombo do Camorim, que fica na mesma região, a comunidade Cafundá Astrogilda teve origem em razão dos escravizados nos engenhos de Jacarepaguá. Os primeiros habitantes eram cativos que fugiram e firmaram moradia por volta de 1870. Anos depois, com o fim oficial da escravidão, aos poucos, os quilombolas que se escondiam na região de Vargem Grande perceberam que já não precisavam viver em áreas de mata tão remotas. Aos poucos, as novas gerações do grupo passaram a procurar locais menos afastados para criar moradia e um desses movimentos deu origem ao Quilombo Cafundá Astrogilda. "A história que eu conheço é que a minha bisavó, Astrogilda, tinha um centro de umbanda. Quando era muito nova, ela precisou passar por um processo de saúde. Aí ela procurou uma pessoa para rezar e o cara falou que para ela se curar precisava fazer caridade. Ela tinha um dom de trabalhar com as pessoas. Atendia pessoas de tudo quanto era lugar para rezar. Além disso, ela ainda rezava com galho, tirava quebranto", contou Gizele.

A matriarca Astrogilda contava para a comunidade que seus pais eram de uma fazenda ali da região. Segundo a neta, eles foram escravizados e, depois, libertos: "A gente veio dessa origem, dessa família. Se pegar todas as pessoas em volta saem dela, da Astrogilda. Tudo começa aí, os primeiros vão se casando, os filhos vão se conhecendo, e a gente conseguiu juntar a documentação para comprovar que é um quilombo, que tem essa ancestralidade por causa de tudo isso, essa história toda aí desses escravos".

É a essas raízes que ela atribui o sucesso de seu restaurante, uma vez que cresceu tendo a comida e os preparos em grandes quantidades no centro da vida da comunidade: "A gente sempre comemorava com panelada" — principalmente, feijoada ou ensopado de banana-verde, já que carne não era um item abundante naquele tempo, devido à falta de dinheiro. Por isso, a cozinheira e hoje empresária considera a comida um sinônimo de muita alegria, de família, de prosperidade. Não à toa, quando está cozinhando, costuma se lembrar das pessoas importantes em sua vida, em especial a avó paterna.

Além de movimentar a vida econômica e cultural do quilombo, o sucesso do restaurante também possibilitou que

Gizele realizasse trabalhos sociais. Ela criou o projeto Escola Quilombola para atender crianças da região. Também participa de uma iniciativa que visa "adotar" meninas e meninos durante o Natal. A ideia é que um adulto dê um brinquedo e uma peça de roupa para a criança apadrinhada. Em geral, cerca de 350 jovens da região que vivem em condições financeiras precárias recebem os presentes. Além disso, por meio de seu restaurante, ela organiza doação de alimentos para pessoas em situação de rua, principalmente, sopas e, às vezes, os famosos pastéis. "Eu acho que eu nasci sabendo fazer isso. Eu nunca fiz curso. Fiz tudo do meu jeito. Parece que eu já cozinhava em outra vida."

14.
Casa navio, morada porão

Nossos ancestrais lutaram pela liberdade
Contra tudo e contra todos,
o negro nunca foi covarde
Fugiu das senzalas,
refugiou-se nos quilombos
Conquistou a liberdade,
mas em busca da igualdade
Ainda sofre alguns tombos

"Povo guerreiro" (Ricardo Rabelo e
Willian Borges dos Santos, 2018)

Emergido após os anos 2000, o movimento dos chamados "quilombos culturais" se espalhou por diversas cidades brasileiras. São casas de entretenimento, aprendizado e discussões, mas que não surgem a partir das comunidades remanescentes quilombolas, como as vistas até aqui. Nos quilombos culturais, tudo é voltado ao enaltecimento das culturas e dos povos negros. Com atividades que vão de oficinas a shows, esses espaços buscam fortalecer a autoestima da população negra. Para isso, ressignificam a palavra "quilombo" e, em certa medida, se debruçam sobre o quilombismo, conceito político desenvolvido pelo artista, político e intelectual Abdias Nascimento. "Quilombo não significa escravo fugido. Quilombo quer dizer reunião fraterna e livre, solidariedade, convivência, comunhão existencial",[1] dizia ele ao defender que a união entre pessoas negras é o cerne do combate ao racismo.

A ideia é semelhante à que ouvimos do fundador da Casa do Nando, espaço cheio de eventos musicais que celebram a negritude no Rio de Janeiro: "Quilombo é onde os pretos se reúnem para resistir. Essa é a visão antropológica. Então, nesse sentido, a Casa do Nando é um quilombo. Palmares é um quilombo. As favelas são quilombos. As casas de candomblé são quilombos". Fernando Luiz dos Santos, conhecido como Nando, é um homem negro retinto, usa óculos, boné e tem cabelo crespo. Ele fez a afirmação enquanto refletia sobre sua decisão de chamar o espaço de quilombo cultural urbano, embora o local não tenha uma ligação direta com quilombolas do ponto de vista histórico ou jurídico: "Essa ideia de quilombo vem das pessoas. Eu reproduzo o que começaram a falar. Eu entendo também enquanto esse movimento contemporâneo de se aquilombar para um resgate da cultura negra, africana e afrodiaspórica", disse.

A Casa do Nando fica em uma esquina movimentada no centro da capital fluminense, no primeiro andar de um edifício antigo. Ali ocorrem saraus, rodas de samba, debates sobre política, rodas de conversa e lançamentos de livros. O local também oferece cursos, como capoeira Angola, dança, percussão, discotecagem, oficinas de tranças e de culinária afro-carioca. A história da Casa do Nando, porém, não começou ali. O local nasceu em 2013, a cerca de um quilômetro de distância, na Pedra do Sal, reduto do samba carioca. Não por coincidência, o espaço teve desde o início o samba como sua principal marca. "A gente transforma nossa dor em entretenimento. O samba vem nisso", disse Nando. "Samba para mim é um ritual. Ele é muito ritualista. É muito ancestral. Vai para além de entretenimento."

A ideia de criar o lugar surgiu despretensiosamente. Ao se mudar para a Pedra do Sal, Nando passou a reunir amigos em casa, em especial depois de frequentar rodas de samba regadas a comida, bebida, conversa e, claro, música. Falavam sobre questões políticas e, principalmente, problemas raciais. O movimento cresceu. Um dia o lar abrigou músicos da Pedra do Sal e recebeu cerca de cinquenta convidados para uma roda de samba improvisada. Na época, Nando lidava com o fechamento de uma empresa. Corretor de imóveis, ele tinha uma imobiliária e, como os negócios não iam tão bem, o plano era se mudar para São Paulo em busca de novas oportunidades. No entanto, após o sucesso da roda de samba em sua casa, a mobilização dos amigos e conhecidos para que os encontros fossem oficializados e mais frequentes foi grande. Aí surgiu a Casa do Nando.

O espaço logo precisou migrar para um imóvel onde coubesse mais gente. Pouco tempo depois da inauguração, a Casa do Nando passou a funcionar em um sobrado localizado no largo de São Francisco da Prainha, na Gamboa, mesma região da Pedra do Sal. Era um casarão histórico com fachada amarela meio desbotada. A região faz parte do chamado Circuito Cultural da Pequena África, roteiro turístico que celebra as populações africana e afro-brasileira. Ali estão o Cais do Valongo, Pedra do Sal, morro da Conceição, Cemitério dos Pretos Novos, Casa da Tia Ciata e Museu da História e da Cultura Afro-Brasileira. Apesar disso, como vimos no capítulo sobre a comunidade quilombola da Pedra do Sal, essa região é alvo de especulações imobiliárias, e boa parte dos estabelecimentos comerciais dessa área não estava nas mãos de pessoas negras na época em que visitamos o local.

Em agosto de 2020, durante a pandemia da covid-19, a Casa do Nando precisou procurar sua terceira sede. Diferentemente das outras duas, que nasceram do sucesso que o movimento conseguiu ao reunir um grande público, dessa vez o motivo era trágico. O casarão tinha pegado fogo. Por sorte, um funcionário que dormia no local não se feriu. "Aconteceu o incêndio. A polícia investiga. Mas não foi acidental. O incêndio começou em um local onde não tinha por que pegar fogo", afirmou Nando, contextualizando que existiam tensões na vizinhança por se tratar de um espaço de cultura negra. "O movimento ganhou corpo, ganhou o caráter de um quilombo. Um espaço de acolhimento, de aquilombamento, de cura. E, aí, um monte de preto em um espaço dominado por pessoas brancas passou a incomodar. E começaram os ataques, pichações, xingamentos."

O incêndio destruiu quase tudo no casarão. Para piorar, por causa da pandemia, a casa estava fechada e sofria com problemas financeiros. Amigos e frequentadores, então, organizaram uma vaquinha para a mudança de endereço. "Havia a necessidade de ter um espaço feito por pretos para pessoas pretas. Um espaço de acolhimento e cura. É essa a lógica daqui", explicou Nando. O produtor cultural contou que algumas pessoas "só descobriram que eram pretas" quando saíram das bolhas e passaram a frequentar a Casa do Nando, que acabou se tornando um ponto famoso na cidade carioca, sobretudo entre a comunidade negra. "O racismo tenta fazer a gente deixar de ser humano por causa da cor da pele. Esses espaços ajudam a gente a entender que não estamos sozinhos."

Além dos eventos mais elaborados aos finais de semana, a casa também recebe frequentadores no horário de almoço. A proposta, no entanto, não é somente concorrer com os restaurantes da redondeza. É também promover um momento de degustação acolhedora, em que as pessoas comem enquanto conversam sobre racismo no trabalho, baixa autoestima e assuntos raciais que, muitas vezes, são vistos com desconforto em outros espaços.

Nando conta que a casa também participa de iniciativas para os egressos do sistema carcerário e pessoas em situação de rua. O objetivo é dar oportunidades, melhores condições de alimentação, aprendizado, acolhimento e emprego. "Aqui, a gente acolhe todas as pessoas pretas, e a realidade que o sistema fez, que a escravidão fez com a população preta foi encarcerar e jogar na rua", disse, enquanto olhava para uma parede com um grande mapa da África colorido e as frases "A palavra é aquilombamento" e "Quilombo Cultural e

Urbano Casa do Nando". "Eu entendo que aqui nós temos responsabilidades para com o nosso povo. Essa abolição inconclusa colocou a comunidade negra à margem da sociedade", afirmou ele, em referência à vez em que ouviu um jovem negro dizer que foi sem-teto na maior parte da vida.

Nando citou o caso como exemplo do que seria a abolição inconclusa. O produtor cultural tentou oferecer ajuda, de forma sutil, a esse rapaz, conhecer melhor como foi sua trajetória de vida. Por exemplo, qual a relação com a família? Nando queria entender por que ele estava naquela condição. Ao final da conversa, ofereceu um abraço ao rapaz, que, de forma desengonçada, aceitou e disse que não se lembrava da última vez que tinha sido abraçado. "O cara não conhece outra história. O sistema é muito cruel, é uma desumanização que é feita. A política é muito imperfeita com essas pessoas", falou. "Quem decide lutar contra o racismo não faz isso porque leu um livro. Em geral, as pessoas que entram nessa luta é porque sofrem e, muitas vezes, da pior forma possível. Com muita dor."

No caso de Nando, esse impacto veio aos quinze anos, quando sua mãe foi assassinada, e ele decidiu entrar para o movimento negro. "A necessidade de se aquilombar é amenizar as dores e enfrentar uma sociedade que é escrota. Sabe? É um bagulho muito escroto ser desumanizado pela cor da sua pele, o que ocorre independente da classe social", disse.

Embora seja bem-vista e estimulada por parte da comunidade negra brasileira, a ressignificação do termo "quilombo" é controversa. Se de um lado visa enaltecer os povos quilombolas, de outro acaba também borrando o conceito que os contempla. Isso porque, ainda que sofram do mesmo racismo, cada povo negro tem suas singularidades que, em ressignificações como essas, são deixadas de lado em prol de um simbolismo. Além disso, enquanto incontáveis comunidades lutam para ter seu direito à terra garantido, algumas casas culturais lucram com o uso de um termo que ainda engatinha para estar no vocabulário do imaginário popular brasileiro.

Mesmo assim, é inegável que os quilombos culturais se tornaram um refúgio para muitos jovens negros do país em busca de diversão, acolhimento e formação de identidade. Além do Rio, é possível encontrar espaços como esses em capitais como Brasília, São Luís e Salvador. Em São Paulo, muitos também se propõem a exercer um papel parecido.

O Quilombaque, por exemplo, localizado em Perus, extremo norte do município, conta com biblioteca, exposições artísticas e aulas de culinária africana e afro-brasileira. "A gente tem a horta também com ervas. Trabalha a questão de bem-estar, para entender a saúde. É meio de limpeza do corpo, de cura. São diversos saberes envolvidos, resgatando todo o conhecimento ancestral da relação com a terra", conta Cleiton Ferreira. Negro de pele clara, cabelos no estilo rastafári e um jeito de falar pausado, ele é mais conhecido como Fofão e é um dos fundadores do quilombo cultural.

Entre as atividades promovidas pelo espaço estão congada, maracatu e bloco de rua. Jovens da região também são incentivados a participar de oficinas circenses. "Temos a trupe de palhaços que trabalha a questão da comicidade negra. Trazendo a importância do palhaço negro, que contribuiu bastante no desenvolvimento dessa arte circense. Essa história foi apagada", falou Fofão.

Mas o grande destaque do espaço é a roda de jongo. Festas, cursos e grupos de jongueiros se reúnem no Quilombaque para tocar, ensaiar e celebrar essa manifestação intimamente ligada ao legado da população negra. O jongo é uma expressão cultural que inclui dança coletiva embalada por tambores e o canto de pontos, as cantigas que celebram a ancestralidade, fazendo parte de um grupo de expressões que transitam entre o sacro e o profano. Tem suas raízes em ritos dos povos africanos de língua banto, em especial da atual região de Angola. Chegou ao Brasil entre pessoas escravizadas que trabalhavam nas lavouras de café e cana-de-açúcar na região Sudeste. Não é difícil que mesmo alguém não versado no entendimento técnico musical chegue a uma roda de jongo e perceba as similaridades com o samba. Não é à toa: o jongo tem como um de seus elementos o improviso, característica básica do samba de partido alto. Aliás, a cuíca já era um instrumento presente no jongo antes mesmo de chegar ao samba.

Além disso, no jongo, tem a umbigada, o movimento em que o dançarino abre os braços e direciona a barriga para outra pessoa da roda, de que o samba também é herança. A manifestação entrou na cidade do Rio de Janeiro com o processo de migração das pessoas que saíram do Vale do Paraíba no contexto da crise da escravidão e da abolição. Mas há manifestações de danças de umbigada em outras partes do Brasil, como no samba de roda baiano e no samba de coco nordestino.

Segundo o fundador do Quilombaque, a escolha de ser um espaço de difusão de jongo tem justamente conexão com essa ancestralidade e contribui com a ideia de aquilombamento, que ele considera essencial para pensar no processo de desenvolvimento territorial. Um dos objetivos é trabalhar a identidade da juventude e ajudar no enfrentamento ao racismo. Outro é tentar suprir a falta de espaços culturais em bairros da região como Perus, Jaraguá e Anhanguera. "Acho que o quilombo traz esse resgate. Resistir, lutar e pensar em outras possibilidades de vida. Acho que nesse intuito a gente vem na construção da comunidade", disse.

Já a Casa Amarela Quilombo Afroguarany é um casarão situado na esquina das ruas da Consolação e Visconde de Ouro Preto, na área central da capital paulista. Construído em 1926, o local abrigou uma família italiana e, depois, caiu em completo abandono até que, em 2014, foi ocupado por um grupo de artistas. Tombado pelo Conselho Municipal de Preservação do Patrimônio Histórico, o imóvel passou a ter ateliês e eventos públicos organizados pelos ocupantes, que logo começaram a brigar na Justiça contra sucessivas tentativas de reintegração de posse.

"A Casa Amarela é um ponto de encontro da periferia. Todo dia tem atividade. A gente trabalha com dança, holístico, sagrado feminino, capoeira e samba de mulheres", explicou a fundadora Adama Sabbath, cantora cujas músicas misturam reggae, reggaeton e afrobeat. Negra com dreadlocks no cabelo, ela vestia um cocar sobre a cabeça. "Eu sou uma mulher afro-indígena. Tento trazer para cá todas as histórias que me foram passadas. Eu não sou quilombola. A proposta é fazer com que um quilombo se propague através da Casa Amarela. Esse nome, Quilombo Afroguarany, surgiu quando a casa foi ocupada por mais de 5 mil pessoas contrárias à reintegração de posse. Até então, a casa vinha sendo chamada de Ateliê. Só que a gente sentia que esse nome não nos representava, porque éramos de maioria afro-indígena. Daí, mudamos para quilombo."

O espaço, segundo Adama, faz jus à ideia de proteção mútua pregada pelas comunidades quilombolas durante o regime escravocrata, quando cativos tinham quilombos como um alicerce de vida: "Toda a população vulnerável daqui, seja da Cracolândia ou em situação de rua, reconhece a casa como um espaço em que pode receber ajuda".

Com frequência, a sensação de déjà-vu invadia a mente de Adama. Ela acredita que, em algum tipo de vida passada, tivera forte relação com o local. Outra marca da casa que a conecta a experiências ancestrais, disse, estaria no próprio imóvel, em um porão situado abaixo da garagem, encontro de quatro túneis subterrâneos. Possivelmente uma antiga senzala, segundo profissionais envolvidos na restauração. "Se aqui foi um espaço de dor, hoje não é mais. O nosso quilombo tomou a casa-grande", disse na época Alex Assunção, outro membro da ocupação. Ao seu lado, Adama completou: "Todos esses grandes imóveis de São Paulo foram construídos pelos nossos antepassados. Nos azulejos da Casa Amarela, estão as digitais dos nossos ancestrais. A gente estar aqui é um direito. A gente está zelando pelo patrimônio".

15.
Filhos do vento

Brasil, o teu nome é Dandara,
e a tua cara é de cariri
Não veio do céu, nem das mãos de Isabel
A liberdade é um dragão
no mar de Aracati

"Histórias para ninar gente grande"
(Tomaz Miranda, Ronie Oliveira,
Márcio Bola, Mamá, Deivid
Domênico e Danilo Firmino, 2019)

A paisagem nas praias de Aracati (CE), próximas ao Quilombo do Cumbe, mudou. Está bem diferente de quando Cleomar Ribeiro era criança ou adolescente. A extensa faixa de areia branca, com poucos turistas e sem quiosques, onde havia uma vista panorâmica, é agora um canavial de cata-ventos gigantes, com fios passando pela areia, cercas e cabines de transmissão.

"'Quilombo' a gente diz que é um nome político, que ajuda a trazer direitos que foram negados na história de um povo que foi desamparado. Quando se dizia que o povo está em liberdade. Como se diz da princesa Isabel. Mas que liberdade foi essa que o povo não teve direito a nada? É uma dívida com o povo que tem o direito aos seus territórios, onde fazemos nossas culturas, e tem continuidade a nossa história", disse Cleomar, uma das líderes do quilombo. A pele parda queimada do sol deixa evidente que ela desempenha atividades de alta exposição climática. Líder da associação, a quilombola é pescadora, marisqueira e artesã. Seu cabelo liso, comprido e bem preto está quase sempre preso por um lenço branco. Ela nos recepcionou em meio às raízes de uma árvore de mangue-branco. Assim como as dunas, o manguezal é considerado uma extensão do território: gera renda, ajuda na alimentação e reflete costumes culturais. O ato de comer em meio à mata é uma dessas tradições dos quilombolas do Cumbe. Vez ou outra, eles vão até a região, pegam peixes, mariscos frescos e cozinham ali mesmo, no manguezal. Passam a tarde reunidos.

No nosso primeiro encontro, Cleomar estava lá, em frente a uma árvore grande e vistosa enquanto recebia jornalistas e ativistas de organizações sem fins lucrativos da Alemanha e do próprio Ceará. Ali, sentados nas raízes dos mangues, ouvimos a quilombola contar sobre o surgimento da comunidade e explicar como a região tinha sido impactada pelo parque eólico local e pela carcinicultura, a criação de camarão em viveiros. Ela lembrou a dificuldade de ir ao cemitério, falou do meio ambiente e quase chorou ao mencionar os filhos do vento.

Segundo Cleomar, a comunidade do Cumbe nem sempre se enxergou como quilombola; foram décadas até que os moradores se reconhecessem assim. Quando isso aconteceu, começaram a lutar pela titulação do território e, em 2007, ampliaram as reivindicações. A instalação de um parque eólico ao lado do quilombo foi uma ameaça ao povoado, já que o empreendimento passou a afetar tradições religiosas, relações sociais e o meio ambiente na região.

Um dos primeiros impactos a serem sentidos foi a dificuldade de acesso ao cemitério do Cumbe, espaço que os quilombolas consideram sagrado. Cercas foram postas em um dos caminhos até o local. Antes livre, a passagem ficou condicionada à autorização da empresa que administra o parque, sob alegação de que era preciso garantir a segurança da comunidade, devido aos equipamentos e sistemas elétricos instalados. Para piorar, na mesma época, os outros atalhos ao cemitério foram bloqueados por tanques de carcinicultura de produtores locais. "Eles trancaram os portões e, com isso, nós não conseguimos passar por baixo para ir ao cemitério nem por cima. E como fazer com nossos mortos? Depois de muita luta, conseguimos um acordo com a eólica. Hoje, nós fazemos esse caminho mais longo pelas dunas. Esse é um lugar muito sagrado pra gente", desabafou Cleomar, explicando que o lugar é não apenas onde jazem os parentes dos moradores do Cumbe como também um espaço conectado ao passado quilombola da comunidade.

"O nosso povo não falava muito da vida escrava, um processo que eu chamo realmente de negação, de apagamento da história. Se falava dos coronéis, mas não de quem trabalhava nos engenhos aqui", relembrou a pescadora, se referindo ao passado da comunidade, que era conhecida pela produção de rapadura e cachaça. Nos primórdios, como parte de uma dinâmica econômica da época, se produzia coco, manga, banana, algodão, farinha, cera de carnaúba, peixes e mariscos. Durante a escravidão, também havia alguns engenhos por ali — porém, devido ao processo de apagamento histórico, pouco se sabe sobre quem trabalhou nesses espaços. Como se trata do período pré-abolição, é fácil intuir que a mão de obra era composta de escravizados, africanos ou afro-brasileiros.

Uma das poucas histórias sobre a região transmitidas pela oralidade é a de que pessoas fugiram desses engenhos e formaram um quilombo nos arredores do manguezal, nas matas, próximo de onde atualmente está o Cumbe. Às vezes, esses quilombolas ancestrais se reuniam em volta de uma cruz, perto de onde hoje é o cemitério da comunidade. Lá, faziam uma vigília e pediam para não serem recapturados, para conseguirem ficar longe dos cativeiros — um dos motivos por que o cemitério é tão importante para os moradores. O outro, claro, é o fato de ali estarem enterrados seus antepassados. "Eu não lembro se foram meus pais ou meus avós que contaram essa história. Eles diziam que a Santa Cruz foi refúgio dos negros. A Santa Cruz é essa cruz perto do cemitério. Para nós, ela é sagrada. Ela é reta, está aí desde o século XIX. Ela é toda de aroeira. Já foi dada uma reforma nela", contou Cleomar.

A quilombola lembrou que, durante as obras do parque eólico, foram encontrados fragmentos de cerâmica, cachimbos e outras peças em perfeito estado de conservação. Desse sítio arqueológico, diz, foram tiradas cerca de 41 mil peças. Os itens remontam ao passado da comunidade e a seus lugares de memória. "Queriam erguer uma torre até no nosso cemitério", afirmou. "Tivemos que brigar bastante para proteger."

"Aracati" é uma palavra de origem indígena que significa bons tempos.[1] A cidade praiana também é chamada por alguns de "Terra dos Bons Ventos". O nome não é mero acaso: a região é mesmo privilegiada nesse quesito, devido à sua posição geográfica. E é por ter grande presença de ventos que, desde os anos 2000, o município tem sido um dos focos de empresas interessadas em instalar parques eólicos. Diante da crise climática global e das discussões sobre mitigação antrópica, a produção de energia a partir do vento surgiu como opção para a transição energética.

Coqueiros, areia branquinha, falésias coloridas, dunas, um mar estonteante e vistas de tirar o fôlego, Aracati também é muito famosa por suas belezas naturais. Seu vilarejo mais badalado é Canoa Quebrada. Distante 150 quilômetros da capital Fortaleza, o local é banhado pelo rio Jaguaribe, além de contar com um núcleo urbano com prédios tombados pelo Iphan e outras belas praias como atrativos para os visitantes.

Além de prestigiado ponto turístico, Aracati também é o lugar de nascimento de um dos personagens históricos mais marcantes do Ceará: o Dragão do Mar. Francisco José do Nascimento, o Chico da Matilde, liderou a Greve dos Jangadeiros em 1881, sete anos antes da abolição da escravatura. No movimento, os jangadeiros se recusaram a transportar pessoas escravizadas, o que paralisou o mercado escravista na região do porto de Fortaleza e em outras localidades do litoral do estado. É um episódio emblemático da luta contra o regime escravocrata. O Ceará, inclusive, foi o primeiro local do Brasil a abolir o trabalho forçado, cerca de quatro anos antes de a escravidão ser abolida em todo o país. Mais de 120 anos depois, a mesma cidade onde nasceu o Dragão do Mar ainda seria o ponto da luta pelo direito a um território dos descendentes desses escravizados.

Foi por volta de 2007 que os primeiros trabalhadores da companhia de energia eólica chegaram a Aracati. O local escolhido para a criação de um complexo eólico, as dunas do Cumbe, fica a cerca de catorze quilômetros da parte central da cidade e é uma área de pequeno adensamento populacional. Construir um parque eólico não é rápido. Tampouco simples. No caso de Aracati, são dezenas de torres que chegam a 150 metros de altura, o que equivale a um prédio de mais ou menos cinquenta andares. No topo delas, estão três imensas pás responsáveis pela transformação de energia cinética em elétrica. De forma resumida e simplificada: o vento gira as pás, que giram um eixo preso no gerador, responsável por transformar o movimento em energia elétrica.

Essa energia é chamada de limpa, já que quase não emite dióxido de carbono e usa elementos renováveis da natureza — diferentemente, por exemplo, de usinas termelétricas. Apesar disso, sua implementação e a administração de seus parques podem trazer impactos prejudiciais. Um estudo do MapBiomas, por exemplo, aponta que mais de 4302 hectares foram desmatados em 2023 para a instalação de empreendimentos de energias eólica e solar na Caatinga.[2] O litoral brasileiro, sobretudo no Nordeste, tem condições naturais para atender às necessidades desse modelo energético. A existência de praias extensas e pouca densidade demográfica é considerada positiva para a construção desses locais.

Em Aracati, após a acomodação do canteiro de obras, foram construídas as estruturas de suporte ao parque eólico. Escritório administrativo, enfermaria, refeitório...

Ao todo, a construção da zona levou pouco mais de dezoito meses para ficar pronta, mas seus impactos nos arredores já se faziam sentir bem antes disso. Foram cerca de mil trabalhadores, praticamente todos homens, com idades entre 19 e 25 anos. Como a maioria era de fora da região, eles precisaram se acomodar por ali, nas redondezas do seu local de trabalho. O Quilombo do Cumbe, na época, tinha por volta de 170 famílias, cerca de oitocentas pessoas. Com a presença dos novos trabalhadores, a população local dobrou. (Vale lembrar que o espaço, naquele momento, ainda não era reconhecido oficialmente. A certificação de remanescente quilombola pela Fundação Cultural Palmares só veio em 2014.) "Essa chegada de muita gente na comunidade, muito homem, na verdade, tornou o Cumbe um lugar de movimentação até altas horas. Muitos bares foram abertos. Muitos homens bebendo", relembrou Cleomar Ribeiro. Talvez, numa grande metrópole brasileira, os salários dos trabalhadores da eólica não fossem considerados elevados, mas, em uma pequena comunidade pobre do litoral do Ceará, a diferença financeira entre os que chegaram e os que lá moravam é bastante significativa.

Convidadas por alguns deles, muitas mulheres de fora passaram a frequentar o Cumbe. Outros trabalhadores preferiam se aproximar das meninas quilombolas, com argumentos diversos. O ar de novidade que rapazes forasteiros traziam, o pacto de levá-las embora dali, juras de amor, a impactante diferença financeira que chegou de forma abrupta, ausência de discernimento, ingenuidade, um fascínio inesperado: as possibilidades são muitas. Não dá para afirmar qual delas pode ter sido mais preponderante para que as moças da comunidade se envolvessem com os trabalhadores recém-chegados.

O assunto não era conversado de forma direta pelos moradores do quilombo na época de nossa visita. Quando tocávamos no tema, sempre havia rodeios e uma grande sensação de constrangimento, principalmente entre as mulheres que se envolveram com os forasteiros da eólica. Foram meses de interação. Como resultado, muitas quilombolas, incluindo adolescentes, ficaram grávidas — embora não seja possível precisar quantas.

Os bebês vieram. A obra terminou. Nenhum dos trabalhadores ficou no vilarejo. Nenhum deles se casou com as quilombolas. Não deixaram nome completo, endereço, telefone ou redes sociais. Não registraram os nascidos. Não assumiram o papel de pai. No quilombo, as crianças ficaram conhecidas como "os filhos do vento". "Eles atraíam mulheres de fora e também muitas do território. Elas se encontravam, às vezes, tão vulneráveis que se deixaram levar", contou Cleomar. "Vimos muitos absurdos. Tinha uma casa na qual só moravam mulheres. Algumas, inclusive, bem meninas. Era perto de mim, e eu via. Iam muitos homens nessa casa toda noite. Eles usaram nossas mulheres. O quanto dói ver nossas mulheres ficando grávidas, e esses homens indo embora. É muito violento."

A comunidade viu surgir a prostituição nos arredores, com mulheres de fora do quilombo chegando para fazer trabalho sexual. Segundo relatos de moradores, na época da instalação dos parques na região, houve ainda sobrecarga dos serviços públicos como saúde, educação e segurança pública, que estavam defasados e não conseguiram atender ao aumento de pessoas. Além disso, teria acontecido um "agravamento de problemas sociais, como o aumento do alcoolismo entre os jovens, a exploração sexual, a violência contra a mulher e a gravidez indesejada na adolescência".[3]

Um trecho do relatório do impacto ambiental sobre a implementação do Complexo Eólico Aracati corrobora essa visão dos moradores, ao alertar para o aumento de gente circulando no local e, como consequência, novas interações sociais. "Tal relação", diz o texto, "pode causar aumento da prostituição, com consequências a agravos de saúde, especialmente de doenças sexualmente transmissíveis."[4]

Mas os impactos não foram apenas nas dinâmicas sociais do quilombo. Segundo a avaliação de especialistas, ONGs com quem conversamos e de alguns moradores da comunidade quilombola do Cumbe, a instalação dos equipamentos causou danos ambientais. O Ministério Público Federal (MPF) questionou a autorização para o projeto. Os prejuízos à natureza começaram logo nos primeiros dias de instalação do parque. Dezenas de caminhões foram necessários para carregar as ferramentas usadas na construção, os trabalhadores e as peças das enormes torres eólicas. Estradas precisaram ser abertas. Áreas foram terraplanadas para instalar os cataventos gigantes. Vegetação foi retirada, e o barulho produzido durante meses afetou a fauna (e a rotina dos quilombolas). "Eles começavam a trabalhar muito cedo e terminavam muito tarde. Trabalhavam por produção. Você pode imaginar o que causou na comunidade. Nessa época, nossa estrada era de terra, então, era muita poeira. Muita gente adoecia. Alergias. Sem falar o barulho, o trânsito. A gente não podia mais deixar nossas crianças irem para a escola sozinhas. Foi um processo exaustivo, desgastante. A gente estava o tempo todo brigando na estrada para parar isso porque a gente não aguentava mais", relembrou Cleomar.

Abaixo das dunas do Cumbe, escolhidas para receber o empreendimento, há um aquífero, recurso hídrico importante. O relevo local mostra campos de dunas móveis e fixas, que se destacam como unidades geológicas de alta potencialidade aquífera.[5] Só que o peso das torres, a passagem sistemática de dezenas de caminhões e a terraplanagem acabaram afetando o sistema. "O parque eólico provocou vários problemas. Ele ocupa um campo de dunas que foi em parte terraplanado, compactado, e teve construção de estradas. Embaixo dessas dunas, existe um acúmulo de água doce e essas alterações diminuem a capacidade desse local [de] ser um reservatório de água", disse Soraya Vanini Tupinambá, engenheira de pesca, especialista em gestão de áreas litorâneas e coordenadora do Instituto Terramar. Ela vê a questão da água potável como um impacto preocupante num estado como o Ceará, que tem quase 90% de seu território no semiárido.

"O litoral cearense é instável e os campos de dunas e as falésias atuam como barreiras naturais aos processos de erosão costeira, devendo assim ser preservados", diz o relatório de impacto ambiental.[6] O parque eólico da cidade de Aracati é um dos maiores do estado: tem 67 aerogeradores e ocupa uma área de aproximadamente 1540 hectares. Entre as funções ecológicas alteradas, a disponibilidade de água doce no lençol freático passou a ser uma das principais preocupações das populações locais. Mas, mesmo para períodos de estiagem prolongada, o nível da água disponível para consumo humano vinha se apresentando abaixo da média, de acordo com os moradores. Eles associaram isso, então, à instalação dos parques eólicos na região.[7] "Sem falar das lagoas que foram prejudicadas. Lagoas onde cresci, em que eu me banhei, pesquei. Nas lagoas tradicionais, ninguém anda mais. Elas foram partidas no meio, aterradas, com fiação por dentro, as pessoas ficaram com medo de ter essa relação que sempre tivemos", disse Cleomar. "Isso foi muito traumatizante para nós. Ver tudo aquilo sendo destruído por uma 'energia limpa'. Mas que energia limpa é essa?"

A quilombola contou que foi perseguida quando o empreendimento chegou à lagoa do Murici, local onde ela tinha uma barraca para vender lanches que era frequentado por pessoas da própria região, para lazer. Dali, Cleomar tirava parte do seu sustento. "Mas eu resisti. Fui perseguida, chamaram a polícia. Os próprios seguranças da eólica me perseguiram.

Disseram que eu era uma intrusa e tinha que sair de lá. Mas quem foi que chegou primeiro? Derrubaram minha barraca. Resisti o quanto pude. Mas muitas pessoas deixaram de nadar na lagoa, com medo de ter alguma fiação." Segundo ela, outro problema é a área do parque, que, antes, era utilizada pelos quilombolas para chegar até a praia. "A gente diz que praticamente foi expulso das áreas que é onde a gente mais tem atividade, a área de manguezal, a área das dunas, os morros como a gente chama. Essas áreas estão todas dominadas", disse ela. "A construção do parque eólico realmente foi muito agressiva. Não teve respeito à comunidade, ao modo de vida. Foi de uma devastação grande."

Depois da construção, que foi realizada pela empresa Bons Ventos, o parque eólico passou a ser administrado pela CPFL Renováveis. Apesar dos problemas e das reclamações de uma parte da comunidade, quando conversamos com a companhia, ela afirmava seguir com rigor as condicionantes de monitoramento de impacto previstas na licença do parque. Mas o que o MPF questionou foi justamente a regularidade do licenciamento feito junto ao governo cearense. Na ação movida pela procuradoria, que estava em análise de recurso na Justiça, o órgão disse que, devido à complexidade, a liberação para a instalação deveria ter sido realizada com base em um Estudo de Impacto Ambiental. Entretanto, a licença tinha sido concedida com um Relatório Ambiental Simplificado, como o próprio nome sugere, um procedimento mais simples de avaliação dos reais impactos. O órgão questionou também a autorização para a construção do parque eólico com base em um laudo técnico elaborado pelo Ibama. "'A maior parte das áreas onde as duas usinas eólicas seriam instaladas apresenta uma marcante ocorrência de dunas móveis e dunas com vegetação fixadoras, caracterizando-se como Áreas de Preservação Permanente'. O laudo dizia ainda que 'uma parcela significativa da área destinada à usina abrange uma cobertura vegetal formada por árvores e arbustos que constituem um ambiente de significativo valor paisagístico."[8]

O próprio laudo pericial que embasou a decisão de produzir um relatório simplificado para liberar o parque eólico citava impactos à fauna da região, alteração da camada superficial do solo, retirada da vegetação, mudança geomorfológica do território e modificação na recarga do aquífero. No relatório de impacto ambiental do Complexo Eólico de Aracati,[9] foram identificados 48 impactos, dos quais 42 foram considerados negativos.[10] No começo da década de 2020, existiam cerca de mil usinas eólicas no país, mais de 10 mil são aerogeradores em operação. Desse total, cerca de 90% estavam no Nordeste, a principal região de interesse.[11]

Em geral, os parques eólicos são apresentados por governos e empresas como possibilidades de reduzir as desigualdades sociais e gerar empregos. Entretanto, as consequências ambientais e os conflitos diretamente associados a eles vêm se agravando há décadas. Administradora do parque de Aracati, a CPFL nos afirmou que criou o Museu Arqueológico Comunitário para permitir o repatriamento de vestígios arqueológicos na região. No entanto, a construção foi realizada somente após a assinatura de um Termo de Ajustamento de Conduta (TAC), em acordo com o Ministério Público Federal e com participação do Iphan.

Depois da chegada do parque eólico, a comunidade do Cumbe passou a enfrentar um grande conflito interno. A maior parte dos quilombolas defende o território livre de ameaças econômicas para o uso coletivo. Mas, ao mesmo tempo, alguns remanescentes discordam da titulação da área. Isso porque, conforme vimos ao longo dos capítulos, quando uma zona é oficializada, não pode mais ser vendida nem herdada.

Em meio a tudo isso, existem ainda moradores do povoado que nem sequer se autointitulam quilombolas, pessoas de fora que se dizem donas daquelas terras, os veranistas da região, os empresários de camarão e a administradora do parque eólico — todos cobiçando o território.[12]

Um dos principais intelectuais quilombolas, Antônio Bispo dos Santos critica em seu livro *A terra dá, a terra quer* a maneira como a energia eólica costuma ser instalada: desconsiderando as populações tradicionais que vivem nessas regiões. Segundo ele, "mesmo os territórios que pensávamos que seriam preservados hoje estão sendo atacados pelos parques de energia eólica e energia fotovoltaica. Como podem dizer que os parques de energia eólica são pouco impactantes, que se trata de uma energia renovável, sustentável, ecológica?".[13] Em outro trecho, Bispo afirma: "Os cata-ventos vão alterar as correntes de vento. Em alguns lugares, o vento vai ficar mais fraco e em outros, mais forte. Alguns viventes precisam dos ventos. Sem ele, como vão se movimentar? Qual será o impacto dos ventos sintetizados sobre a movimentação das abelhas? As pessoas certamente não estão atentas a isso. Estão roubando nosso vento, estão roubando o nosso sol. Isso não é brincadeira".[14]

Toda essa questão, para Cleomar, resvala nos direitos de um povo que em sua trajetória esteve e continua desemparado.

16.
Palmares da Amazônia

Aqui onde estão os homens
Dum lado cana de açúcar
Do outro lado o cafezal
Ao centro senhores sentados
Vendo a colheita do algodão branco
Sendo colhidos por mãos negras
Eu quero ver
Quando Zumbi chegar

"Zumbi" (Jorge Ben Jor, 1974)

A cidade de Oriximiná fica no norte do Pará, perto do estado do Amazonas, e tem muitos quilombos e comunidades indígenas. Em 2021, ocupava a segunda posição no ranking brasileiro das cidades com a maior área de mineração industrial.[1] O principal produto extraído na região é a bauxita, uma rocha avermelhada usada na produção do alumínio metálico. Quando fomos ao município, o Brasil tinha a terceira maior reserva de bauxita do mundo.[2] Sua exploração acontece na cidade desde o fim da década de 1970, sendo que grande parte do mineral é exportada para os Estados Unidos e a Europa. A atividade gera empregos e ajuda a encorpar os dados econômicos do estado, mas seus críticos costumam afirmar que os prejuízos são maiores do que os eventuais benefícios.

"Não existe mineração sustentável." Conversávamos na biblioteca de Oriximiná com Juliene Pereira dos Santos quando ela deu essa resposta, depois de ser questionada sobre a extração de bauxita local. Remanescente do Quilombo Cachoeira Porteira e doutora em antropologia, havia sugerido que experimentássemos os bombons de castanha produzidos por quilombolas da região — essa coleta é uma das atividades mais importantes dali. Em seguida, contou que as comunidades da cidade estavam aprendendo a fazer produtos com o fruto e explicou como esse processo poderia gerar mais renda do que a venda da castanha in natura. Quando começamos a falar sobre os impactos da mineração, porém, o tom de voz dela ficou mais sério: "O que é mineração?", indagou, antes de continuar. "A mineração é a exploração dos recursos minerais. Nesse caso, da bauxita. E, para fazer essa exploração, precisa realizar antes desmatamento, precisa degradar áreas. Então, eu fico até me perguntando, por que os quilombolas são punidos por suas práticas tradicionais como caça e pesca se, ao mesmo tempo, autorizam que um empreendimento desses faça toda essa exploração. Vale ressaltar que essa mineradora está situada dentro de uma floresta nacional, tida como unidade de conservação de uso sustentável."

A área citada por Juliene é a Floresta Nacional de Saracá-Taquera, unidade que prevê desenvolvimento de projetos e pesquisas com uso sustentável dos recursos. Fica na mesma região da Reserva Biológica do Rio Trombetas e, juntas, representam uma zona responsável pela proteção de cerca de 800 mil hectares do bioma amazônico.[3] Os quilombolas da região reclamam que algumas de suas tradições alimentares de caça e pesca foram proibidas pelo Instituto Chico Mendes de Conservação da Biodiversidade (ICMBio). Por exemplo, a tartaruga, que é tratada como iguaria, tinha deixado de ser consumida pelos quilombolas por medo da multa que podem receber pela caça. E até mesmo a coleta da castanha vinha sendo regulada — era exigida uma série de regras para a realização da atividade.

A cidade de Oriximiná é cortada pelo rio Trombetas, afluente do rio Amazonas. A chegada na região central ocorre por barco, depois de uma viagem de cerca de quatro horas saindo de Santarém (PA). A maior parte do município é composta de florestas. Às margens do rio Trombetas, existem ao menos 37 quilombos.

Na mesma região, também há pelo menos 37 comunidades indígenas e 31 povoados ribeirinhos espalhados pelo território, que beira a fronteira do Brasil com o Suriname e a Guiana.

No século XIX, muitos escravizados que fugiam do cativeiro fizeram dessa área um esconderijo. As primeiras fugas foram registradas por volta de 1815, saindo principalmente das fazendas de plantação de cacau e criação de gado da região de Santarém. Depois de escapar, os cativos chegavam até o Trombetas, subiam o rio em busca de refúgio e encontravam um espaço para viver em liberdade acima das cachoeiras. Justamente por isso, um dos primeiros quilombos fundados foi chamado de Cachoeira Porteira. Da parte urbana de Oriximiná até essa comunidade são cerca de doze horas de barco. Na época escravocrata, a distância ajudava a dar segurança aos refugiados, mas, atualmente, dificulta o acesso a políticas públicas.

Juliene contou que, nas redondezas do local, existem sítios arqueológicos que registram a presença dos quilombolas ancestrais. No auge populacional, chegaram a viver ali entre 2 mil e 3 mil pessoas fugidas da escravidão. A região chegou a ser conhecida como o "Quilombo dos Palmares da Amazônia". Os moradores eram alvo de expedições que buscavam capturá-los e reescravizá-los. Assim, muitas vezes, a estratégia era destruir a própria comunidade e subir mais o rio, fundando quilombos em outros lugares. Nos arredores, as matas ofereciam proteção e proporcionavam caça, pesca e coleta de frutos, o que continuaria sendo tradição de algumas comunidades mesmo mais de duzentos anos depois. Além disso, os escravizados em fuga recebiam ajuda dos indígenas, que já habitavam a região. Após a abolição, os quilombolas que viviam lá começaram a migrar para outros pontos na beira do rio e deram origem a novos quilombos.

Orgulhosa dessa história, Juliene decidiu enfrentar a distância para estudar os dilemas do passado e do presente de onde cresceu. Ela queria que as pesquisas também tivessem o olhar dos próprios quilombolas para as questões que afligem as comunidades, em especial, as do norte do Pará. Para conseguir frequentar a universidade, mudou-se para a região central de Oriximiná, porque não seria possível fazer diariamente o trajeto de doze horas de barco entre o quilombo e a universidade. Um dos principais focos de interesse de seus estudos foi a relação dos quilombos locais com a mineradora que explora bauxita no município, embate surgido antes mesmo de ela nascer.

A pesquisadora cita como exemplo de impacto ambiental o lago do Batata. Por muito tempo, quilombolas pescavam e usavam a água da área para beber e para tomar banho. Mesmo assim, o local foi utilizado por anos pela mineradora como depósito dos rejeitos da exploração da bauxita. Depois, a própria empresa admitiu o problema e afirmou que vinha monitorando e fazendo trabalhos de recuperação do espaço com a participação de pesquisadores da Universidade Federal do Rio de Janeiro (UFRJ), em busca de restauração ecológica.[4] "Esse lago está morto. Não há mais reprodução de vida. Não foi recuperado. As pessoas que viviam ali no entorno tiveram o seu modo de vida totalmente desestruturado", disse Juliene.

Em 1971, quando foram iniciadas as obras para a formação do complexo de mineração de bauxita no vale do rio Trombetas, não foi previsto no projeto um sistema que separasse o resíduo mineral gerado após a lavagem do minério. Também não foi planejada nenhuma outra estrutura que diminuísse os impactos sociais e ambientais da destinação do rejeito no ambiente.[5] Além do lago do Batata, o igarapé Caranã foi atingido. Durante dez anos, entre 1979 e 1989, a mineradora despejou ali diariamente cerca de 25 mil metros cúbicos de rejeito de bauxita, o que equivale a 25 milhões de litros.[6]

O beneficiamento e o carregamento do mineral são feitos ao lado do Quilombo Boa Vista, o primeiro do Brasil a receber a titulação de território, em 1995. O terreno no qual a mineradora construiu o distrito que abriga sua infraestrutura e seus funcionários era originalmente da comunidade, dizem os moradores. Chamado de Porto Trombetas, a área tinha escola, hospital, agência bancária, correios, casas de alvenaria, água, luz, saneamento básico e até um pequeno aeroporto, enquanto existiam ao lado comunidades sem água encanada, tratamento de esgoto adequado, escola nem posto de saúde. Os cerca de 6 mil moradores eram funcionários da mineradora oriundos de outras regiões do país, e a entrada do distrito era guarnecida por seguranças.

Os quilombolas dizem que, antes da chegada da empresa, o território era usado para plantar alimentos destinados à comunidade. A mineradora nega. Para a empresa, o terreno do quilombo foi delimitado e reconhecido anos após o início de suas operações. Apesar disso, afirmou que discutiria possíveis medidas com o povoado. Os detalhes do caso também dificultam uma resolução rápida — a legislação que prevê a regularização dos territórios quilombolas foi estabelecida somente pela Constituição de 1988. Como a empresa começou a operar na região antes disso, considera que o espaço não tinha proprietários legais, mesmo que já estivesse ocupado.

Além do lago do Batata e da ocupação do território da comunidade Boa Vista, outros exemplos de problemas ambientais e sociais causados pela mineradora são mudança de cursos d'água, dificuldade de acesso à água potável, diminuição no número de peixes, doenças de pele e desmatamento. Até 2022, a mineradora já havia desmatado mais de 12 mil hectares. Toda a bauxita vinha sendo extraída de onde está a unidade de conservação Floresta Nacional de Saracá-Taquera.

Juliene contou que as comunidades mais próximas à mineradora eram as mais afetadas pela exploração da bauxita. Além da Boa Vista, citou ainda o Quilombo Água Fria. "A gente observa que a água não é mais da mesma cor. Está turva e as próprias comunidades que estão ali no entorno têm uma desconfiança de consumir aquela água. Não é mais a mesma água em que as crianças brincavam, que se bebia sem medo", falou.

A bauxita é um recurso finito. Em algum momento, sua extração deixará de ser feita em Oriximiná e migrará para outro local. A pesquisadora quilombola teme que, no dia em que isso acontecer, a região fique ainda mais pobre, já que ficará sem benefício estrutural em relação às necessidades básicas, e a mineradora levará consigo os poucos empregos que proporcionou à cidade: "Haverá um legado... da poluição, do desmatamento. Inclusive, nós estamos falando em perdas de copaibeira, andiroba, que é também uma base da economia das nossas comunidades, então, se não tem mais essas árvores na região, as pessoas vão ficar com o legado da miséria".

Em 2011, quando já existia o conflito entre a mineradora e as comunidades da região, um estudo feito com 35 povos quilombolas de Oriximiná mostrou que a presença deles ajudava na preservação da Amazônia e evitava o desmatamento ilegal. Imagens de satélite mostraram que apenas 1% dos territórios quilombolas da cidade estava desmatado e que, de forma geral, o ritmo do desmatamento nessas terras quilombolas estava diminuindo. A mesma pesquisa mostrou que 8 mil moradores da região estavam começando a sofrer assédio de madeireiras e passar por outros problemas causados por obras extrativistas.[7]

Maria Zuleide dos Santos tinha 68 anos quando a conhecemos. Vaidosa, só aceitou conversar depois de se arrumar. Maquiada e vestindo roupa nova, ela relembrou os tempos em que era adolescente, antes de a mineradora chegar à região. Zuleide foi uma das lideranças do Quilombo Boa Vista que estiveram na linha de frente da luta que transformou o local na primeira comunidade do país com o título de propriedade da terra.

Ela queixava-se que a água do rio estava, agora, poluída. A moradora ressaltou que a poeira levantada pela mineração era grande e sujava as roupas no varal. Contou também que muitas pessoas da comunidade passaram a morrer de câncer depois da chegada da mineradora. Embora nunca tenha ocorrido nenhum estudo para identificar se existe alguma relação causal, a quilombola falou que a doença raramente surgia antes da chegada da mineradora. "Hoje em dia, tem navio aí o tempo todo. Jogam imundice, tudo que não presta no rio. A água ficou diferente, o rio sem peixe. A água está mexida, é uma 'água *pocenta*'. A gente agora tem até medo de tomar essa água ou de tomar banho. A gente era acostumado. Isso era uma cultura para mim, tomar banho na beira do rio", disse. "A água era cristalina a ponto de se enxergar uma aliança que caísse na beira do rio. Antes tinha muito peixe. Era pirarucu, era tucunaré, era peixe-boi. Esse rio era farto. Hoje quase não tem mais. Agora precisamos comprar o peixe. Agora, se você tiver dinheiro, você come, se não..."

Outra moradora do Boa Vista com quem conversamos foi Luciane Printes, de 27 anos, vice-coordenadora da associação quilombola. Além de concordar com os relatos de Zuleide, ela mencionou o barulho dos navios e das máquinas, assim como a iluminação forte da mineradora. Também disse que os quilombolas que têm encanamento recebem água suja por conta dos resíduos: "Infelizmente, só o lado deles ganha. Estão há mais de quarenta anos aqui, e a gente continua na mesma, não avançou muito: não temos saneamento, não temos o básico. Quando eles chegaram, a gente já estava aqui. O terreno em que eles estão era nosso. Os mais velhos não tinham entendimento de legislação e cederam".

Ela contou que os primeiros embates com a mineradora envolveram seus bisavós. Luciane afirmou que a empresa também causou problemas sociais: os mais jovens perderam o hábito de pescar ou coletar, e alguns passaram a trabalhar em empregos oferecidos pela companhia, com salários baixos e jornadas longas. Com isso, o dinheiro ficou insuficiente para suprir demandas que antes eram satisfeitas pela floresta, com a coleta, a roça e a pesca. Quando fomos a Oriximiná, ao menos 112 famílias, formadas por quase oitocentas pessoas, moravam na comunidade. "Eles despejaram resíduo de bauxita no nosso igarapé", disse Luciane. "O navio abastece e depois fica aqui na nossa frente, vem fazer a manobra. Às vezes, fica a noite toda com barulho e iluminação. Nós temos diálogo constante, fazemos reuniões. Mas eles só enrolam a gente. Falam que vão ajudar, fazer diferente e nunca muda muita coisa."

Ela atribuiu, inclusive, a titulação do quilombo à chegada da mineradora. Seu pai, Carlos Printes, era uma das lideranças da região e esteve no grupo que lutou pelo documento de posse territorial do Boa Vista. A empresa MRN se instalou ali antes que os moradores conseguissem o título, e o embate com a mineradora teria intensificado a luta pelo registro. "Para nós, é motivo de orgulho ser o primeiro quilombo titulado, mesmo que isso não tenha trazido coisas boas, porque a gente vê que o nosso quilombo não é um lugar evoluído, não tem o que deveria ter. Mas a empresa ainda se preocupa em nos escutar. Se não estivesse titulado, seria bem pior", falou ela.

Outra preocupação da comunidade tem a ver com a barragem de rejeitos de bauxita. O medo cresceu após o ocorrido em Mariana, Minas Gerais, onde, em 2015, o rompimento de um reservatório causou pelo menos dezenove mortes e prejuízos ambientais em áreas que vão até o estado do Espírito Santo. Anos depois, em 2019, Brumadinho teve um episódio ainda maior, com ao menos 272 mortos depois que o sistema colapsou.[8] "Quando houve o trágico caso de Mariana, aqui nós tivemos um inverno muito rigoroso, e há relatos de que nesse mesmo ano também as pessoas que vivem no Boa Vista e no

Água Fria observaram que houve um vazamento. A sorte é que não foi descontrolado. Mas isso contamina nossos rios, inclusive nossos peixes, que são a base nutricional", disse Juliane.

A mineradora tinha 29 barragens na região de Oriximiná, sendo 27 dentro da área da Floresta Nacional de Saracá-Taquera. Uma delas está a apenas quinhentos metros do Boa Vista. Os quilombolas reclamam que não são informados sobre as fiscalizações e os eventuais riscos. A primeira orientação sobre o procedimento em caso de uma emergência veio, segundo eles, somente em 2019 — ou seja, quarenta anos após o início das atividades de mineração. "Inclusive, há uns dois anos houve uma chuva forte, e parte desse rejeito veio para o rio. Os quilombolas em Boa Vista, Água Fria e Lago do Ajudante não tomam mais água do rio. No lago Sapucuá, há crianças com coceiras após tomar banho no rio", afirmou Juliene, atribuindo o problema de saúde aos rejeitos da bauxita. "Que riqueza a mineração tem deixado para nós? Eu acho que é uma pergunta que a gente tem que se fazer porque a ideia do progresso nos ilude muito. O que tem ficado para nossas comunidades? Anualmente, a empresa arrecada milhões, bilhões de reais."

Juliene explicou que a mineradora até tinha uma política de relacionamento com os quilombos, entretanto, oferecia apenas soluções paliativas para os problemas, como doação de combustível para as embarcações. As comunidades estão todas à beira do rio, distantes umas das outras e da área central de Oriximiná. A locomoção dos quilombolas até lá acontece em pequenos barcos estreitos, chamados de rabetas, que comportam cerca de quatro ou cinco pessoas e são impulsionados por um pequeno motor. Outro benefício oferecido é a ajuda para realizar consultas médicas ou o envio de profissionais às comunidades. Nenhuma das ações, porém, é estruturante a ponto de deixar um legado para a região, segundo ela: "Nós precisamos de postos de saúde, nós precisamos de escolas, nós precisamos de mais políticas públicas efetivas para as nossas comunidades, de um projeto de manejo. Nós sabemos que as políticas públicas são uma responsabilidade do Estado. Contudo, uma vez que a mineradora está levando todos os nossos recursos ao longo desses quarenta anos, o que a empresa tem feito? Eu acho que essa é uma das questões-chave. Porque os royalties deveriam ir para as comunidades, já que a exploração acontece em torno desses territórios que são afetados diretamente. Eu não compreendo essa lógica dos royalties".

Somente em 2022, a mineradora que opera em Oriximiná obteve uma receita bruta de 2,2 bilhões de reais. No mesmo ano, o valor pago de royalties foi de 63 milhões. Esses valores são uma compensação financeira que as empresas devem pagar aos estados e municípios pelo direito de exploração de um mineral ou qualquer outra riqueza que exista naturalmente no território, ou seja, pertencente a todas as pessoas do país, em teoria. A prefeitura de Oriximiná afirmou que o valor repassado pela mineradora não é suficiente para custear melhorias para as centenas de comunidades que existem na cidade. A gestão municipal se queixou também de que caíam em seu colo todos os problemas locais, enquanto a empresa lucrava com os recursos da cidade e participava pouco da estruturação. Já a empresa disse que realizava os repasses determinados por lei e que cumpria todas as determinações da Agência Nacional de Mineração e pela legislação.

Para Rosa Elizabeth Acevedo Marin, pesquisadora e professora de desenvolvimento sustentável, as práticas nocivas ao meio ambiente que ocorreram no passado ainda apresentam efeitos. Ela realizou diversos estudos na região e diz que, na época da instalação a mineradora não teve cuidados ambientais. "A Mineração Rio do Norte se armou de artifícios de poder para conseguir as licenças. E, quando a empresa se instalou, a legislação ambiental era muito pouco cuidadosa sobre isso. A flora, a vegetação, os castanhais ficaram reduzidos e, para os quilombolas, a castanha é fundamental [como atividade econômica]", argumentou a pesquisadora. "Foi muito violenta essa destruição. Eles não têm nenhuma consideração pelos quilombolas."

Segundo Juliene, as comunidades viviam às margens não apenas dos rios, como também do Estado: "Nós temos uma racionalidade de vida e de trabalho que é afetada por esses empreendimentos à medida que, por exemplo, chega uma unidade de conservação e diz que, a partir de agora, não pode mais pescar aqui, não pode mais pegar árvores para construir sua casa, sua canoa. Não pode mais tirar uma palha para cobrir a sua casa. Então, se eu não posso tirar uma palha para cobrir minha casa, eu vou ter que ir comprar telha Brasilit na cidade, e as pessoas, muitas vezes, não têm dinheiro para comprar um material desses, que é caríssimo. Nós sobrevivemos dos nossos recursos naturais".

Ela ressaltou ainda que as comunidades estavam vivendo em situação de pobreza. Como renda, recebiam o Bolsa Família e atuavam na coleta da castanha. O fruto era vendido ao natural ou usado em alguns tipos de doces, como os bombons que ela havia indicado para nós. Embora a titulação do território seja fundamental para as comunidades, as lutas quilombolas não se encerram com esse documento, enfatizou. Por conta da localização em que normalmente estão, os quilombos sofrem assédios de diversos interessados em explorar recursos como madeira, minérios ou mesmo o mercado de crédito de carbono. "Se o Estado libera uma área para ser construída, um empreendimento de mineração e, ao mesmo tempo, coloca do outro lado uma unidade de conservação na área que é de pesca e que é de caça, isso é uma forma não só de controlar nossa vida, mas também de nos tornar mais miseráveis, porque nós vivemos da extração dos nossos recursos naturais", disse ela.

Em outra tarde daquela semana de inverno, os termômetros marcavam em média 36 °C, mas a sensação térmica era maior. Nada fora do normal para Oriximiná, onde as temperaturas costumam de fato ser altas. A cidade paraense está bem perto da linha do Equador e esse período do ano é conhecido como verão amazônico, com muito calor e chuvas abaixo da média, em contraste ao restante do país. Por isso, caminhar pelo calçadão em frente ao rio não era simples e obrigava paradas para aproveitar as sombras das árvores. Foi em um desses momentos de descanso que o fotógrafo que nos acompanhava avistou um pequeno barco superlotado.

Na embarcação de madeira, cerca de cinquenta pessoas aguardavam o horário de iniciar a viagem de volta para o Quilombo Mãe Cué. O trajeto entre a comunidade e a parte urbana da cidade tinha durado mais ou menos doze horas e o retorno levaria tempo parecido — uma viagem de um dia para conseguir acessar, na parte urbana de Oriximiná, supermercado, farmácia, banco, hospital, comprar gás, loja de roupas... O barco estava estacionado em uma espécie de porto não muito organizado. "Para você ver a dificuldade que o quilombola passa. São doze, treze horas de viagem. E a gente ainda tem que enfrentar o calor aqui dentro", lamentava Domingos Vieira da Cruz, de 46 anos. Muito tímido, foi preciso insistir para ele conversar conosco. Pareceu surpreso com o interesse de pessoas de fora de Oriximiná em conhecer a situação dos quilombolas. Era um homem retinto, de cabelo quase todo raspado coberto por um boné, e suava muito por conta do calor. Com o passar da conversa, se soltou e abriu um largo sorriso muitas vezes, mesmo contando sobre as dificuldades.

Além de pequeno, o barco era fechado, com poucos vãos ou janelas. A capacidade de acomodar com conforto os passageiros já estava visivelmente ultrapassada. As dezenas de redes coloridas penduradas no interior da embarcação dificultavam ainda mais a ventilação. Deitados nessas redes ou no chão, estavam mulheres, homens, crianças e idosos, todos da mesma comunidade. Dividiam espaço com diversas sacolas e caixas contendo os produtos que levariam para o quilombo. A alimentação era feita de forma improvisada dentro do barco. "A gente vem uma vez por mês. Não dá para vir mais por conta da distância, mas a maioria desses serviços é só por aqui mesmo", disse a quilombola Cleiane Ferreira dos Santos, 20 anos. A jovem negra, com um olhar triste, tentou se esquivar de conversar conosco, mas a sua curiosidade em acompanhar o papo com Domingos evitava que ela fosse para outro lado do barco. Em um primeiro momento, nos pareceu ser ainda mais nova do que realmente era. Ela também reclamou do calor na viagem.

Uma das principais fontes de renda dos moradores de Mãe Cué é o Bolsa Família, o que acabava sendo mais um motivo para eles viajarem todo mês, já que a única forma de receber o auxílio é ir até a área urbana. Além do programa, alguns quilombolas trabalham como pedreiros e coletores de castanha. A comunidade de Cleiane e Domingos é uma das mais afastadas do centro de Oriximiná: fica em uma área de floresta e o acesso é feito apenas de barco pelo rio. Naquela época, havia cerca de sessenta famílias morando no território. Mãe Cué é, ainda assim, mais perto da área urbana do que o Quilombo Cachoeira Porteira, onde nasceu Juliene. "Quando nós falamos de comunidades quilombolas, nós temos que entender as regiões. Aqui, na Amazônia, tem esse caso peculiar: Oriximiná é um município muito extenso, e as comunidades estão situadas distantes. É difícil. Cachoeira Porteira, que é o meu território, também são doze horas para chegar. É o último território do rio Trombetas", disse a pesquisadora.

Segundo ela, essa distância tem ainda mais peso por conta da ausência de políticas públicas, que obrigam as pessoas a se locomover por tanto tempo para acessar serviços básicos, como saúde e educação. "Nossos pais... nossos bisavós... não tiveram acesso à escola. Somente nos anos 2000 é que começam a se instituir as escolas quilombolas, que é um direito nosso, uma educação diferenciada, específica para nós. Mas ainda não chega de forma a corresponder às nossas necessidades. Em Cachoeira Porteira, tem uma escola, mas algumas comunidades de Oriximiná nem escola têm. Alguns alunos precisam pegar o barco às cinco horas da manhã para chegar numa escola e passar o dia lá e depois retornar para casa", explicou.

Mesmo as comunidades que têm escola recebem nas salas de aula professores que desconhecem a realidade do povoado, disse ela, não valorizam a cultura, não aplicam uma educação específica e reproduzem preconceitos. Vimos casos similares em outras comunidades onde estivemos, como o Quilombo do América, também no Pará.

Nos quilombos de Oriximiná, os alunos sem escola se deslocam entre os povoados todos os dias. Para isso, a prefeitura contrata barqueiros, serviço usado pelas famílias mesmo dentro da própria comunidade. Os territórios são grandes, e fica difícil para os pais levarem os estudantes de canoa. Além dos salários dos barqueiros, o município arca com o diesel utilizado pelas pequenas embarcações. Na época em que visitamos a cidade, porém, o repasse do combustível estava atrasado, e as crianças, longe das aulas. No município, viviam quase 10 mil quilombolas,[9] número que representava cerca de 14% da população total de Oriximiná, que era de 68 mil pessoas.[10] As comunidades mais distantes precisam lidar com as escalas dos barcos. Muitas pessoas já têm suas próprias embarcações, mas outras ainda dependem do barco da comunidade, que é de uso coletivo. "Se nós quisermos prosseguir os nossos estudos, precisamos sair dos nossos territórios, deixar nossas famílias e morar com outras famílias. Estar distante da nossa própria realidade, da forma como nós vivemos, porque não é ofertada educação nos nossos territórios", desabafou Juliene, ao fim de nossa conversa na biblioteca. "Cada vez mais nós vamos ficando para trás, cada vez mais ficando mais miseráveis. Não vejo nenhum tipo de desenvolvimento. Precisamos de um desenvolvimento que nos envolva, olhe para nossas especificidades e nos reconheça enquanto sujeitos de direitos, não apenas como os intrusos do desenvolvimento. Nós não somos os intrusos. Intruso é quem chega depois."

17.
Entre o mar e a terra

Ponta de pedra costeira,
perau, quebra-mar
Mangue, colônia pesqueira,
pontal do pilar
Barro, sapê e aroeira é a casa de lá
Bule de flandres, esteira,
moringa e alguidar
[...] Beira de mar

Cada negro
olhar, sangue de África
Centro de aldeia, bandeira,
nação Zanzibar
Da mesma veia guerreiro do povo Palmar

"Outro quilombo" (Mario Gil
e Paulo César Pinheiro, 2002)

O navio havia deixado a costa africana semanas antes de chegar
à região do Grão-Pará, no Brasil. Era por volta de 1810. A embarcação estava carregada com o "produto". No porão, centenas
de mulheres e homens amontoados, conduzidos para serem escravizados. A travessia não era simples. Os cativos ficavam deitados, porque os porões eram construídos para caber o maior
número possível de africanos. Dormiam no mesmo local onde
urinavam e defecavam. A comida e a água eram racionadas, e
eles também se alimentavam ali, já que não podiam sair. A altura do local não permitia que ficassem em pé. No máximo, aga-
chados, com algum esforço. Sem janelas, sem vento e sem luz
solar. O cheiro e o calor eram insuportáveis. Não tinham como
tomar banho. Vez ou outra, de má vontade, um dos homens da
tripulação jogava água com um balde, numa tentativa de limpar

o espaço e, ao mesmo tempo, a "mercadoria". Mas não obtiveram o efeito esperado, ao contrário, o resultado era mais espalhar os excrementos do que limpar.

Essas condições não eram muito diferentes em outros tantos navios negreiros que durante séculos atravessaram o Atlântico. Esse tipo de viagem poderia demorar seis, sete, oito semanas, a depender da região da África da qual o barco saía e das paradas que fazia. Eram transportadas entre duzentas e trezentas pessoas. Quem morria pelo caminho era atirado no mar. Os muito doentes também eram jogados da embarcação, para evitar que contaminassem os outros. Quando não morriam afogados, enfrentavam os tubarões.

Não se sabe ao certo se a embarcação com destino ao Grão-Pará partiu do que hoje são as regiões dos atuais Angola, Moçambique ou Nigéria. Após atravessar o Atlântico e, talvez, fazer uma ou duas paradas já na costa brasileira, o navio contornou o litoral do Nordeste do Brasil, passou pelo Maranhão e entrou na Baía de Marajó, área que divide a capital paraense, Belém, da Ilha do Marajó. Depois, o barco subiu o rio Paracauari em direção ao porto de Soure.

Por precariedade da embarcação, problemas na infraestrutura, ou talvez condições climáticas, o barco naufragou, e parte da tripulação morreu, a maioria negros africanos. Entretanto, alguns conseguiram se soltar e sair do porão a tempo. Chegaram à margem do rio e fugiram para dentro da mata. A floresta densa foi um bom esconderijo, suficiente para evitar que fossem recapturados. Ali encontraram um local onde conseguiam se abrigar e comer. Criaram o Quilombo Mangueiras, que existe até hoje na cidade de Salvaterra, na Ilha do Marajó.

Os africanos que fugiram do navio negreiro começaram a construir suas casas à beira do rio como forma de proteção. Caso as operações reescravizadoras chegassem até à comunidade, seria mais fácil acessar as águas e fugir por lá, em embarcações improvisadas, ou a nado, até a outra margem. Ainda seria possível se embrenhar pelos manguezais, abundantes na região. Por isso, na época, o quilombo não se chamava Mangueiras. Tinha o nome de Beirada, já que as moradias contornavam a costa do rio. No centro, um grande descampado servia como área comum para as diversas atividades da comunidade. Esse largo espaço também separava das casas o único acesso por terra ao quilombo, dando alguns minutos preciosos, em caso de necessidade de fuga. Dentro dos lares, era possível que os quilombolas observassem os perseguidores chegando. Pelo lado de trás das casas, podiam acessar o rio e fugir.

"É isso que nossos mais velhos contam sobre a origem do quilombo", afirmou Jéssica Melo de Oliveira, presidente da associação quilombola local. Na casa dos trinta anos, ela nos recebeu em seu quintal, em um terreno que divide com outros familiares. Conversava conosco enquanto cuidava da filha e organizava algumas atividades da comunidade. Negra e de cabelo crespo, ela carrega um aspecto jovial em seus olhos levemente puxados. Está sempre sorrindo.

"Um navio negreiro que afundou aqui na baía", continuou "às margens aqui do rio. Essas pessoas escravizadas conseguiram fugir, se salvar segurando em troncos de árvores e, com isso, vieram parar na região de Salvá. Depois, migraram para cá." O nome Mangueiras só surgiria muitos anos mais tarde, por conta da árvore frutífera que existia na região. Embora o número de mangueiras no território tenha diminuído, ainda é possível encontrar algumas centenárias. O costume de construir casas à beira do rio permanece firme, séculos após o surgimento da comunidade.

O quilombo foi expandindo e aos poucos dando origem a outros povoados no município de Salvaterra, na Ilha do Marajó. Povoados que seguem ligados por laços de amizade, familiares e diversas formas de resistência. Segundo os moradores, grande parte dessa união tem a ver com um dos fugitivos daquele navio negreiro. Quando conversamos com Jéssica, ela não se recordava do nome do patriarca lendário, mas atribuiu a ele o aumento de quilombolas nesse pedaço do Brasil.

"Um deles que veio, fez família aqui em Mangueiras. Daqui, atravessou o rio e foi fazendo outras famílias. Fez família em Deus Me Ajude, Siricari, Caldeirão, que fica lá em frente a Soures. Sendo que nós, enquanto quilombolas, entre as dezesseis comunidades que temos aqui no município de Salvaterra, somos praticamente uma única família, por conta dessa pessoa."

Em Mangueiras, havia 250 moradias na época de nossa visita. Mas cada casa costuma ter mais de uma família. Os quilombolas têm como principais atividades a pesca e a coleta de frutas. Eles também são peconheiros, trabalhavam na retirada do açaí. Ou seja, para coletar o fruto, sobem nas árvores com a ajuda da peconha, apoio para os pés. Há também uma relação muito forte com o mangue, de onde retiravam o caranguejo e o turu, molusco branco que faz parte da cultura alimentar regional. Assim como o caranguejo, ele também é fonte de renda para os quilombolas.

Mais de 130 anos após o fim da escravidão, chegar até o quilombo continua complexo. De Belém para a Ilha do Marajó, a principal forma é via barco, e o trajeto pode durar até quatro horas. Ao chegar ao arquipélago, que é conhecido pela presença cotidiana de búfalos na vida dos moradores, ainda é necessário percorrer mais cinquenta minutos de carro, na maior parte do tempo por estradas de terra, até chegar a uma imensa fazenda particular. Atravessá-la é caminho quase obrigatório, já que contorná-la tornaria a viagem muito mais longa. O proprietário controla a passagem até a comunidade. Funcionários, a pé ou a cavalo, monitoram os portões e vigiam o extenso território. Logo na entrada, avisam os visitantes que, por se tratar de uma propriedade privada, é proibido tirar fotos. Ao fim desse trajeto, cuja estrada é de terra, há um largo rio. Ali, é preciso deixar o carro e atravessar as águas com um pequeno barco que fica estacionado num trapiche. Do outro lado da margem, existe ainda uma distância de mais dois, três quilômetros de caminhada, ou de carona, até chegar à comunidade — de novo, por uma estrada de terra.

Assim como a maioria dos quilombos retratados neste livro e tantos outros do Brasil, a comunidade Mangueiras também lutava pela titulação de seu território. Além da busca pelo documento, dois produtos eram responsáveis por angustiar os moradores do local: açaí e arroz. "A nossa comunidade há um bom tempo vem sendo humilhada. Nossos pescadores, os nossos peconheiros. Porque o nosso meio de sobrevivência é a pesca e a extração do açaí. Os peconheiros, quando chega o tempo da colheita, são impedidos de tirar esse açaí", disse Jéssica. "Pai de família é ameaçado, humilhado. Quando eles vão tirar o açaí tem segurança lá, não podem trazer o açaí para cá para vender, sendo que aqui tem um preço mais elevado. Só pode vender para eles."

Na época de safra, os fazendeiros da região arrendam as áreas de açaí para pessoas que, na maioria das vezes, são de fora da cidade. Em alguns casos, as terras nem pertencem totalmente a eles, mas, mesmo assim, arrendam o terreno. Esses arrendatários montam, então, estruturas com seguranças armados às margens do rio, próximas às árvores de açaí. A legalidade desse processo é nebulosa. Boa parte das palmeiras está em zonas que não pertencem a nenhum proprietário privado. Outras estão em manguezais.

"Quando os nossos pais de família vão tirar o açaí lá, e são proibidos de trazer para a comunidade, muitas vezes, eles se revoltam. Os funcionários desses fazendeiros pegam as latas e jogam o açaí fora, no rio, derramam." Para se ter uma ideia da diferença de valores, na época em que conversamos com Jéssica, ela nos disse que uma lata do açaí podia ser vendida por trinta reais, perto do quilombo, do outro lado do rio. Entretanto, os quilombolas coletores do fruto estavam sendo coagidos a vender um pote daquele pela metade do preço aos arrendatários.

"A pessoa que arrenda contrata um grupo de homens, seguranças, para colocar na entrada do rio. Quando o peconheiro aparece, esses seguranças revistam as embarcações. Eles param quem está a pé. Se tiver açaí e se recusar a vender pelo preço mais baixo, eles ameaçam, atiram. Ninguém morreu, mas já chegaram a atirar. Quem se recusa uma vez a vender fica proibido depois de subir e coletar o açaí."

A Ilha do Marajó tinha um sistema em que se observava forte presença de latifúndios e relações de famílias da oligarquia, explicou Flávio Bezerra,[1] etnobiólogo e antropólogo. Ele trabalhava com pesquisas relacionadas às comunidades quilombolas de Mato Grosso, Maranhão e Pará. O pesquisador disse que esses quilombos ainda guardam marcas da colonização e da forma violenta como africanos foram levados para a região e escravizados. Sobraram resquícios do processo de formação das fazendas e da chegada dos negros à Ilha do Marajó — o que remonta aos séculos XVI e XVII. Ainda era possível encontrar um sistema baseado em um tipo de relação de servidão, em que as pessoas trabalham sem acessar direitos trabalhistas.

Além do açaí, o arroz também se tornou um problema na comunidade. Em meados de 2020, um fazendeiro de fora da região começou a plantar bastante cereal, num terreno a poucos quilômetros da área quilombola. "Uns meses atrás, tivemos um surto de diarreia. Depois, um surto de coceira no nosso corpo, e a gente não sabia dizer o que era", contou Jéssica. Um dia, a quilombola saiu de casa com a filha. Tinha ido levar a menina para tomar vacina, na unidade de saúde que fica em uma vila, antes da região central de Salvaterra. É o posto mais próximo da comunidade.

"Quando a gente passou, porque para ir até a vila temos que passar por dentro da fazenda dele, os funcionários estavam jogando veneno. Então, isso já está nos atingindo. A nossa comunidade está sendo afetada? Sim. Mas o que eu fico de coração apertado é ver a comunidade de Providência, que fica mais perto. É uma comunidade que está sofrendo muito mesmo, porque o meio de sobrevivência deles é a pesca e o plantio de mandioca."

Jéssica disse que as famílias desse quilombo não estavam mais conseguindo plantar. Além disso, segundo ela, Providência era rodeada pelo rio que, agora, estava com água cheia de agrotóxico. Reclamações foram respondidas com ameaças. "O que vai ser deles? O que vai ser de nós e de outras comunidades? Estamos no entorno desse rio, de onde tiramos o nosso sustento. O que vai ser de nós quando esses peixes sumirem? Porque já começaram a sumir."

Com vários braços, o rio Paracauari é margeado por muitas comunidades. Além dos quilombos Mangueiras e Providência, ficam próximos Deus Me Ajude, Barro Alto, São Benedito da Ponta, Boa Vista e Valentim. "Ele sobe. É um braço que ele vai... Então, esse agrotóxico, ele vem, sim, pra gente. Ele está, sim, prejudicando a todos nós. Nós temos um berço aqui do peixe tucunaré, que fica lá em cima. O tucunaré já começou a falhar. Por que, se isso nunca aconteceu? Esse peixe está arriando, está sumindo."

Em 2009, o STF determinou que arrozeiros instalados na reserva indígena Raposa Serra do Sol, em Roraima, deixassem a região. Os ministros da corte entenderam que a área só poderia ser utilizada pelos indígenas.[2] "Os quilombolas estão enfrentando agora um sério problema com o aumento do agrotóxico. Se estabeleceu nessa região de Salvaterra um conflito grande entre quilombolas e arrozeiros. Produtores de arroz foram migrando, expulsos do território da Raposa Serra do Sol. Depois de uma decisão do STF, foram para a região do Marajó. Os territórios quilombolas são preservados. São ricos em recursos naturais, em água, de toda sorte de produtos da sociobiodiversidade. Solo bom, terra fértil, água farta. Então, algumas áreas nas cercanias desses quilombos estão sendo destinadas para a monocultura do arroz", afirmou Flávio Bezerra.

Durante muitos anos, vigorou uma relação de negociação entre alguns fazendeiros e as comunidades. Os fazendeiros permitiam que as famílias quilombolas acessassem as terras, que não eram consideradas produtivas para eles. Esses terrenos tinham florestas, com abundância de caça e de árvores com frutos como o bacuri. E as famílias tinham permissão verbal para acessar as áreas para coleta e caça e até desenvolver roças. Contudo, esses territórios passaram a ser desmatados para receber o cultivo de arroz, a partir do fim da década de 2010.

Os moradores da comunidade de Mangueiras nunca conseguiram falar com o proprietário do arrozal. Os da comunidade Providência até conseguiram, mas a conversa não chegou a um acordo. Algumas pessoas dos arredores foram chamadas para trabalhar na produção do arroz, mas a maioria dos convites foi rejeitada. Os salários oferecidos tinham diárias menores do que o valor arrecadado pelos quilombolas com a venda do açaí e de outros produtos, além de ter uma carga de trabalho bem maior. Além disso, diferente dos itens coletados por eles, que também serviam para abastecer a própria casa de quem trabalhou na extração, a plantação de arroz tinha a produção destinada totalmente para a venda externa.

"Muito desmatamento. Se vocês vissem como era a região e como ficou... Vocês iriam ficar tristes. Era mato fechado. Tinha tucumanzeira, bacurizeira. Eu cansei de ir coletar o caroço do tucumã. As famílias pegam o caroço do tucumã pra tirar o óleo do bicho, como a gente diz. O bacuri. Está tudo no chão", lamentou Jéssica. Os quilombolas já denunciaram o desmatamento e o uso excessivo de agrotóxico no cultivo do arroz, mas não conseguiram nenhuma ajuda dos órgãos estatais. Em vez disso, dizem que passaram a receber ameaças por conta das queixas. "Toda vez que acontece alguma coisa, a gente vai lá e denuncia. Infelizmente, nada é resolvido. O meu pai foi ameaçado dentro da própria roça. Ameaçado de morte. Ele ficou tão nervoso que não sabia o que fazer. Ficou com medo de denunciar, disse que tinha filhas e netos. Depois, os companheiros da comunidade convenceram ele a denunciar. Mas faz vídeo, denuncia, vai ao Ministério Público e tudo o mais. Não adianta!", contou a líder quilombola.

"Minha filha tem sete anos. Quando ela vai aqui nessa estrada e vê a derrubada das árvores, fica apavorada. 'Mãe, o dono da fazenda não vê que vai prejudicar a gente? O que vai ser do meio ambiente? Ele não sabe que não pode queimar o mato assim?' A floresta faz parte da nossa cultura. Quando a gente vai no posto e não tem uma medicação, temos o conhecimento dos nossos idosos, dos mais velhos, que são as nossas medicinas."

Jéssica, então, deu exemplos da "farmácia do quilombo". Se alguém fosse mordido por uma cobra, ela rasparia o tronco da fruta-do-conde e colocaria sobre o ferimento. Agora, se o problema fosse dor de barriga, recomendaria bons goles de chá. A bebida poderia ser preparada com folha de boldo, folha de amor-crescido ou sucuriju.

Ela e a família nos receberam com um almoço. No prato, um peixe recém-pescado pelo tio e uma salada colhida da horta da casa. No copo, suco de bacuri, também coletado nas redondezas.

O uso de agrotóxicos não é usual entre os quilombolas. Em geral, fazem o chamado uso múltiplo do território. Além de se adaptar às variedades frutíferas e de plantas que existem naturalmente na região que habitam, no caso da agricultura, eles plantam uma gama diversa de espécies. Isso ajuda a proteger os cultivos, sem a necessidade de produtos químicos. Por exemplo, as famílias quilombolas plantam diferentes tipos de mandioca para terem estoque: um fica pronto depois de três meses, outro, seis meses, outro, um ano e por aí vai. Assim, garantem alimento para o ano todo. E, caso apareça uma praga que afete alguma dessas variedades, as outras podem suprir a produção. A lógica exemplificada na mandioca também é usada para outras plantações. Esse tipo de roça é feita em sistema de mutirão. As famílias se ajudam e ajudam os vizinhos para que as necessidades da comunidade sejam supridas. É um formato de agricultura que não agride as florestas e não exige nenhum tipo de desmatamento extenso.

As comunidades quilombolas são consideradas importantes aliadas da luta ambiental. O ISA divulgou, em 2022, que territórios quilombolas, áreas indígenas e unidades de conservação protegiam um terço de toda a faixa florestal brasileira. O estudo ainda descreveu tanto a titulação dos terrenos quilombolas quanto a demarcação das terras indígenas como estratégias eficazes para a proteção de ecossistemas sensíveis do país.

Ao conservarem as florestas, os quilombolas ajudam a, por exemplo, regular o clima da região, proteger fontes de água e promover recursos de segurança alimentar. Algumas de suas técnicas ancestrais de colheita e plantio são, inclusive, reconhecidas pelo Iphan como Patrimônio Cultural Imaterial do Brasil. É o caso do que ocorre no sul do estado de São Paulo. Lá vivem dezenas de comunidades que viraram referência de desenvolvimento sustentável. Os quilombolas do Vale do Ribeira, maior área contínua da Mata Atlântica no país, restauraram cerca de 170 hectares do bioma e comercializaram mais de seis toneladas de sementes entre os anos de 2017 e 2023.

Em muitos povoados do país, o extrativismo é vital para a subsistência dos moradores, assim como a caça e a pesca. A dieta é complementada com as chamadas roças, a agricultura familiar. No caso do Quilombo Mangueiras, a maioria das casas tinha pequenas plantações no quintal. Os quilombolas de Salvaterra, em geral, plantam abóbora, maxixe, abacaxi e macaxeira — da qual fazem a farinha, muito importante para o modo de vida local.

Os quilombolas de Mangueiras vendem a produção agrícola excedente, além de frutos como bacuri e açaí. Comercializam ainda peixes e caranguejos coletados no manguezal. Mas, como as atividades não têm maquinário, barcos nem equipamentos potentes, as quantidades dos recursos são pequenas.

"Essas famílias vão ao mangue buscar o seu alimento. Você está em São Paulo, vai a uma feira ou a um supermercado comprar a sua comida. As famílias quilombolas vão ao mangue buscar o seu almoço, a sua janta. E não é simplesmente uma atividade de ir buscar a comida, envolve todo um sistema simbólico de conhecimento, de saberes. Qual é a hora mais apropriada? Qual é o movimento da maré nesses mangues? Qual é a fase lunar? Como se aprende a coletar turu? Isso é um trabalho que envolve observação, que envolve um aprendizado dos jovens com os mais velhos daquela família. Esses elementos se juntam a toda uma complexidade social, cultural, simbólica, cosmológica até, para a gente perceber a importância que esses territórios têm para essas famílias", explicou o etnobiólogo Flávio Bezerra.

O mangue, de onde eles tiram boa parte de sua subsistência, é formação vegetal de regiões alagadiças e ocorre nas áreas de encontro entre o rio e o mar. Ao passarmos de barco pelo rio por dentro do manguezal, pudemos reconhecer as árvores características, com suas raízes expostas. O solo é lamacento, e a água, salobra. O cheiro é forte, de enxofre — e para quem não está acostumado, pode até ser considerado um pouco incômodo. Muitos mosquitos. Mas a área é lar de várias espécies de animais, como os caranguejos, peixes e camarões. Um dos ecossistemas com maior capacidade de captação de carbono, os manguezais também são importantes para o meio ambiente.

Jéssica vai ao manguezal sempre que chega o período de coletar caranguejo. Pede carona aos vizinhos, insiste para o marido levá-la. Entre as raízes das árvores no mangue, ela enfia o braço na lama. Sabe muito bem identificar onde está o caranguejo. Para pegá-lo, usa a técnica de agarrá-lo por trás, evitando que as patas do bicho machuquem seus dedos. Jéssica coleta entre trinta e cinco e quarenta caranguejos — quando era mais nova, sua leva era maior. Chegando em casa, reúne as coletas do dia e, então, doa para os vizinhos que não puderam ir com ela. Por ser alérgica, não come caranguejo. Vai ao manguezal apenas porque gosta, porque é um costume de seu povo.

Agradecimentos

Ao Bob, o Roberto de Oliveira, que nos convidou para ficar à frente de sua brilhante iniciativa de publicar a série de reportagens "Quilombos do Brasil", na *Folha de S.Paulo*, projeto que, agora, dá origem a este livro. Com incentivos do Pulitzer Center, da Fundação Rosa Luxemburgo e, principalmente, da Fundação Ford, viajamos pelo Brasil para conhecer as comunidades e pessoas aqui apresentadas.

Com histórias inéditas, o livro surge graças à Todavia, que nos proporcionou a realização deste sonho — e a construção de muitos outros. Agradecemos também a cada um dos quilombolas e pesquisadores com quem conversamos no caminho.

Marina Lourenço:

Aos meus pais, Gino e Marisa, que acreditam em todos os meus sonhos; ao meu irmão, Vinicius, que tanto me ensina sobre o mundo; à minha vó Margarida, que tem o melhor abraço do planeta; aos meus amigos, que me arrancam sorrisos; e aos gatinhos Gal, Felix, Mamãe, Branquinha, Jade e Samba, que me acalmaram bastante durante a escrita destas páginas.

Tayguara Ribeiro:

Um agradecimento especial à minha família, que sempre apoiou meus projetos profissionais e entendeu minhas ausências durante a fase de pesquisa e as muitas viagens que fiz para conhecer essas comunidades e contar as histórias deste livro. Meus pais, Rogério e Creusa, que sempre me apoiaram. Minhas irmãs, Thaís e Tatiana. Meu cunhado Caio. Minha avó Perolina. E minha sobrinha, Helena, que chegou no mesmo ano desta publicação. Agradeço também aos amigos pela torcida que recebi.

Notas

Introdução [pp. 9-17]

1. João Pedro Pitombo, Mariana Brasil e Cristina Camargo, "Bernadete Pacífico, líder quilombola, é assassinada a tiros na Bahia". *Folha de S.Paulo*, 18 ago. 2023. Disponível em: <www1.folha.uol.com.br/cotidiano/2023/08/bernadete-pacifico-lider-quilombola-e-assassinada-a-tiros-na-bahia.shtml>. Acesso em: 2 ago. 2024.

2. Centro de Documentação Dom Tomás Balduíno, *Conflitos no campo Brasil 2023*. Comissão Pastoral da Terra (CPT). Disponível em: <www.cptnacional.org.br/downlods/download/41-conflitos-no-campo-brasil-publicacao/14308-conflitos-no-campo-brasil-2023>. Acesso em: 2 ago. 2024.

3. Carolina Fasolo e Ester Cezar, "Mais de 98% dos territórios quilombolas no Brasil estão ameaçados". *Instituto Socioambiental (ISA)*, 16 maio 2024. Disponível em: <www.socioambiental.org/noticias-socioambientais/mais-de-98-dos-territorios-quilombolas-no-brasil-estao-ameacados>. Acesso em: 2 ago. 2024.

4. Antonio Oviedo e William P. Lima, "As pressões ambientais nos territórios quilombolas no Brasil". São Paulo: Instituto Socioambiental (ISA), 2022. Disponível em: <acervo.socioambiental.org/sites/default/files/documents/03d00267.pdf>. Acesso em: 3 ago. 2024.

5. A expressão foi criada pelo ativista Benjamin Franklin Chavis Jr., nos Estados Unidos, na década de 1980, durante uma série de protestos contra a instalação de um depósito de resíduos tóxicos em uma área habitada majoritariamente pela população negra.

6. Tayguara Ribeiro, "Quilombos precisam ser vistos como questão agrária mais ampla, diz historiador". *Folha de S.Paulo*, 26 mar. 2023. Disponível em: <www1.folha.uol.com.br/cotidiano/2023/03/quilombos-precisam-ser-vistos-como-questao-agraria-mais-ampla-diz-historiador.shtml>. Acesso em: 2 ago. 2024.

7. Centro de Imprensa, "Especial: Entre o Brasil e a África houve uma troca forte e poderosa, diz Alberto da Costa e Silva". *Nações Unidas Brasil*, 24

maio 2018. Disponível em: <brasil.un.org/pt-br/80084-especial-entre-o-
-brasil-e-%C3%Africa-houve-uma-troca-forte-e-poderosa-diz-alberto-
-da-costa-e>. Acesso em: 3 ago. 2024.

8. Tayguara Ribeiro, "Quilombos precisam ser vistos como questão agrária mais ampla, diz historiador", op. cit.

9. Coordenação Nacional de Articulação das Comunidades Negras Rurais
Quilombolas (Conaq), "Quilombo? Quem somos nós!". Disponível em:
<conaq.org.br/quem-somos/>. Acesso em: 4 ago. 2024.

10. *Órí*. Direção: Raquel Gerber. Produção Executiva: Ignácio Gerber, Raquel Gerber. São Paulo, 93 min, 1989.

11. Abdias Nascimento, *O quilombismo: Documentos de uma militância pan-
-africanista*. Petrópolis: Vozes, 1980, p. 263.

1. Um teto que desaba [pp. 19-28]

1. Remanescente quilombola é um conceito político-jurídico que se refere a pessoas diretamente influenciadas por uma trajetória histórica
de um ou mais quilombos. Conforme o art. 2º do Decreto n. 4887, de
20 de novembro de 2003, "consideram-se remanescentes das comunidades dos quilombos, para os fins deste Decreto, os grupos étnico-
-raciais, segundo critérios de autoatribuição, com trajetória histórica
própria, dotados de relações territoriais específicas, com presunção
de ancestralidade negra relacionada com a resistência à opressão histórica sofrida".

2. Instituto Nacional de Colonização e Reforma Agrária de Santa Catarina
(Incra/SC), *Relatório antropológico: Caracterização histórica, sociocultural
e territorial (Volume 1 — Relatório)*, p. 35.

3. Segundo o relatório antropológico da comunidade, as terras "não eram
propícias à atividade agrícola, extremamente arenosas, de relevo irre-
gular e facilmente inundáveis, e que eram consideradas como de uso comum, utilizadas principalmente para a criação de gado solto, cultivo de
pequenas roças e retirada de lenha".

4. Ação que, tempos depois, se tornou alvo de acusações sobre um suposto
golpe fundiário envolvendo o hoje extinto Irasc (Instituto de Reforma
Agrária de Santa Catarina).

5. Instituto Nacional de Colonização e Reforma Agrária de Santa Catarina
(Incra/SC), op. cit., figura 39, p. 136

6. Local onde residiu Boaventura, um dos filhos de Vidal Martins. Escravizado, ele nasceu em 1871.

7. Os dados só foram divulgados em 2023, e o número provavelmente é
subnotificado.

8. Em 2022, eram 29 056, segundo censo demográfico do Instituto Brasileiro de Geografia e Estatística (IBGE).

9. A data surgiu a partir da mobilização de estudantes negros gaúchos. A proposta dos militantes do Grupo Palmares era atribuir um dia do calendário à reflexão sobre racismo no Brasil. A data escolhida toma como referência a morte do líder quilombola Zumbi dos Palmares. Sua inclusão no calendário nacional foi instituída oficialmente pela Lei n. 12 519, em 10 de novembro de 2011.

10. Instituto Nacional de Colonização e Reforma Agrária de Santa Catarina (Incra/SC), op. cit.

11. Nome dado às produções de charque, um tipo de carne bovina salgada.

2. Placa sem direção [pp. 29-36]

1. "História do Hotel Caldas da Imperatriz". *Hotel Caldas da Imperatriz*. Disponível em: <www.hotelcaldas.com.br/o-hotel>. Acesso em: 12 jul. 2024.

2. Toda associação é formada por um grupo de quilombolas para representar os interesses, as reivindicações e a tomada de decisões de uma ou mais comunidades.

3. Em 14 de dezembro de 1890, o ministro da Fazenda, Ruy Barbosa, decretou a destruição de documentos referentes à escravidão, sob o argumento de aniquilar "vestígios por honra da pátria, e em homenagem aos nossos deveres de fraternidade e solidariedade para com a grande massa de cidadãos".

3. De frente para o Cristo [pp. 37-49]

1. Valores referentes ao início da década de 2020.

2. Durante a escravidão, um dos principais marcadores de gênero era o estupro de senhores contra cativas. Aliás, é esse o contexto histórico dos primórdios da miscigenação brasileira.

3. Camilla Costa, "'Parecia que parte de mim estava morrendo': O quilombo que perdeu cemitério de escravos para a Rio 2016". *BBC Brasil*, 13 ago. 2016. Disponível em: <www.bbc.com/portuguese/brasil-37050046>. Acesso em: 2 ago. 2024.

4. O porto, o samba e o santo [pp. 50-9]

1. Maíra Leão Corrêa, "Comunidade Quilombola Pedra do Sal". In: *Coleção Terras de Quilombos*. Belo Horizonte: FAFICH, 2016. Disponível em: <www.gov.br/incra/pt-br/assuntos/governanca-fundiaria/pedra_do_sal. pdf>. Acesso em: 7 ago. 2024.

2. Embora senhorios afirmem falar em nome da instituição religiosa, a Igreja declara que, desde que foi concedida a medida liminar, permitiu a posse dos imóveis pelas pessoas indicadas pela Justiça e que há muitos anos as casas que fazem parte do processo já não estão em posse delas.

3. Levantamento da Comissão Pastoral da Terra feito a pedido do jornal *Folha de S.Paulo*. Ver Tayguara Ribeiro, "Maranhão é o estado com mais conflitos agrários envolvendo quilombolas". *Folha de S.Paulo*, 27 nov. 2023. Disponível em: <www1.folha.uol.com.br/cotidiano/2023/11/maranhao-e-o-estado-com-mais-conflitos-agrarios-envolvendo-quilombolas.shtml>. Acesso em: 7 ago. 2024.

4. O programa está vinculado ao Ministério dos Direitos Humanos e da Cidadania e tem por objetivo oferecer proteção aos defensores de direitos humanos, comunicadores e ambientalistas que estejam em situação de risco, vulnerabilidade ou sofrendo ameaças em decorrência de sua atuação em defesa desses direitos.

5. Descrição e definição retiradas de material do Museu da História e da Cultura Afro-Brasileira (Muhcab). Ver "Cais do Valongo: Patrimônio mundial". *Museu da História e da Cultura Afro-brasileira*, 27 nov. 2018. Disponível em: <www.rio.rj.gov.br/web/muhcab/cais-do-valongo-e-pequena-africa>. Acesso em: 2 ago. 2024.

6. Descrição e definição retirada de material do Instituto do Patrimônio Histórico e Artístico Nacional (Iphan). Ver "Cais do Valongo — Rio de Janeiro", *Iphan*, s.d. Disponível em: <portal.iphan.gov.br/pagina/detalhes/1605/>. Acesso em: 2 ago. 2024.

7. Descrição citada de um estudo do Incra. Ver Maíra Leão Corrêa, op. cit.

5. Couro em chamas [pp. 60-70]

1. Yêda Barbosa (Org.), *Dossiê Iphan 15: Tambor de crioula do Maranhão*. Brasília: Iphan, 2016. Disponível em: <portal.iphan.gov.br/uploads/publicacao/dossie15_tambor.pdf>. Acesso em: 15 jul. 2024.

2. "Embora não se possa precisar com segurança as origens históricas do tambor de crioula, é possível encontrar, dispersas em documentos impressos e na memória dos mais velhos, referências a práticas lúdico-religiosas realizadas ao longo do século XIX por escravos e seus descendentes, como forma de lazer e resistência ao contexto opressivo do regime de trabalho escravocrata", explica o dossiê sobre a cultura do tambor de crioula publicado pelo Iphan. Ibid., p. 14.

3. "Ao trabalhar sobre o tambor de crioula do Maranhão, o Iphan procurou reconhecer, como parte de uma ação integrada, as formas de expressão

componentes do amplo e diversificado legado das tradições culturais de matriz africana aclimatadas no país." Ibid., p. 15.

4. Há relatos de que a brincadeira da punga teria sido durante muito tempo praticada exclusivamente por homens.

5. Também chamada de festa junina, as celebrações de São João estão entre as mais tradicionais do Maranhão.

6. Área da capital paulista famosa por eventos de bumba meu boi.

6. Céu de foguetes, terra de quilombos [pp. 71-90]

1. Instituto Brasileiro de Geografia e Estatística (IBGE). *Censo demográfico.* 2022. Disponível em: <www.ibge.gov.br/estatisticas/sociais/trabalho/22827-censo-demografico-2022.html>. Acesso em: 15 jun. 2024.

2. "Algumas pessoas venderam a terra nua, ou seja, sem descrever o valor de cada uma das suas benfeitorias, pois não tinham noção do que estava acontecendo no ato do deslocamento. Só depois de passado esse momento brusco de mudanças é que estão percebendo que a falta de esclarecimento acabou prejudicando-os economicamente." Veríssima Dilma Nunes Clímaco, *Territórios e identidades nas comunidades remanescentes de quilombos da agrovila Peru no município de Alcântara — MA.* Lajeado: Centro Universitário Univates, 2014. Dissertação (Pós-Graduação em Ambiente e Desenvolvimento). p. 94.

3. Unidade de medida agrária, expressa em hectares.

4. Veríssima Dilma Nunes Clímaco, op. cit.

5. Ibid.

6. A Comissão Interamericana de Direitos Humanos é uma das entidades do sistema judicial interamericano de proteção e promoção dos direitos humanos nas Américas.

7. Ver "Comunidade quilombola de Alcântara continua luta contra o Centro de Lançamento e pelo seu direito de ficar na terra", *Mapa de conflitos: Injustiça ambiental e saúde no Brasil.* Disponível em: <mapadeconflitos.ensp.fiocruz.br/conflito/ma-comunidade-quilombola-de-alcantara-continua-luta-contra-o-centro-de-lancamento-e-pelo-seu-direito-de-ficar-na-terra/>. Acesso em: 2 ago. 2024.

8. Todas as esferas do Estado brasileiro. Nesse caso, isso inclui o município de Alcântara e os governos do Maranhão e federal.

9. Comissão Interamericana de Direitos Humanos e OEA, "Caso n. 12 569". 5 jan. 2022. Disponível em: <www.oas.org/pt/cidh/decisiones/corte/2022/br_12.569_nderpt.docx>. Acesso em: 15 jul. 2024.

10. Advocacia-Geral da União, "Declaração — caso comunidades quilombolas de Alcântara vs. Brasil". *Gov.br,* 27 abr. 2023. Disponível em: <www.

gov.br/agu/pt-br/comunicacao/notas-a-imprensa/declaracao-caso-comunidades-quilombolas-de-alcantara-vs-brasil>. Acesso em: 15 jul. 2024.

11. "Estado brasileiro pede desculpas por violações, mas não apresenta medidas efetivas para imediata titulação e reparação dos quilombolas". *Justiça Global*, 28 abr. 2023. Disponível em: <www.global.org.br/blog/pedido-de-desculpas-do-estado-para-quilombolas-de-alcantara-e-incompleto-e-suscita-duvidas/>. Acesso em: 15 jul. 2024.

12. O dado faz parte de um levantamento da Comissão Pastoral da Terra (CPT).

13. Rubens Valente, "Documentos contradizem versão de ministro sobre ampliação de base de Alcântara". *Folha de S.Paulo*, 11 out. 2019. Disponível em: <www1.folha.uol.com.br/ciencia/2019/10/documentos-contradizem-versao-de-ministro-sobre-ampliacao-de-base-de-alcantara.shtml>. Acesso em: 15 jul. 2024.

14. "A Convenção 169 da OIT possui a definição de quem são os povos indígenas e tribais mencionados no documento, além de afirmar a obrigação dos governos em reconhecer e proteger os valores e práticas sociais, culturais, religiosas e espirituais próprias desses povos." Agência Nacional de Transportes Terrestres (ANTT), "Convenção n. 169 da OIT — povos indígenas e tribais". *Gov.br*, s.d. Disponível em: <portal.antt.gov.br/conven%C3%A7cao-n-169-da-oit-povos-indigenas-e-tribais>. Acesso em: 15 jul. 2024.

15. Rubens Valente, op. cit.

16. No livro *A atemporalidade do colonialismo: Contribuições para entender a luta das comunidades quilombolas de Alcântara e a Base Espacial*. São Luís: Uema; PPGCSPA; PNCSA, 2020.

17. A divulgação dessas imagens será permitida após a publicação da sentença sobre o caso.

7. O algoz do paraíso [pp. 91-106]

1. Francisca Thamires Lima de Sousa, *Agrovilas quilombolas: O caso da reconstrução da autonomia produtiva e a resistência das mulheres em Marudá Novo*. São Luís: Universidade Estadual do Maranhão, 2020. Dissertação (Pós-Graduação em Desenvolvimento Socioespacial e Regional).

2. Alcântara "dispunha de 81 fazendas de cereais, 22 engenhos de açúcar, 24 fazendas de gado, 100 salinas e, ainda contava com 8 mil trabalhadores escravizados. Por sua produção abundante e de boa qualidade, chegou a ocupar o 1º lugar na exportação de sal; 2º lugar, na de açúcar, aguardente, couro e carne; 3º lugar na de algodão, arroz, farinha e milho; e 4º lugar, na de tapioca e peixe seco". Ibid., p. 25.

3. Instituto Brasileiro de Geografia e Estatística.

4. Resolução n. 11, de 26 de março de 2020, publicada no Diário Oficial da União.
5. Rafael Balago, "Comissão do Senado dos EUA veta uso de verbas para remover quilombolas em Alcântara". *Folha de S.Paulo*, 19 out. 2021. Disponível em: <www1.folha.uol.com.br/mundo/2021/10/comissao-do-senado-dos-eua-veta-uso-de-verbas-para-remover-quilombolas-em-alcantara.shtml>. Acesso em: 17 jul. 2022.
6. Vale dizer que as gestões de Lula também sofrem críticas dos quilombolas de Alcântara, já que nelas também houve incentivo de possível expansão da base aeroespacial e, consequentemente, novas desapropriações de comunidades locais.
7. A roça foi um dilema tão presente no dia a dia dos moradores que, em 2007, a Justiça Federal decretou o direito deles a realizar a atividade nas áreas tradicionalmente ocupadas.
8. Fiocruz, "MA: Comunidade quilombola de Alcântara continua luta contra o centro de Lançamento e pelo seu direito de ficar na terra". *Mapa de conflitos: Injustiça ambiental e saúde no Brasil*, set. 2019. Disponível em: <mapadeconflitos.ensp.fiocruz.br/conflito/ma-comunidade-quilombola-de-alcantara-continua-luta-contra-o-centro-de-lancamento-e-pelo-seu-direito-de-ficar-na-terra/>. Acesso em: 17 jul. 2024.

8. Olhos d'água e mãos femininas [pp. 107-17]

1. Cleyciane Cássia Moreira Pereira, *Necessidades informacionais das mulheres da comunidade quilombola de Itamatatiua — Maranhão*. Salvador: Universidade Federal da Bahia, 2018. Dissertação (Programa de Pós-Graduação em Ciência da Informação do Instituto de Ciência da Informação).
2. A associação "nasceu da determinação de três mulheres (d. Neide, d. Maria de Lourdes de Jesus, d. Maria José de Jesus e outras integrantes) que, observando a realidade na qual estavam inseridas, perceberam que durante muito tempo realizavam diversas atividades de modo individualizado. Além disso, o desejo de obter melhorias para a localidade também motivou a criação desse espaço". Ibid., p. 112.

9. Aqui onde estão os homens [pp. 118-33]

1. Flávio Gomes, *Palmares*. São Paulo: Contexto, 2005.
2. Id.
3. Fundação Cultural Palmares, "Parque Memorial Quilombo dos Palmares", s.d. Disponível em: <www.gov.br/palmares/pt-br/departamentos/

protecao-preservacao-e-articulacao/serra-da-barriga-1/parque-memorial-quilombo-dos-palmares>. Acesso em: 2 ago. 2024.

4. Técnica de construção também conhecida como taipa, que consiste em utilizar madeiras entrelaçadas. Os espaços entre essas madeiras são preenchidos por barro.

5. Zumbi, que teria nascido em 1655, seria sobrinho de Ganga Zumba e foi o líder comandante de Palmares entre 1678 e 1695, quando foi tocaiado e morto por tropas paulistas. Flávio Gomes, op. cit.

6. "Em África, até hoje, a tradição oral continua a valorizar e a preservar as histórias do continente e além de tudo está relacionada à transmissão dos saberes dos mais velhos (anciãos) para a nova geração." Nélsio Gomes Correia, "A relevância da tradição oral nas sociedades africanas contemporâneas". *Njinga & Sepé: Revista Internacional de Culturas, Línguas Africanas e Brasileiras*, Redenção, Universidade da Integração Internacional da Lusofonia Afro-Brasileira, v. 2, n. 2, p. 309, jul./dez. 2022.

7. "[...] a tradição oral em África atualmente nos convida a refletir e levar em consideração que [...] assim como as culturas africanas devemos observá-las sempre no plural, isto é, em vários sentidos tendo em vista a sua existência milenar e sua vasta diversidade étnica, cultural e linguística composta por diferentes povos, além de tudo, com mais de mil línguas [...]." Ibid., p. 307.

8. Segundo material da Fundação Cultural Palmares, a princesa e guerreira africana era filha do rei do Congo, trazida para o Brasil, onde foi escravizada. Fugiu grávida de um engenho em Porto Calvo, no século XVII, liderou a formação do Quilombo dos Palmares e foi mãe de Ganga Zumba, um dos principais líderes do quilombo e tio de Zumbi. Disponível em: <www.gov.br/palmares/pt-br/departamentos/protecao-preservacao-e-articulacao/serra-da-barriga-1/tour-pelo-parque/Aqualtune>. Acesso em: 17 jul. 2024.

9. *Muquém: A arte quilombola e a identidade de um povo*. Direção: Clezivaldo Mizael da Silva e Claudio Caique dos Santos Moura. Produção: Associação Ádapo Muquém, Fundação Cultural Palmares, Ministério do Turismo e C3 Produtora. Alagoas, 2023. (78 min). Disponível em: <youtube.com/watch?v=tqYIWpaodck>. Acesso em: 16 set. 2024.

10. Valores de 2023.

11. Segundo Flávio Gomes (op. cit., p. 137), o poder central de Palmares no período de 1645 a 1678 esteve provavelmente nas mãos de Ganga Zumba, ainda que houvesse autonomia militar e econômica em alguns mocambos.

12. Tayguara Ribeiro, "Por que o Quilombo dos Palmares se tornou tão emblemático?". *Folha de S.Paulo*, 13 nov. 2023. Disponível em: <www1.folha.uol.com.br/cotidiano/2023/11/por-que-o-quilombo-dos-palmares-se-tornou-tao-emblematico.shtml>. Acesso em: 2 ago. 2024.

13. Diáspora africana é o nome dado a um fenômeno caracterizado pela imigração forçada de africanos, durante o tráfico transatlântico de escravizados. Ver "Diáspora africana, você sabe o que é?". *Fundação Cultural Palmares*, 20 fev. 2019. Disponível em: <www.gov.br/palmares/pt-br/assuntos/noticias/diaspora-africana-vocesabe-o-que-e>. Acesso em: 18 jul. 2024.
14. Tayguara Ribeiro, "Por que o Quilombo dos Palmares se tornou tão emblemático?", op. cit.
15. Carlos M. H. Serrano, "Ginga, a rainha quilombola de Matamba e Angola". *Revista USP*, São Paulo, Universidade de São Paulo, n. 28, p. 138, dez. 1995/fev. 1996..
16. João Felício dos Santos, *Ganga Zumba*. 2. ed. Rio de Janeiro: José Olympio, 2010.

10. Pequena África [pp. 134-44]

1. "Razões da emigração italiana". *Brasil 500 anos*, s.d. Disponível em: <brasil500anos.ibge.gov.br/territorio-brasileiro-e-povoamento/italianos/razoes-da-emigracao-italiana.html>. Acesso em: 2 ago. 2024.
2. "Pastoral Afro". *Portal Paróquia Nossa Senhora de Achiropita*. Disponível em: <achiropita.org.br/pastoral-afro/>. Acesso em: 2 ago. 2024.
3. "Escavando memórias nos vestígios arqueológicos do Quilombo Saracura". *Instituto Bixiga*, 3 ago. 2022. Disponível em: <institutobixiga.com.br/escavando-memorias-nos-vestigios-arqueologicos-do-quilombo-saracura/>. Acesso em: 2 ago. 2024.
4. Danielle Franco da Rocha, Edimilsom Peres Castilho e Eribelto Peres Castilho, "História, memória e cultura negra em São Paulo". *Instituto Bixiga*, 29 out. 2021. Disponível em: <institutobixiga.com.br/historia-memoria-e-cultura-negra-em-sao-paulo/>. Acesso em: 2 ago. 2024.
5. Letícia Mori, "O passado escravista escondido em um dos pontos turísticos mais famosos de SP". *BBC News Brasil*, 20 nov. 2023. Disponível em: <www.bbc.com/portuguese/articles/cglp5jyxelgo>. Acesso em: 2 ago. 2024.
6. "Escavação arqueológica traz à tona primeiro cemitério público da capital paulista". *Iphan*, 6 dez. 2018. Disponível em: <portal.iphan.gov.br/noticias/detalhes/4925/escavacao-arqueologica-traz-a-tona-primeiro-cemiterio-publico-da-capital-paulista>. Acesso em: 2 ago. 2024.
7. Edição de 28 de fevereiro de 1969.
8. Stella Zagatto Paterniani, *São Paulo cidade negra: Branquidade e afrofuturismo a partir de lutas por moradia*. Brasília: Instituto de Ciências Sociais da Universidade de Brasília, 2019. Tese (Doutorado em Antropologia Social).

9. Raquel Rolnik, "Territórios negros nas cidades brasileiras: Etnicidade e cidade em São Paulo e Rio de Janeiro". In: Renato Emerson dos Santos (Org.), *Diversidade, espaço e relações étnico-raciais: O negro na geografia do Brasil*. Belo Horizonte: Autêntica, 2007, pp. 75-90.

10. Bairro da Zona Norte de São Paulo.

11. Bairro da Zona Leste de São Paulo, considerado um dos mais pobres da cidade.

12. Iphan, "Parecer técnico n. 50/2023/Cotec Arqueo Iphan-SP/Iphan-SP". São Paulo: Coordenação Técnica do Iphan-SP, Subdivisão de Arqueologia, 9 maio 2023. Disponível em: <sei.iphan.gov.br/sei/modulos/pesquisa/md_pesq_documento_consulta_externa.php?9LibXMqGnN7gSpLFOOgUQFziRouBJ5VnVL5b7-UrE5QM12B7TLo67A7B0m7ERBphyvhSjAHS2wt7kkdUIqPqX9dDQopeep7UyJIKEBZRrrbke50E-WO2ig0nNDqPQf_l>. Acesso em: 21 jul. 2024.

13. Segundo texto enviado aos autores pela organização do movimento.

11. Lição de casa [pp. 145-57]

1. A professora foi a primeira mulher negra a assumir um mandato no Brasil, como deputada estadual constituinte em Santa Catarina, em 1935. Em 1922 fundou o Curso Particular Antonieta de Barros, destinado à alfabetização. Atuou também no campo do jornalismo, escrevendo para diversos veículos e fundando e dirigindo o jornal *A Semana*. Ver "Biografia de Antonieta de Barros". *Memória política de Santa Catarina*. Florianópolis: Assembleia Legislativa de Santa Catarina, 2024. Disponível em: <memoriapolitica.alesc.sc.gov.br/biografia/68-Antonieta_de_Barros>. Acesso em: 23 jul. 2024.

12. O povo, o santo e a fé [pp. 158-67]

1. Ela se refere a "plantar o axé", que "corresponde, em termos nativos do candomblé, a fundar um terreiro, inaugurar um microcosmo de potência e vida coletiva por meio de ritos que fixam ('assentam') variadas forças sociais e da natureza num determinado espaço no qual a 'família de santo' se faz: 'Na construção física do terreiro, qualquer que seja a arquitetura que se imagine, haverá sempre um lugar central que será sacralizado e, de certa forma, se é que podemos dizer assim, será mais sagrado que as outras partes dessa comunidade. Em alguns candomblés, você encontra o poste central, o opô, como o local sagrado por excelência, onde estão depositados elementos simbólicos representativos do poder religioso e da natureza mesmo do sagrado. [...] E, mais do que isso, um espaço onde a

sacralização é permanente. É nesse lugar que se diz que se plantou o axé. Plantar o axé, neste caso, é ter um lugar, espaço físico [...]. São colocados em uma espécie de buraco alguns elementos que representam o momento, o dia, o aqui e agora, em que se está construindo e plantando o axé. Braga, 2000, pp. 163-5, apud Thiago de Azevedo Pinheiro Hoshino, *O direito virado no santo: Enredos de nomos e axé.* Curitiba: Universidade Federal do Paraná, 2020. Tese (Doutorado em Direito, Setor de Ciências Jurídicas).

2. Dados retirados de pesquisa realizada pela Rede Nacional de Religiões Afro-Brasileiras e Saúde em conjunto com o Ilê Omolu Oxum em fevereiro de 2022. Foram ouvidas 255 comunidades religiosas de matriz africana em todo o Brasil.

13. Ingrediente secreto [pp. 168-77]

1. Cinthia da Silva Belonia, "Violência contra a mulher negra: Do racismo ao estupro". *Revista Crioula*, São Paulo, n. 24, pp. 214-21, 2019.
2. Consulta ao *Relatório antropológico de caracterização histórica, econômica, sociocultural e ambiental da comunidade remanescente de quilombo e tradicional do Morro do Fortunato, município de Garopaba-SC*, 2014.
3. Miriam Furtado Hartung, *Nascidos na fortuna: O grupo do Fortunato. Identidade e relações interétnicas entre descendentes de africanos e europeus no litoral catarinense.* Florianópolis: Universidade Federal de Santa Catarina (UFSC), 1992. Tese (Doutorado em Antropologia Social).
4. "Os imóveis rurais oficialmente reconhecidos como áreas ocupadas por remanescentes de comunidades de quilombos que estejam sob a ocupação direta e sejam explorados, individual ou coletivamente, pelos membros destas comunidades são isentos do Imposto sobre a Propriedade Territorial Rural — ITR." Brasil. Casa Civil. Subchefia para Assuntos Jurídicos. Lei n. 9393, de 19 de dezembro de 1996. Disponível em: <www.planalto.gov.br/ccivil_03/leis/l9393.htm>. Acesso em: 25 jul. 2024.

14. Casa navio, morada porão [pp. 178-86]

1. Abdias Nascimento, *O quilombismo: Documentos de uma militância pan--africanista.* Petrópolis: Vozes, 1980, p. 263.

15. Filhos do vento [pp. 187-98]

1. Iphan (Instituto do Patrimônio Histórico e Artístico Nacional), "Aracati (CE)". Disponível em: <portal.iphan.gov.br/pagina/detalhes/248>. Acesso em: 29 jul. 2024.

2. "RAD 2023: Desmatamento reduziu nos estados da Amazônia; veja situação dos biomas". *MapBiomas Alerta*, 28 maio 2024. Disponível em: <alerta.mapbiomas.org/2024/05/28/desmatamento-reduziu-nos-estados-da-amazonia-em-2023-veja-situacao-nos-outros-biomas/>. Acesso em: 29 jul. 2024.

3. Elisangela Soldateli Paim e Fabrina Pontes Furtado (Orgs.), *Em nome do clima: Mapeamento crítico: transição energética e financeirização da natureza.* Rio de Janeiro: UFRRJ; Fundação Rosa Luxemburgo; CPDA, 2024. Disponível em: <rosalux.org.br/wp-content/uploads/2024/03/Em-nome-do--clima-mapeamento-critico.pdf>. Acesso em: 29 jul. 2024.

4. *Complexo Eólico Aracati — Rima: Relatório de Impacto Ambiental.* Fortaleza: Secretaria de Meio Ambiente do Ceará, 2014. Disponível em: <www.semace.ce.gov.br/wp-content/uploads/sites/46/2020/02/2014_RIMA-COMPLEXO-EOLICO-ARACATI_-ARACATI.CE_.pdf>. Acesso em: 29 jul. 2024.

5. Ângelo Trévia Vieira, Fernando A. C. Feitosa e Sara Maria Pinotti Benvenutti (Orgs.), *Programa de recenseamento de fontes de abastecimento por água subterrânea no estado do Ceará: Diagnóstico do município de Aracati.* Fortaleza: Ministério de Minas e Energia, 1998. Disponível em: <rigeo.sgb.gov.br/bitstream/doc/15783/1/Rel_Aracati.pdf>. Acesso em: 29 jul. 2024.

6. Op. cit.

7. Júlio César H. Araújo, Wallason F. Souza, Antônio Jeovah A. Meireles e Christian Brannstrom, "Sustainability Challenges of Wind Power Deployment in Coastal Ceará State, Brazil". *Sustainability*, New Rochelle, v. 12, n. 14, 2020.

8. Tayguara Ribeiro, "Parque eólico no Ceará ameaça aquífero e prejudica pesca, dizem quilombolas". *Folha de S.Paulo*, 14 set. 2023. Disponível em: <www1.folha.uol.com.br/ambiente/2023/09/parque-eolico-no-ceara-ameaca-aquifero-e-prejudica-pesca-dizem-quilombolas.shtml>. Acesso em: 29 jul. 2024.

9. *Complexo Eólico Aracati*, op. cit.

10. Op. cit.

11. Elisangela Soldateli Paim e Fabrina Pontes Furtado, op. cit.

12. João Luís Joventino do Nascimento e Ivan Costa Lima, "Nas trilhas da memória e da história: Cumbe, um museu a céu aberto". *XI Encontro Regional Nordeste de História Oral. Ficção e Poder: Qualidade, Imagem e Escrita*, 9 a 12 maio 2017. Disponível em: <www.nordeste2017.historiaoral.org.br/resources/anais/7/1494036579_ARQUIVO_HistoriaOralFortaleza-2017Final.pdf>. Acesso em: 29 jul. 2024.

13. Antônio Bispo dos Santos, *A terra dá, a terra quer.* São Paulo: Ubu, 2023, p. 98.

14. Ibid., p. 99.

16. Palmares da Amazônia [pp. 199-213]

1. "Área ocupada pela mineração no Brasil cresce mais de seis vezes entre 1985 e 2020". *MapBiomas*, 30 ago. 2021. Disponível em: <brasil.mapbiomas.org/2021/08/30/area-ocupada-pela-mineracao-no-brasil-cresce-mais--de-6-vezes-entre-1985-e-2020>. Acesso em: 29 jul. 2024.

2. Agência Nacional de Mineração (ANM), "Alumínio". Disponível em: <www.gov.br/anm/pt-br/assuntos/economia-mineral/publicacoes/sumario-mineral/pasta-sumario-brasileiro-mineral-2018/aluminio#:~:text=A%20Austr%C3%A1lia%20mant%C3%A9m-se%20na,%2C%20com%2068%2C0%20Mt.>. Acesso em: 29 jul. 2024.

3. Instituto Socioambiental (ISA), "Floresta Nacional de Saracá-Taquera". In: *Unidades de Conservação do Brasil*, s.d. Disponível em: <uc.socioambiental.org/pt-br/arp/660>. Acesso em: 29 jul. 2024.

4. Tayguara Ribeiro, "Mineração de bauxita impacta quilombolas no meio da Amazônia". *Folha de S.Paulo*, 24 out. 2023. Disponível em: <www1.folha.uol.com.br/ambiente/2023/10/mineracao-de-bauxita-impacta-quilombolas-no-meio-da-amazonia.shtml>. Acesso em: 12 ago. 2024.

5. Luiz Jardim Wanderley, *Barragens de mineração na Amazônia: O rejeito e seus riscos associados em Oriximiná*. São Paulo: Comissão Pró-Índio de São Paulo, 2021. Disponível em: <cpisp.org.br/publicacao/barragens-de-mineracao-na-amazonia-o-rejeito-e-seus-riscos-associados-em-oriximina/>. Acesso em: 29 jul. 2024.

6. Lúcia M. M. de Andrade, *Antes a água era cristalina, pura e sadia: Percepções quilombolas e ribeirinhas dos impactos e riscos da mineração em Oriximiná, Pará*. São Paulo: Comissão Pró-Índio de São Paulo, 2018. Disponível em: <cpisp.org.br/wp-content/uploads/2019/02/Antes_agua_era_cristalina.pdf>. Acesso em: 29 jul. 2024.

7. Eduardo Carvalho, "Quilombolas contribuem para a preservação de florestas, diz estudo". *G1*, 11 nov. 2021. Disponível em: <g1.globo.com/natureza/noticia/2011/11/quilombolas-contribuem-para-preservacao-de-florestas-diz-estudo.html>. Acesso em: 29 jul. 2024.

8. Ver "Mariana: Tragédia completa 7 anos de impunidade e atrasos na reparação às vítimas". *G1 Minas*, 5 nov. 2022. Disponível em: <g1.globo.com/mg/minas-gerais/noticia/2022/11/05/mariana-tragedia--completa-7-anos-de-impunidade-e-atrasos-na-reparacao-as-vitimas.ghtml>. Léo Rodrigues, "Brumadinho: Famílias confiam que 3 corpos restantes serão encontrados". Agência Brasil, 26 jan. 2024. Disponível em: <agenciabrasil.ebc.com.br/geral/noticia/2024-01/brumadinho-familias-confiam-que-3-vitimas-restantes-serao-encontradas>. Acessos em: 12 ago. 2024.

9. "Quilombolas de Oriximiná". São Paulo: Comissão Pró-Índios de São Paulo, s.d. Disponível em: <cpisp.org.br/quilombolas-em-oriximina/>. Acesso em: 29 jul. 2024.

10. "Oriximiná". *IBGE*, 2023. Disponível em: <cidades.ibge.gov.br/brasil/pa/oriximina/panorama>. Acesso em: 29 jul. 2024.

17. Entre o mar e a terra [pp. 214-25]

1. Em entrevista concedida aos autores.

2. Segundo o Conselho Indigenista Missionário, a reserva Raposa Serra do Sol é habitada pelos povos wapichana, patamona, makuxi, taurepang e ingarikó. A Terra Indígena está localizada ao norte de Roraima, entre os municípios de Pacaraima, Normandia e Uiramutã. O território tem 1747464 hectares. O processo de demarcação da Raposa Serra do Sol começou no fim dos anos 1970. A homologação só ocorreu em 2005, seguida de várias contestações judiciais encerradas em 2008, quando o STF garantiu a demarcação contínua do território. O local é habitado por cerca de 28 mil pessoas.

Fontes e referências bibliográficas

ADVOCACIA-GERAL DA UNIÃO. "Declaração — caso comunidades quilombolas de Alcântara vs. Brasil.". *Gov.br*, 27 abr. 2023. Disponível em: <www.gov.br/agu/pt-br/comunicacao/notas-a-imprensa/declaracao-caso-comunidades-quilombolas-de-alcantara-vs-brasil>. Acesso em: 15 jul. 2024.

AGÊNCIA NACIONAL DE MINERAÇÃO (ANM). "Alumínio". Disponível em: <www.gov.br/anm/pt-br/assuntos/economia-mineral/publicacoes/sumario-mineral/pasta-sumario-brasileiro-mineral-2018/aluminio>. Acesso em: 29 jul. 2024.

AGÊNCIA NACIONAL DE TRANSPORTES TERRESTRES (ANTT). "Convenção n. 169 da OIT — povos indígenas e tribais". *Gov.br*, s.d. Disponível em: <portal.antt.gov.br/conven%C3%A7cao-n-169-da-oit-povos-indigenas-e-tribais>. Acesso em: 15 jul. 2024.

ANDRADE, Lúcia M. M. de. *Antes a água era cristalina, pura e sadia: Percepções quilombolas e ribeirinhas dos impactos e riscos da mineração em Oriximiná, Pará*. São Paulo: Comissão Pró-Índio de São Paulo, 2018. Disponível em: <cpisp.org.br/wp-content/uploads/2019/02/Antes_agua_era_cristalina.pdf>. Acesso em: 29 jul. 2024.

ARAÚJO, Júlio César H.; SOUZA, Wallason F.; MEIRELES, Antônio Jeovah A.; BRANNSTROM, Christian. "Sustainability Challenges of Wind Power Deployment in Coastal Ceará State, Brazil". *Sustainability*, New Rochelle, v. 12, n. 14, 2020.

"Área ocupada pela mineração no Brasil cresce mais de seis vezes entre 1985 e 2020". *MapBiomas*, 30 ago. 2021. Disponível em: <brasil.mapbiomas.org/2021/08/30/area-ocupada-pela-mineracao-no-brasil-cresce-mais-de-6-vezes-entre-1985-e-2020>. Acesso em: 29 jul. 2024.

BALAGO, Rafael. "Comissão do Senado dos EUA veta uso de verbas para remover quilombolas em Alcântara". *Folha de S.Paulo*, 19 out. 2021. Disponível em: <www1.folha.uol.com.br/mundo/2021/10/comissao-do-senado-dos-eua-veta-uso-de-verbas-para-remover-quilombolas-em-alcantara.shtml>. Acesso em: 17 jul. 2022.

BARBOSA, Yêda (Org.), *Dossiê Iphan 15: Tambor de crioula do Maranhão*. Brasília: Iphan, 2016. Disponível em: <portal.iphan.gov.br/uploads/publicacao/dossie15_tambor.pdf>. Acesso em: 15 jul. 2024.

BELONIA, Cinthia da Silva. "Violência contra a mulher negra: Do racismo ao estupro". *Revista Crioula*, São Paulo, n. 24, pp. 214-21, 2019.

"Cais do Valongo: Patrimônio mundial". *Museu da História e da Cultura Afro-Brasileira*, 27 nov. 2018. Disponível em: <www.rio.rj.gov.br/web/muhcab/cais-do-valongo-e-pequena-africa>. Acesso em: 2 ago. 2024.

"Cais do Valongo — Rio de Janeiro". *Iphan*, s.d. Disponível em: <portal.iphan. gov.br/pagina/detalhes/1605/>. Acesso em: 2 ago. 2024.

CARVALHO, Eduardo. "Quilombolas contribuem para a preservação de florestas, diz estudo". *G1*, 11 nov. 2021. Disponível em: <g1.globo.com/natureza/noticia/2011/11/quilombolas-contribuem-para-preservacao-de-florestas-diz-estudo.html>. Acesso em: 29 jul. 2024.

CENTRO DE DOCUMENTAÇÃO DOM TOMÁS BALDUÍNO. *Conflitos no campo Brasil 2023*. Comissão Pastoral da Terra (CPT). Disponível em: <www. cptnacional.org.br/downlods/download/41-conflitos-no-campo-brasil-publicacao/14308-conflitos-no-campo-brasil-2023>. Acesso em: 2 ago. 2024.

CENTRO DE IMPRENSA. "Especial: Entre o Brasil e a África houve uma troca forte e poderosa, diz Alberto da Costa e Silva". *Nações Unidas Brasil*, 24 maio 2018. Disponível em: <brasil.un.org/pt-br/80084-especial-entre-obrasil-e-%C3%A1frica-houve-uma-troca-forte-e-poderosa-diz-alberto-dacosta-e>. Acesso em: 3 ago. 2024.

CLÍMACO, Veríssima Dilma Nunes. *Territórios e identidades nas comunidades remanescentes de quilombos da agrovila Peru no município de Alcântara — MA*. Lajeado: Centro Universitário Univates, 2014. Dissertação (Pós-Graduação em Ambiente e Desenvolvimento). p. 94.

COMISSÃO INTERAMERICANA DE DIREITOS HUMANOS; OEA. "Caso n. 12 569", 5 jan. 2022. Disponível em: <www.oas.org/pt/cidh/decisiones/corte/2022/ br_12.569_nderpt.docx>. Acesso em: 15 jul. 2024.

Complexo Eólico Aracati – Rima: Relatório de impacto ambiental. Fortaleza: Secretaria de Meio Ambiente do Ceará, 2014. Disponível em: <www.semace. ce.gov.br/wp-content/uploads/sites/46/2020/02/2014_RIMA-COMPLEXO-EOLICO-ARACATI_-ARACATI.CE_.pdf>. Acesso em: 29 jul. 2024.

"Comunidade quilombola de Alcântara continua luta contra o Centro de Lançamento e pelo seu direito de ficar na terra". *Mapa de conflitos: Injustiça ambiental e saúde no Brasil*. Disponível em: <mapadeconflitos.ensp.fiocruz.br/ conflito/ma-comunidade-quilombola-de-alcantara-continua-luta-contra-o-centro-de-lancamento-e-pelo-seu-direito-de-ficar-na-terra/>. Acesso em: 2 ago. 2024.

COORDENAÇÃO NACIONAL DAS COMUNIDADES NEGRAS RURAIS QUILOM-
BOLAS (CONAQ). "Quilombo? Quem somos!". Disponível em: <conaq.
org.br/quem-somos/>. Acesso em: 4 ago. 2024.

CORRÊA, Maíra Leão. "Comunidade Quilombola Pedra do Sal". In: *Coleção Terras de Quilombos*. Belo Horizonte: FAFICH, 2016. Disponível em:
<www.gov.br/incra/pt-br/assuntos/governanca-fundiaria/pedra_do_sal.
pdf>. Acesso em: 7 ago. 2024.

CORREIA, Nélsio Gomes. "A relevância da tradição oral nas sociedades africanas contemporâneas". *Njinga & Sepé: Revista Internacional de Culturas,
Línguas Africanas e Brasileiras*, Redenção, Universidade da Integração Internacional da Lusofonia Afro-Brasileira, v. 2, n. 2, p. 309, jul./dez. 2022.

COSTA, Camilla. "'Parecia que parte de mim estava morrendo': O quilombo
que perdeu cemitério de escravos para a Rio 2016". *BBC Brasil*, 13 ago. 2016.
Disponível em: <www.bbc.com/portuguese/brasil-37050046>. Acesso
em: 2 ago. 2024.

"Diáspora africana, você sabe o que é?". *Fundação Cultural Palmares*, 20 fev.
2019. Disponível em: <www.gov.br/palmares/pt-br/assuntos/noticias/
diaspora-africana-voce-sabe-o-que-e>. Acesso em: 18 jul. 2024.

"Escavação arqueológica traz à tona primeiro cemitério público da capital paulista". *Iphan*, 6 dez. 2018. Disponível em: <portal.iphan.gov.br/noticias/
detalhes/4925/escavacao-arqueologica-traz-a-tona-primeiro-cemiterio-
publico-da-capital-paulista>. Acesso em: 2 ago. 2024.

"Escavando memórias nos vestígios arqueológicos do Quilombo Saracura".
Instituto Bixiga, 3 ago. 2022. Disponível em: <institutobixiga.com.br/
escavando-memorias-nos-vestigios-arqueologicos-do-quilombo-sara-
cura/>. Acesso em: 2 ago. 2024.

"Estado brasileiro pede desculpas por violações, mas não apresenta medidas
efetivas para imediata titulação e reparação dos quilombolas". *Justiça
Global*, 28 abr. 2023. Disponível em: <www.global.org.br/blog/pedido-
-de-desculpas-do-estado-para-quilombolas-de-alcantara-e-incompleto-
-e-suscita-duvidas/>. Acesso em: 15 jul. 2024.

FASOLO, Carolina; CEZAR, Ester. "Mais de 98% dos territórios quilombolas
no Brasil estão ameaçados". *Instituto Socioambiental (ISA)*, 16 maio 2024.
Disponível em: <www.socioambiental.org/noticias-socioambientais/
mais-de-98-dos-territorios-quilombolas-no-brasil-estao-ameacados>.
Acesso em: 2 ago. 2024.

FIOCRUZ. "MA: Comunidade quilombola de Alcântara continua luta contra o Centro de Lançamento e pelo seu direito de ficar na terra". *Mapa
de conflitos: Injustiça ambiental e saúde no Brasil*, set. 2019. Disponível em: <mapadeconflitos.ensp.fiocruz.br/conflito/ma-comunidade-

-quilombola-de-alcantara-continua-luta-contra-o-centro-de-lancamento-
-e-pelo-seu-direito-de-ficar-na-terra/>. Acesso em: 17 jul. 2024.

FUNDAÇÃO CULTURAL PALMARES. "Parque Memorial Quilombo dos Palmares". s.d. Disponível em: <www.gov.br/palmares/pt-br/departamentos/protecao-preservacao-e-articulacao/serra-da-barriga-l/parque-memorial-quilombo-dos-palmares>. Acesso em: 2 ago. 2024.

GOMES, Flávio dos Santos. *De olho em Zumbi dos Palmares.* Rio de Janeiro: Claro Enigma, 2011.

_____. *Mocambos e quilombos.* Rio de Janeiro: Claro Enigma, 2015.

_____. *Palmares.* 2. ed. São Paulo: Contexto, 2005.

_____; LAURIANO, Jaime; SCHWARCZ, Lilia Moritz. *Enciclopédia negra: Biografias afro-brasileiras.* São Paulo: Companhia das Letras, 2021.

_____; SCHWARCZ, Lilia Moritz. *Dicionário da escravidão e liberdade.* São Paulo: Companhia das Letras, 2018.

GOMES, Laurentino. *Escravidão — Volume 1: Do primeiro leilão de cativos em Portugal até a morte de Zumbi dos Palmares.* Rio de Janeiro: Globo Livros, 2019.

_____. *Escravidão — Volume 2: Da corrida do ouro em Minas Gerais até a chegada da corte de dom João ao Brasil.* Rio de Janeiro: Globo Livros, 2021.

_____. *Escravidão — Volume 3: Da independência do Brasil à Lei Áurea.* Rio de Janeiro: Globo Livros, 2022.

HARTUNG, Miriam Furtado. *Nascidos na fortuna: O grupo do Fortunato. Identidade e relações interétnicas entre descendentes de africanos e europeus no litoral catarinense.* Florianópolis: Universidade Federal de Santa Catarina (UFSC), 1992. Tese (Doutorado em Antropologia Social).

"História do Hotel Caldas da Imperatriz". *Hotel Caldas da Imperatriz.* Disponível em: <www.hotelcaldas.com.br/o-hotel>. Acesso em: 12 jul. 2024.

HOSHINO, Thiago de Azevedo Pinheiro. *O direito virado no santo: Enredos de nomos e axé.* Curitiba: Universidade Federal do Paraná, 2020. Tese (Doutorado em Direito, Setor de Ciências Jurídicas).

INSTITUTO BRASILEIRO DE GEOGRAFIA E ESTATÍSTICA (IBGE). *Censo demográfico.* 2022. Disponível em: <www.ibge.gov.br/estatisticas/sociais/trabalho/22827-censo-demografico-2022.html>. Acesso em: 15 jun. 2024.

INSTITUTO NACIONAL DE COLONIZAÇÃO E REFORMA AGRÁRIA DE SANTA CATARINA (Incra/SC). *Relatório antropológico: Caracterização histórica, sociocultural e territorial (Volume 1 – Relatório).*

INSTITUTO SOCIOAMBIENTAL (ISA). "Floresta Nacional de Saracá-Taquera". In: *Unidades de Conservação do Brasil.* s.d. Disponível em: <uc.socioambiental.org/pt-br/arp/660>. Acesso em: 29 jul. 2024.

IPHAN (Instituto do Patrimônio Histórico e Artístico Nacional). "Aracati (CE)". Disponível em: <portal.iphan.gov.br/pagina/detalhes/248>. Acesso em: 29 jul. 2024.

IPHAN. "Parecer técnico n. 50/2023/Cotec Arqueo Iphan-SP/Iphan-SP". São Paulo: Coordenação Técnica do Iphan-SP, Subdivisão de Arqueologia, 9 maio 2023. Disponível em: <sei.iphan.gov.br/sei/modulos/pesquisa/md_pesq_documento_consulta_externa.php?9LibXMqGnN7gSpLFOOgU QFziRouBJ5VnVL5b7-UrE5QMl2B7TLo67A7B0m7ERBphyvhSjAH S2wt7kkdUIqPqX9dDQopeep7UyJIKEBZRrrbke50E-WO2ig0nNDqPQf_l>. Acesso em: 21 jul. 2024.

LOPES, Nei. *Bantos, malês e identidade negra*. 4. ed. ver. e amp. Belo Horizonte: Autêntica, 2021.

_____; MACEDO, José Rivair. *Dicionário de história da África — Volume 2: Séculos XVI-XIX*. São Paulo: Autêntica, 2022.

MACEDO, José Rivair. *História da África*. São Paulo: Contexto, 2014.

"Mariana: Tragédia completa 7 anos de impunidade e atrasos na reparação às vítimas". *G1 Minas*, 5 nov. 2022. Disponível em: <g1.globo.com/mg/minas--gerais/noticia/2022/11/05/mariana-tragedia-completa-7-anos-de-impunidade-e-atrasos-na-reparacao-as-vitimas.ghtml>. Acesso em: 12 jul. 2024.

Memória política de Santa Catarina. "Biografia de Antonieta de Barros". Florianópolis: Assembleia Legislativa de Santa Catarina, 2024. Disponível em: <memoriapolitica.alesc.sc.gov.br/biografia/68-Antonieta_de_Barros>. Acesso em: 23 jul. 2024.

MORI, Letícia. "O passado escravista escondido em um dos pontos turísticos mais famosos de SP". *BBC News Brasil*, 20 nov. 2023. Disponível em: <www.bbc.com/portuguese/articles/cglp5jyxelgo>. Acesso em: 2 ago. 2024.

MOURA, Clóvis. *Os quilombos e a rebelião negra*. São Paulo: Dandara, 2022.

MOURA, Roberto. *Tia Ciata e a Pequena África no Rio de Janeiro*. São Paulo: Todavia, 2022.

Muquém: A arte quilombola e a identidade de um povo. Direção: Clezivaldo Mizael da Silva e Claudio Caique dos Santos Moura. Produção: Associção Ádapo Muquém, Fundação Cultural Palmares, Ministério do Turismo e C3 Produtora. Alagoas, 2023. (78 min). Disponível em: <youtube.com/watch?v=tqYIWpaodck>. Acesso em: 16 set. 2024.

NASCIMENTO, Abdias. *O quilombismo: Documentos de uma militância pan-africanista*. Petrópolis: Vozes, 1980.

NASCIMENTO, Beatriz. *Uma história feita por mãos negras*. São Paulo: Zahar, 2021.

NASCIMENTO, João Luís Joventino do; LIMA, Ivan Costa. "Nas trilhas da memória e da história: Cumbe, um museu a céu aberto". *XI Encontro Regional Nordeste de História Oral. Ficção e Poder: Qualidade, Imagem e Escrita*, 9 a 12 maio 2017. Disponível em: <www.nordeste2017.historiaoral.org.br/resources/anais/7/1494036579_ARQUIVO_HistoriaOralFortaleza2017Final.pdf>. Acesso em: 29 jul. 2024.

Órí. Direção: Raquel Gerber. Produção Executiva: Ignácio Gerber, Raquel Gerber. São Paulo, 93 min, 1989.

"Oriximiná". *IBGE*, 2023. Disponível em: <cidades.ibge.gov.br/brasil/pa/oriximina/panorama>. Acesso em: 29 jul. 2024.

OVIEDO, Antonio; LIMA, William P. "As pressões ambientais nos territórios quilombolas no Brasil". São Paulo: Instituto Socioambiental (ISA), 2022. Disponível em: <acervo.socioambiental.org/sites/default/files/documents/03d00267.pdf>. Acesso em: 3 ago. 2024.

PAIM, Elisangela Soldateli; FURTADO, Fabrina Pontes (Orgs.). *Em nome do clima: Mapeamento crítico: transição energética e financeirização da natureza*. Rio de Janeiro: UFRRJ; Fundação Rosa Luxemburgo; CPDA, 2024. Disponível em: <rosalux.org.br/wp-content/uploads/2024/03/Em-nome-do-clima-mapeamento-critico.pdf>. Acesso em: 29 jul. 2024.

"Pastoral Afro". *Portal Paróquia Nossa Senhora Achiropita*. Disponível em: <achiropita.org.br/pastoral-afro/>. Acesso em: 2 ago. 2024.

PATERNIANI, Stella Zagatto. *São Paulo cidade negra: Branquidade e afrofuturismo a partir de lutas por moradia*. Brasília: Instituto de Ciências Sociais da Universidade de Brasília, 2019. Tese (Doutorado em Antropologia Social).

PEREIRA, Cleyciane Cássia Moreira. *Necessidades informacionais das mulheres da comunidade quilombola de Itamatatiua — Maranhão*. Salvador: Universidade Federal da Bahia, 2018. Dissertação (Programa de Pós-Graduação em Ciência da Informação do Instituto de Ciência da Informação).

PITOMBO, João Pedro; BRASIL, Mariana; CAMARGO, Cristina. "Bernadete Pacífico, líder quilombola, é assassinada a tiros na Bahia". *Folha de S.Paulo*, 18 ago. 2023. Disponível em: <www1.folha.uol.com.br/cotidiano/2023/08/bernadete-pacifico-lider-quilombola-e-assassinada-a-tiros-na-bahia.shtml>. Acesso em: 2 ago. 2024.

"Quilombolas de Oriximiná". São Paulo: Comissão Pró-Índios de São Paulo, s.d. Disponível em: <cpisp.org.br/quilombolas-em-oriximina/>. Acesso em: 29 jul. 2024.

"RAD 2023: Desmatamento reduziu nos estados da Amazônia; veja situação dos biomas." *MapBiomas Alerta*, 28 maio 2024. Disponível em: <alerta.mapbiomas.org/2024/05/28/desmatamento-reduziu-nos-estados-da-amazonia-em-2023-veja-situacao-nos-outros-biomas/>. Acesso em: 29 jul. 2024.

"Razões da emigração italiana", *Brasil 500 anos*, s.d. Disponível em: <brasil500anos.ibge.gov.br/territorio-brasileiro-e-povoamento/italianos/razoes-da-emigracao-italiana.html>. Acesso em: 2 ago 2024.

REIS, João José; GOMES, Flávio dos Santos. *Liberdade por um fio: História dos quilombos no Brasil*. São Paulo: Companhia das Letras, 1996.

_____. *O alufá Rufino*. São Paulo: Companhia das Letras, 2010.

RIBEIRO, Tayguara. "Maranhão é o estado com mais conflitos agrários envolvendo quilombolas". Folha de S.Paulo, 27 nov. 2023. Disponível em:

<www1.folha.uol.com.br/cotidiano/2023/11/maranhao-e-o-estado-com-mais-conflitos-agrarios-envolvendo-quilombolas.shtml>. Acesso em: 7 ago. 2024.

_____. "Mineração de bauxita impacta quilombolas no meio da Amazônia". *Folha de S.Paulo*, 24 out. 2023. Disponível em: <www1.folha.uol.com.br/ambiente/2023/10/mineracao-de-bauxita-impacta-quilombolas-no-meio-da-amazonia.shtml>. Acesso em: 12 ago. 2024.

_____. "Parque eólico no Ceará ameaça aquífero e prejudica pesca, dizem quilombolas". *Folha de S.Paulo*, 14 set. 2023. Disponível em: <www1.folha.uol.com.br/ambiente/2023/09/parque-eolico-no-ceara-ameaca-aquifero-e-prejudica-pesca-dizem-quilombolas.shtml>. Acesso em: 29 jul. 2024.

_____. "Por que o Quilombo dos Palmares se tornou tão emblemático?". *Folha de S.Paulo*, 13 nov. 2023. Disponível em: <www1.folha.uol.com.br/cotidiano/2023/11/por-que-o-quilombo-dos-palmares-se-tornou-tao-emblematico.shtml>. Acesso em: 2 ago. 2024.

_____. "Quilombos precisam ser vistos como questão agrária mais ampla, diz historiador". *Folha de S.Paulo*, 26 mar. 2023. Disponível em: <www1.folha.uol.com.br/cotidiano/2023/03/quilombos-precisam-ser-vistos-como-questao-agraria-mais-ampla-diz-historiador.shtml>. Acesso em: 2 ago. 2024.

ROCHA, Danielle Franco da; CASTILHO, Edimilsom Peres; CASTILHO, Eribelto Peres. "História, memória e cultura negra em São Paulo". *Instituto Bixiga*, 29 out. 2021. Disponível em: <institutobixiga.com.br/historia-memoria-e-cultura-negra-em-sao-paulo/>. Acesso em: 2 ago. 2024.

RODRIGUES, Léo. "Brumadinho: Famílias confiam que 3 corpos restantes serão encontrados". *Agência Brasil*, 26 jan. 2024. Disponível em: <agenciabrasil.ebc.com.br/geral/noticia/2024-01/brumadinho-familias-confiam-que-3-vitimas-restantes-serao-encontradas>. Acesso em: 12 ago. 2024.

ROLNIK, Raquel. "Territórios negros nas cidades brasileiras: Etnicidade e cidade em São Paulo e Rio de Janeiro". In: SANTOS, Renato Emerson dos (Org.). *Diversidade, espaço e relações étnico-raciais: O negro na geografia do Brasil*. Belo Horizonte: Autêntica, 2007, pp. 75-90.

SANTOS, Antônio Bispo dos. *A terra dá, a terra quer*. São Paulo: Ubu, 2023.

SANTOS, João Felício dos. *Ganga Zumba*. 2. ed. Rio de Janeiro: José Olympio, 2010.

SANTOS, Ynaê Lopes. *Racismo brasileiro: uma história da formação do país*. São Paulo: Todavia, 2022.

SERRANO, Carlos M. H. "Ginga, a rainha quilombola de Matamba e Angola". *Revista USP*, São Paulo, Universidade de São Paulo, n. 28, p. 138, dez. 1995-fev. 1996.

SOUSA, Francisca Thamires Lima de. *Agrovilas quilombolas: O caso da reconstrução da autonomia produtiva e a resistência das mulheres em Marudá Novo*.

São Luís: Universidade Estadual do Maranhão, 2020. Dissertação (Pós--Graduação em Desenvolvimento Socioespacial e Regional).

VALENTE, Rubens. "Documentos contradizem versão de ministro sobre ampliação de base de Alcântara". *Folha de S.Paulo*, 11 out. 2019. Disponível em: <www1.folha.uol.com.br/ciencia/2019/10/documentos-contradizem-versao-de-ministro-sobre-ampliacao-de-base-de-alcantara.shtml>. Acesso em: 15 jul. 2024.

VIEIRA, Ângelo Trévia; FEITOSA; Fernando A. C.; BENVENUTTI, Sara Maria Pinotti (Orgs.). *Programa de recenseamento de fontes de abastecimento por água subterrânea no estado do Ceará: Diagnóstico do município de Aracati*. Fortaleza: Ministério de Minas e Energia, 1998. Disponível em: <rigeo.sgb.gov.br/bitstream/doc/15783/1/Rel_Aracati.pdf>. Acesso em: 29 jul. 2024.

WANDERLEY, Luiz Jardim. *Barragens de mineração na Amazônia: O rejeito e seus riscos associados em Oriximiná*. São Paulo: Comissão Pró-Índio de São Paulo, 2021. Disponível em: <cpisp.org.br/publicacao/barragens-de-mineracao-na-amazonia-o-rejeito-e-seus-riscos-associados-em-oriximina/>. Acesso em: 29 jul. 2024.

Créditos das imagens

p. 145: Adriano Vizoni/Folhapress
p. 146: [acima] Danilo Verpa/Folhapress;
[abaixo] Giovanna Stael/Folhapress
p. 147: Adriano Vizoni/Folhapress
p. 148: Eduardo Anizelli/Folhapress
p. 149: [acima] Adriano Vizoni/Folhapress;
[abaixo] Danilo Verpa/Folhapress
p. 150: [acima] Danilo Verpa/Folhapress; [abaixo, à esq.] Marina
Lourenço; [abaixo, à dir.] Rubens Cavallari/Folhapress
pp. 151-2: Danilo Verpa/Folhapress

© Marina Lourenço e Tayguara Ribeiro, 2024

Todos os direitos desta edição reservados à Todavia.

Grafia atualizada segundo o Acordo Ortográfico da Língua
Portuguesa de 1990, que entrou em vigor no Brasil em 2009.

capa
Beatriz Costa
João Bomfim
ilustração de capa
Julios
composição
Lívia Takemura
tratamento de imagens
Carlos Mesquita
preparação
Laura Folgueira
checagem
Érico Melo
revisão
Alyne Azuma
Karina Okamoto

Dados Internacionais de Catalogação na Publicação (CIP)

Lourenço, Marina (1995-) ; Ribeiro, Tayguara (1987-)
   O grito dos quilombos : Histórias de resistência de um Brasil
silenciado / Marina Lourenço, Tayguara Ribeiro. — 1. ed. —
São Paulo : Todavia, 2024.

   ISBN 978-65-5692-746-6

   1. Racismo. 2. Escravidão. 3. Resistência. 4. Brasil – aspectos
sociais. 5. Reportagem. 6. Jornalismo. I. Ribeiro, Tayguara.
II. Título.

CDD 070

Índice para catálogo sistemático:
1. Jornalismo 070

Bruna Heller — Bibliotecária — CRB 10/2348

todavia
Rua Luís Anhaia, 44
05433.020 São Paulo SP
T. 55 11 3094 0500
www.todavialivros.com.br

fonte
Register*
papel
Pólen natural 80 g/m²
impressão
Geográfica